Der ›Musenhof‹ Anna Amalias

Für Klaus-Jürgen Grün,

in der Hoffnung auf weitere gute
Zusammenarbeit.

18.3.2002

Der ›Musenhof‹ Anna Amalias

Geselligkeit, Mäzenatentum und
Kunstliebhaberei im klassischen Weimar

Herausgegeben von
Joachim Berger

2001
BÖHLAU VERLAG KÖLN WEIMAR WIEN

Dieser Band ist im Sonderforschungsbereich 482 »Ereignis Weimar-Jena. Kultur um 1800« an der Friedrich-Schiller-Universität Jena entstanden und wurde unter Verwendung der ihm von der Deutschen Forschungsgemeinschaft zur Verfügung gestellten Mittel gedruckt.

Die Deutsche Bibliothek – CIP-Einheitsaufnahme

Der ›Musenhof‹ Anna Amalias :
Geselligkeit, Mäzenatentum und Kunstliebhaberei
im klassischen Weimar / hrsg. von Joachim Berger. -
Köln ; Weimar ; Wien : Böhlau, 2001
ISBN 3-412-13500-3

© 2001 by Böhlau Verlag GmbH & Cie, Köln
Ursulaplatz 1, D-50668 Köln
Telefon (0221) 91 39 00, Fax (0221) 91 39 011
vertrieb@boehlau.de
Alle Rechte vorbehalten
Gedruckt auf säure- und chlorfreiem Papier.
Umschlagabbildung: Teestunde bei Herzogin Anna Amalia im Wittumspalais.
Ölgemälde von Hans W. Schmidt (1931). Stadtmuseum Weimar
Gesamtherstellung: Strauss Offsetdruck GmbH, Mörlenbach
Printed in Germany
ISBN 3-412-13500-3

Inhalt

Vorwort

Der vorliegende Band dokumentiert eine Tagung des Jenaer Sonderforschungsbereichs 482: „Ereignis Weimar-Jena. Kultur um 1800" vom 12. und 13. Oktober 1999. Sie stand unter dem Thema: „Der ‚Musenhof' Anna Amalias von Weimar – Geselligkeit, Mäzenatentum und Kunstliebhaberei".

1776 sind Herzogin Anna Amalia und Prinz Constantin in einem „Kollektiv-Gedicht" beteiligt. Während der Abwesenheit des inzwischen regierenden Herzogs Carl August gedenken seine Mutter und sein Bruder des abwesenden Regenten bei einer Hofgeselligkeit in Tiefurt. Das ist die für Prinz Constantin geschaffene Hofhaltung, wohin dann 1781 auch die Herzogin ihren Sommersitz von Schloß Ettersburg her verlegt. Die Aufzeichnungen von 1776 übermittelt Goethe 1824 an den Enkel Erbgroßherzog Carl Friedrich, der seit zwanzig Jahren bereits mit Maria Pawlowna vermählt ist. Jene Übermittlung ist deshalb ein beziehungsreicher Akt, weil er die Tradition, Geselligkeit, den Gedanken eines Musensitzes oder Musenhofes an die folgende Generation weitergibt. Und das geschieht ganz offensichtlich in programmatischer Absicht. Das Silberne Alter von Weimar hat dieses aus seinem Goldenen Alter tradierte Vermächtnis dann auch durch sein Anknüpfen an diese Tradition eingelöst.

Nach der Überlieferung sind am Ort einer Residenz ebenso wie am Ort einer Universität die Musen zuhause. Mit der Übertragung des mythischen Musensitzes auf einen historischen Hof, metonymisch für Herrschaft, Regentschaft und Territorium, im Ereignisraum von Weimar und Jena also auf Sachsen-Weimar-Eisenach, scheint der mythische Ort in der Historie angekommen und somit geradezu prädestiniert für jegliche Art von Legendenbildung. Weimar, so kann man lesen, sei die „Finalchiffre des deutschen Musenhofes" (BERNS 1993).

Wahrscheinlich tun wir heute gut daran, wie auch das in diesem Band dokumentierte Colloquium gut daran getan hat, wenn wir, da wir uns mit Herzogin Anna Amalias „Musenhof" befassen, zwischen der unter dem Begriff des „Musenhofes" zu begreifenden Sache und ihrem sie verklärenden Begriff unterscheiden. Wie häufig wurden solche Begriffsübertragungen post festum vorgenommen. So heißt der Weimarer „Musenhof" erst seit Wilhelm WACHSMUTH (1844) so. Und unter dieser Bezeichnung, die auch kulturnational vereinnahmt wurde, kehrt er bei Wilhelm BODE (1917), zuletzt bei Gabriele BUSCH-SALMEN u.a. (1998) wieder.

In der höfischen Welt stoßen wir vielfach auf Inszenierungen, Feste, deren Rollenspiele einen Hof durchaus mit der Aura des Musensitzes bzw. Musenhofes umgeben und dadurch – wohlgemerkt im Augenblick des Festes und aus seinem Anlaß heraus – verklären konnten. Unter dieser Voraussetzung ist ein „Musenhof" Teil der Dichtung und damit Fiktion. Und wir sollten uns hüten, derlei Fiktionen für die historische Wahrheit zu nehmen. Der vorliegende Band setzt sich auch mit dieser Ideologisierung auseinander.

Als Goethe am 2. Februar 1824 dem Erbgroßherzog Carl Friedrich zu dessen 41. Geburtstag das erwähnte „Kollektiv-Gedicht" überreichte, schon in seinem wertvollen Äußeren als in dunkelrotes Maroquin-Papier mit grünseidenen Schleifen gebundenes Manuskript eine Huldigung der Künste, stilisiert er diese Gabe feierlich zu einem Vermächtnis: „unterthänig Glück wünschend" widmet er es, „ein heiteres Original-Document früherer Tiefurter Annehmlichkeiten", lapidar „dem Wiederhersteller jenes classischen Bodens Heil und Segend prophezeiend". Die Gabe vermittelt Goethe an den künftigen Fürsten als Vermächtnis seiner Großmutter. Sie beinhaltet eine „Tiefurter Matinee" aus dem Jahr 1776, nämlich eine Sammelhandschrift, die neben den Beiträgen der Herzogin und des Prinzen solche von der Hofdame Luise von Göchhausen, dem Grafen von Putbus sowie Major von Knebel umfaßt. Prinz Constantin selbst nennt das Ganze ein „Quodlibet", das seine Mutter eröffnet, indem sie den Ort preist, da man mit philosophischem Stolz „in Tieburs Haynen [....] alle Schätze der Erden Großmüthig verachten" lerne. Und wie Putbus bemerkt, es fehle ihnen etwas „in Tiburs Zauber-Eyland", das auf diese Weise den Charakter einer shakespeareschen Fiktion erhält, so bezieht sich das auf den abwesenden Bruder Carl August, der sich auf Inspektionsreise in Ilmenau aufhält. Goethe fügt 1824 die Erläuterung hinzu, daß das Reimschreiben – tatsächlich sprechen darin nur die Herzogin und der Sohn in Prosa – dem Herzog vom prinzlichen Bruder selbst nach Ilmenau überbracht worden sei.

Natürlich wird in jenem sinnreichen Dokument Tiefurt-Tibur zum Monument eines Musensitzes, weil dort wenigstens die redenden Künste zuhause sind. Die feierliche Übergabe von der Mutter über den Sohn an den Enkel, die Goethe vornimmt, stiftet indessen jetzt die Verlängerung jenes musenbegünstigten Kairos von Tiefurt an die Zukunft. Aus mehreren solcher Daten ließe sich für Weimar auch im Rückgriff auf die Fruchtbringende Gesellschaft und die barocke Wilhelmsburg, die auf alten Stichen eine Ilm in Tiberdimension umspült, durchaus eine Musenhof-Legende weben. Sie verkennte allerdings, so aus dem höfischen Festcharakter übertragen, den Überhöhungswillen durch den Typus spätbarocker in Analogien sich vollziehender, stilisierender Feste wie jener Tiefurter Matinee, die vor allem auch dadurch in Goethes Übertragung beziehungsreich wurde, weil Tiefurt, dessen Charme gerade durch Anna Amalia geprägt worden war, nach ihrem Tode 1807 vornehmlich von ihrem Enkel und seiner russischen Gemahlin genutzt wurde.

Für die Ausstattung der Feste aber war die Beteiligung der Künste gefragt, die ja generell an Residenzen wie an Universitäten zuhause waren. Schon deshalb sind sie herausragende Kulminationspunkte der Kultur. In Weimar-Jena konnten sie dadurch gesteigert wahrgenommen werden, weil über das stereotypisierende Wort von der „Doppelstadt" hinaus die Komplementarität von Weimarer Residenz als Musenhof und Jenaer dazugehöriger Universität als Musensitz in Betracht zu ziehen ist.

Was aber ist ein Musenhof? Er wurde als ein Hof bestimmt, der möglichst viele verschiedenartig qualifizierte gelehrt-akademische und künstlerische Fachleute möglichst fruchtbringend zu integrieren oder doch an sich zu binden wisse (BERNS 1993). Sicher ist unter diesen Anforderungen nicht jeder Fürstensitz auch schon ein Musenhof. Und doch ist Goethes Äußerung gegenüber Eckermann vom 23. Oktober 1828 bedenkenswert, derzufolge es die einzelnen Fürstensitze waren, die als Zentren der Kultur ihre Träger und Pfleger waren. Somit gehören also auch Fachleute und Künstler dazu. Deshalb dürfte es über einen dynamischen Stereotyp hinaus für eine Qualifizierung zum Musenhof zuallererst wichtig gewesen sein, daß ein bestimmtes Zusammenwirken der Künste und Wissenschaften sichtbar wird. Die Fest- oder Hauptsäle der mitteldeutschen Residenzen, innerhalb deren Herrschaftsbezirken die Schlösser das Zentrum bildeten, waren nochmals insofern zu repräsentativen Herzstücken der ganzen Herrschaft erhöht, als sich hier gelegentlich heraldisch und mythisch Erde und Himmel verbanden.

Die Versammlung der Wappen repräsentiert die historisch politische Herrschaft. Darüber wölbt sich ein von Minerva oder Apoll dominiertes Ensemble von Dichtung, Musik, Malerei, Bildhauerei, Architektur,

Beredsamkeit und anderen Künsten, die den Horizont der mehr oder weniger kleinen Herrschaft transzendieren. Bis zum Sonnengott und Sonnenkönig reichen die Apotheosen. Für eine solche Koinzidenz von Herrschafts- und Musensitz sind, wie es der Untertitel dieses Bandes ausdrückt, Kunstliebhaberei, Mäzenatentum und Geselligkeit vonnöten. Welcher Hofstaat, welcher Personenkreis machen einen Musenhof? Wie sieht das Zusammenwirken der Künste aus?

Auf jeden Fall erschienen Person und Wirkungsbereiche der Herzogin Anna Amalia besonders geeignet, einen interdisziplinären kulturwissenschaftlichen Dialog über die in der Regel eingeengten Fächergrenzen hinaus zu führen. Die Urform der höheren, geistigen Geselligkeit spielte dabei im sokratischen 18. Jahrhundert gewiß eine Rolle, wie sie Platons und Xenophons Symposien begründeten und wie sie etwa Wieland in Anna Amalias Umkreis aufleben ließ. Welche Spielräume hatte darin mäzenatische Gunst? Worin lagen die eigenen Ansätze eines Weimarer Musenhofes? Der Fragen waren, sind und bleiben viele.

Als Sprecher des Sonderforschungsbereiches danke ich allen Mitwirkenden, den Gästen ebenso wie den Mitarbeitern des Sonderforschungsbereiches, die zum Gelingen der Tagung und zum Zustandekommen des sie dokumentierenden Bandes beigetragen haben. Mein besonderer Dank aber richtet sich an Joachim Berger, der nicht nur die Idee zu dieser Tagung hatte, sondern sie auch engagiert und inspiriert vorbereitet und organisiert hat sowie alles dafür tat, daß dieser Band zustandekam.

Klaus Manger   Jena, 24. Oktober 2000

Joachim Berger

Geselligkeit, Mäzenatentum und Kunstliebhaberei am ‚Musenhof' Anna Amalias – neue Ergebnisse, neue Fragen

Herzogin Anna Amalia von Sachsen-Weimar-Eisenach (1739–1807) ist eine der bekanntesten unter den unzähligen Fürstinnen der kleineren Territorien des Alten Reiches. Geboren als Prinzessin von Braunschweig-Wolfenbüttel, führte sie nach dem frühen Tod ihres Mannes, Herzog Ernst August Constantin von Sachsen-Weimar-Eisenach, sechzehn Jahre als Regentin in Weimar die Regierungsgeschäfte (1759–1775) für ihren unmündigen Sohn Carl August. Durch die Berufung Wielands als Lehrer der Prinzen (1772) und ihre engen Kontakte zu Goethe und Herder gilt sie gemeinhin als „Wegbereiterin der Weimarer Klassik"[1] und begründete den sogenannten „Weimarer Musenhof".[2] Seit Wilhelm Wachsmuth 1844 diesen Begriff für das gesellige Leben um Anna Amalia am Weimarer Hof eingeführt hatte, wurde er meist assoziativ gebraucht.[3] Die Suggestivkraft des Etiketts ersparte es, sich mit seinem Inhalt konkret auseinanderzusetzen, was im übrigen auch für Darstellungen zu anderen Höfen gilt.[4] In der neueren Forschung ist der Terminus ‚Musenhof' von Volker Bauer als Typus zur vergleichenden Charakterisierung eines Gesamt-Hofs mit regierendem Fürst und Fürstin

---

1 So der Untertitel von SALENTIN 1996.
2 Vgl. allein die Untertitel bei WEIZSÄCKER 1892, BORNHAK 1892 oder HEUSCHELE 1949.
3 Bereits im Titel taucht der Begriff in folgenden (populär-) wissenschaftlichen Darstellungen auf, ohne genauer umrissen zu werden: WACHSMUTH 1844; WEIZSÄCKER 1892; BÄHR 1907; BODE 1908, Bd. 2; BODE 1918; ROSENTHAL 1921; HEUSCHELE 1949.
4 So verzichten z.B. CIECHANOWIECKI 1962 oder die Einzelstudien in KRÜCKMANN 1998 (zum ‚Musenhof' Wilhelmines von Bayreuths) darauf, den Begriff zu definieren. Ebenso STEIERWALD 1999 zur fürstlichen Bibliothek in den Jahren 1758–1832 als „Zentrum des Weimarer Musenhofs".

im Zentrum reaktiviert worden. Demnach war er vornehmlich eine Er-
schei-nung der Kleinterritorien, deren Fürsten und Fürstinnen keinen
Spielraum für politische Ambitionen und prachtvolle Hofhaltungen besaßen. Ihre Kunstliebhaberei und ihr Mäzenatentum seien Mittel gewesen, sich überregionales Prestige zu verschaffen, ohne sich dabei zu ver-
ausgaben. Der ‚Musenhof‘ bilde somit den „Ort einer Ersatzhandlung".[5]

Als „eine Form des aufgeklärten ‚Gelehrtenhofes‘ [...], dessen Movens das gesellige Zusammenwirken aller am Hof Tätigen geworden
war", wird der Weimarer Hof in einer neueren Publikation als ‚Musenhof‘ tituliert. Bauer, auf den sich diese Arbeit bezieht, hat diesen Begriff
nicht idealtypisch, im Sinne Max Webers „durch gedankliche Steigerung
bestimmter Elemente der Wirklichkeit", sondern empirisch vor allem
am Beispiel des Weimarer und (Braunschweig-) Wolfenbütteler Hofs
gebildet. Die „Gefahr, daß Idealtypus und Wirklichkeit ineinander ge-
schoben werden", ist nicht zu verkennen.[6] Im vorliegenden Band wird
der ‚Musenhof‘ idealtypisch eingesetzt, um ‚realgeschichtliche‘ Abweichungen oder Übereinstimmungen möglichst präzise erkennen und be-
nennen zu können. Dazu werden die Ausprägungen von Geselligkeit,
Mäzenatentum und Kunstliebhaberei am Hof Anna Amalias von Weimar dargestellt. Übergeordnetes Ziel ist, Vergleichsmöglichkeiten zu
ähnlichen Fallstudien über andere Höfe anzubieten. Dann könnte die
Forschung näher bestimmen, inwieweit die Realtypen der Höfe vom
Idealtypus ‚Musenhof‘ abweichen, und diesen gegebenenfalls durch einen schärferen Begriff ersetzen.

Fragestellungen und Begriffsklärungen für diesen Band

Welche Kriterien können sinnvollerweise einen ‚Musenhof‘ konstituieren? Die Anrufung der neun Musen der Antike, die den Fürsten zu
Apollo, „zum Musageten, und seine Residenz zum Parnaß, zum Heli-
kon, zum Musensitz, zum Musenhof" machten, war im Laufe der frühen Neuzeit zum Topos geworden. Stereotyp wurden nicht nur Residenzen, sondern auch Universitäten als ‚Musensitze‘ bezeichnet. Dabei

---

5   BAUER 1993, S. 73–77.
6   BUSCH-SALMEN/SALMEN/MICHEL 1998, 1. Zitat S. VII. – WEBER 1992, Zitate
    S. 234 u. 248. – BERNS 1993, S. 34, konstruiert zwar klare idealtypische Kriterien
    für den ‚Musenhof‘, bemerkt aber abschließend zurecht, daß die „deutsche Mu-
    senhofkultur [...] nicht auf einen reinen Typ festzulegen" sei. Hiermit bezieht er
    sich selbstverständlich auf realgeschichtliche Varianten.

wurden die Musen schon in der frühen Neuzeit losgelöst von deren klassischen Gegenstandsbereichen beschworen, unter denen die bildenden Künste beispielsweise gar nicht vertreten waren. Kunstförderung und Wissenschaftspolitik waren für jeden Herrscher gewissermaßen unverzichtbar. Eine weiterführende Frage ist, „ob solches Kunstinteresse nur positions-, repräsentations-, also politisch motiviert ist, nur auf Geltungs- und Unterhaltungsbedürfnis beruht, oder echt, persönlichkeitsbedingt, ob der Herrscher mindestens ein *dilettante* ist, ein Liebhaber." Beide Motive konnten sich selbstverständlich ergänzen. Als ‚Musenhof' gilt nach BERNS ein Hof, „der möglichst viele verschiedenartig qualifizierte gelehrt-akademische und künstlerische Fachleute möglichst fruchtbringend zu integrieren oder doch an sich zu binden weiß."[7] Faßt man die bisherigen Definitionsversuche zusammen, so läßt sich der ‚Musen-hof' idealtypisch durch zwei Kriterien bestimmen: *Erstens:* Die Geselligkeit der Hofmitglieder ist auf die ‚Pflege der Musen' ausgerichtet – Künste und Wissenschaften werden am Hof in unterschiedlich ambitionierter Form aktiv betrieben. Dabei setzen die Hofmitglieder bewußt Prioritäten gegenüber anderen möglichen Schwerpunkten der Geselligkeit (Jagd, Militär, Religiosität, Spiel, Bälle usw.). Die zwei Pole davon bilden die „gelehrte und künstlerische Kompetenz" der fürstlichen Zentralpersonen und das „ästhetische Engagement akademisch und künstlerisch geschulter Hofleute".[8] *Zweitens:* Künstler und Gelehrte sowie deren Institutionen werden am Hof und oder sogar über das Territorium hinaus gefördert. Darin besteht das spezifische Kapital eines ‚Musen-hofs' in der „überregionalen Prestigekonkurrenz"[9] der Höfe. Absichten, Strategien und Erfolg, mit denen dieses Kapital von den fürstlichen Mäzenen angehäuft und aktiviert wird, machen die besondere Profilierung des jeweiligen Hofs aus.

Die zentralen Begriffe „Kunstliebhaberei", „Geselligkeit" und „Mäzenatentum" vorab verbindlich zu klären, ist im Hinblick auf die unterschiedlichen Fragen, Methoden und Erkenntnisinteressen der Einzeldisziplinen, die sich mit Anna Amalias ‚Musenhof' beschäftigen, nur

---

7 Vgl. FUCHS 1992, 1. Zitat S. 129f. Seine Studie ist im übrigen eine atemberaubende Tour durch die europäischen Höfe vom Spätmittelalter bis ins 19. Jahrhundert, mit vielen weiterführenden Beobachtungen z.B. zum Verhältnis von Residenz- und Universitätsstadt (S. 142–146); eine ordnende Fragestellung geht ihr allerdings ab. – 2. Zitat: BERNS 1993, S. 23. Vgl. übergreifend KAUFMANN 1998, S. 437–463, 489–510.
8 BERNS 1993, S. 23.
9 WINTERLING 1996, S. 186.

bedingt möglich. Die Studien dieses Bandes sollen jedoch Wege weisen, ihre gegenseitige Bedingtheit, aber auch ihre Eigenständigkeit stärker deutlich zu machen. *Kunstliebhaberei* wird als der Konsum und das nichtprofessionelle, das heißt nicht auf ein zahlendes Publikum gerichtete Ausüben verschiedener Künste durch fürstliche Zentralpersonen und ihren erweiterten Hof verstanden. Ob und welche Nützlichkeitsabsichten und Bildungsideale mit der Kunstliebhaberei an Anna Amalias Hof verbunden waren, können die Einzelstudien ansatzweise zeigen, ebenso wie die fürstliche ‚Dilettantin‘ selbst im Begriffsfeld zwischen Connoisseuse, Kennerliebhaberin, Liebhaberin oder ‚bloßer‘ Kunstfreundin eingeordnet wurde.[10] Die persönlichen Neigungen und Fähigkeiten der fürstlichen Zentralperson, in diesem Falle Anna Amalias, bilden den Ausgangspunkt. Die Herzogin interessierte sich in unterschiedlichem Maße für Musik, Schauspiel, Literatur, bildende und Gartenkunst. In welchem Verhältnis stand der eher passive Konsum von Kunst (Finanzierung des Theaters, Unterhalt eigener Hofmusiker, Bücherkauf, Sammeln von Kunstwerken) zum aktiven Dilettantismus (Schreiben, Musizieren und Komponieren, Zeichnen und Malen)? Höfische *Geselligkeit* bestimmt sich weitgehend dadurch, wie sich die Hofmitglieder auf die fürstliche Zentralperson ausrichten, mit welchen – künstlerisch-gelehr-ten – Intentionen und Schwerpunkten sie gesellige Unterhaltung gestalten, und welche Funktionen sich dieser zuschreiben lassen. Ist der ‚Musenhof‘ als Denkform für soziale Strukturen lediglich aus der Retrospektive zu konstituieren (wie bei Wachsmuth), oder erschließen sich Konturen eines realen Hoftypus aus einem kollektiven Verhaltensstil der Hofmitglieder und der Fürstin? Fürstliches *Mäzenatentum* schließlich ist eine herausragende Form der Gunstvergabe. Es besteht in der Patronage von Künstlern und Gelehrten, die nicht notwendigerweise dauerhaft „am geselligen Leben des Hofadels" teilnehmen[11], deren Förderung aber für das Fremd- und Selbstverständnis der fürstlichen Zentralperson als ‚Beschützer/-in der Musen‘ konstitutiv ist. Somit läßt es sich abheben von geselliger Kunstliebhaberei der Hofmitglieder, die sich ständig innerhalb eines flexiblen, alltäglich ausgehandelten Gunstsystems bewegen. ‚Fördern‘ heißt für fürstliche Mäzene, Pensionen vergeben, Aufträge erteilen, befristete oder dauerhafte Engagements gestatten und nicht zuletzt Stipendien oder sonstige materielle Zuwendungen gewähren. Die Motive hierfür können vielfältig sein: Im Falle Anna

---

10 Vgl. generell KOOPMANN 1968; BITZER 1969; VAGET 1971.
11 BAUER 1993, S. 74.

Amalias steht nach allen bisherigen Erkenntnissen das Bedürfnis im Vordergrund, sich mit der Anwesenheit von Künstlern und Gelehrten bei Hofe zu schmücken und von ihren Kenntnissen und Künsten unterhalten zu lassen. Für ihren Hof ist daher ein besonders enger Zusammenhang von Kunstliebhaberei, Geselligkeit und Mäzenatentum anzunehmen.

Daß künstlerisch-wissenschaftliche Förderleistungen aus landes- oder regionalpatriotischem Identitätsbedürfnis verklärt und überhöht werden, ist auch in Forschungen zu anderen frühneuzeitlichen Fürstenhöfen zu beobachten – beispielsweise zum Braunschweig-Wolfenbüttel Anton Ulrichs (reg. 1704–1714) oder Carl Wilhelm Ferdinands (reg. 1780–1806), zum Darmstadt der ‚Großen Landgräfin‘ Henriette Caroline (1721–1774) oder zum Bayreuth der Markgräfin Wilhelmine (1709–1758). Weimar gilt jedoch unangefochten als „Finalchiffre des deutschen Musenhofs".[12] Dieses Vorverständnis resultiert zum großen Teil aus der Sonderstellung, die der Literatur der ‚Weimarer Klassik‘ bis heute beigemessen wird. Keine der Studien des vorliegenden Bandes zweifelt diese an, wohl aber daran, daß die herausragende Qualität der Literatur direkt aus den höfischen Rahmenbedingungen abgeleitet werden kann. Im Vorverständnis wird Weimar als ein strukturell nicht herausragender Hof eines deutschen Kleinstaates am Ende des Alten Reiches betrachtet. Erst der Vergleich mit anderen Höfen kann zeigen, ob Kunstliebhaberei, Geselligkeit und Mäzenatentum am Hof der Herzogin Anna Amalia besonders ambitioniert angelegt waren, und besondere Wirkungen für die künstlerisch-wissenschaftliche Entwicklung Weimars zeitigten. Dieser Vergleich kann im vorliegenden Band nur ansatzweise geleistet werden.

Die folgenden Studien thematisieren nicht nur die drei Zentralbegriffe „Kunstliebhaberei", „Geselligkeit" und „Mäzenatentum", sondern entstanden vor einem weimarspezifischen Problemhorizont, der sich am Einladungstext zur der dem Band vorausgehenden Tagung orientiert: Welche künstlerischen Interessen und welche Möglichkeiten des Mäzenatentums besaß Herzogin Anna Amalia überhaupt, welche Personen konstituierten ihren ‚Musenhof‘? Besonderes Augenmerk gilt dem Wettstreit der Künste. Obwohl neuere Studien auch die anderen Künste beachten, wird der Literatur aufgrund ihrer heutigen Geltung

---

12 BERNS 1993, Zitat S. 10. Ähnlich BAUER 1993, S. 76. Zu Braunschweig-Wolfenbüttel vgl. u.a. RÖMER 1997, ALBRECHT 1994. Zur Verklärung Henriette Carolines kritisch WOLF 1996; zu Bayreuth z.B. MÜLLER 1958; KRÜCKMANN 1998.

der erste Rang in den gesamten musischen Bestrebungen des Weimarer
Hofs und seiner fürstlichen Zentralpersonen zugewiesen. Doch den
„Primat der Dichtkunst" anzunehmen heißt, sich retrospektiv vor der
Wirkungsgeschichte der ‚Klassiker' zu verbeugen. Wann setzte die Legendenbildung um das ‚klassische Weimar' und seine fürstlichen Mäzene
ein? Auf welche ‚realen' künstlerischen und mäzenatischen Leistungen
konnte sie aufbauen, wo übernahm die Forschung unkritisch zeitgenössische Stilisierungen des Hofs? Zu fragen ist dabei, ob und welche theoretischen Modelle von ‚Geselligkeit' im Umkreis Anna Amalias entwik-
kelt wurden, und ob das der Herzogin unterstellte „außergewöhnliche
Hofkonzept" ihren Intentionen und den Ausprägungen der kunstlieb-
habenden Geselligkeit in ihrem Kreis entspricht.[13]

Obwohl sich auch die neuen Arbeiten zum Weimarer ‚Musenhof'
auf den ‚Kreis um Anna Amalia' konzentrieren, bleibt er zeitlich und
personell unbestimmt. War der Weimarer ‚Musenhof' bereits der regierende Hof Anna Amalias während ihrer Regentschaft (1759–1775), lediglich ihre Hofhaltung als verwitwete Herzogsmutter (1775–1807),
oder auch der regierende Hof Carl Augusts (reg. seit 1775) und seiner
Gemahlin Luise? Um zu überprüfen, ob diese Bezeichnung dem Weimarer Gesamt-Hof zwischen den herkömmlichen Epochengrenzen
1759 und ca. 1830 zu verleihen ist (zwischen dem Beginn von Anna
Amalias Regentschaft und Carl Augusts bzw. Goethes Tod), müßten
die Veränderungen in der gesellig-repräsentativen Ausrichtung des
Hofs auf die regierende Zentralperson (bis 1775 Anna Amalia, danach
Carl August) verfolgt werden. Dies kann der vorliegende Band nicht
leisten. Er beschränkt sich – mit Ausnahmen – auf die selbständige
Hofhaltung Anna Amalias an ihrem Weimarer Witwensitz nach dem
Ende ihrer Vormundschaftsregierung 1775 bis zu ihrem Tod 1807.
Über mehr als dreißig Jahre läßt sich somit eine in Größe und Zusam-
mensetzung relativ stabile soziale Formation verfolgen. Die Abgabe der
Regentschaft am 3. September 1775 und die Bildung eines eigenen klei-
nen Hofstaats bedeutete eine wichtige Zäsur für Anna Amalia als Ge-
sellschafterin, Mäzenin und Kunstliebhaberin. Die Hofhaltung der
Herzogsmutter war seitdem jurisdiktional und personal sowie räumlich
von der des Herzogs Carl August und der regierenden Herzogin Luise
getrennt. Während diese im Landschaftshaus und im Sommer in Schloß
Belvedere residierten, erhielt Amalia als Sommersitz Schloß Ettersburg.
Ihr zweiter Sohn Prinz Constantin wohnte zwar formal bis zu seiner

---

13 BUSCH-SALMEN/SALMEN/MICHEL 1998, S. VI u. VII.

Volljährigkeit 1779 im Stadtpalais seiner Mutter, führte jedoch bis zu
seiner Bildungsreise (1781–83) eine eigene kleine Hofhaltung und residierte seit 1776 im Sommer in Schloß Tiefurt. Nachdem Erbprinz Carl
Friedrich im Jahre 1804 geheiratet hatte, wurde ihm mit seiner Frau
Maria Pawlowna Schloß Belvedere überlassen. Anna Amalias „Hof"
war somit im Zeitraum von 1775 bis 1807 eine von mehreren Hofhaltungen. Er bestand

1. aus dem Hofstaat im engeren Sinn, d.h. dem *„Haushalt"* der Fürstin: Den adeligen Hofleuten (Oberhofmeister bzw. Kammerherr, 1–2
Hofdamen), 2 Kammerfrauen, Schatullier, Bibliothekar, Mundkoch,
Leibarzt, mehreren Kammermusikern und einer Reihe sonstiger Be-
dienter – insgesamt 30 bis 40 Personen. Diese wohnten zwar nicht alle
im Palais, waren aber allein durch die Besoldung der Herzogin direkte
und ständige Gunstempfänger. Die Anstellung eines Bibliothekars und
der Kammermusiker spiegelt Anna Amalias persönliche Neigungen wider.

2. aus dem ‚weiteren' Hof: einem Kreis der begünstigten Personen,
die über längeren Zeitraum anwesend waren und sich Anna Amalia als
der fürstlichen Zentralperson unterordneten, d.h. an ihrem Gunstver-
gabesystem und seiner Hierarchie teilnahmen. Dieser Kreis fluktuierte
naturgemäß. Der Hofstaat bzw. Haushalt bildete gleichsam ein Subsy-
stem dieses weiteren Hofs.[14]

Ergebnisse

Der Beitrag von Marcus Ventzke (*Hofökonomie und Mäzenatentum.
Der Hof im Geflecht der weimarischen Staatsfinanzen zur Zeit der Regierungsübernahme Herzog Carl Augusts*) setzt an einer zentralen, von
der Forschung zum Weimarer Hof bisher weitgehend ausgesparten
Voraussetzung höfischer ‚Musenpflege' ein: den materiellen Grundlagen. Über die Regentschaft Anna Amalias hinweg bis in die Reforman-
sätze der ersten Jahre der Regierung Carl Augusts (1775–1783) verfolgt
Ventzke, wie die chronisch ungebändigten Aufwendungen für den Hof
in das komplizierte System der Staatsfinanzen eingepaßt werden sollten,
wie sich der Fürst neuen rationalistischen Kriterien gegenüber den Anforderungen des *decorum* unterwerfen sollte, und wie er diese der auf-

---

14 WINTERLING 1997a sowie WINTERLING 1997b, bes. S. 15–18, SELZER/EWERT
1997, S. 9–12; PARAVICINI 1995, S. 10–12.

geklärten Hoftheorie und Kameralistik folgenden Zwänge dennoch ab-
zustreifen vermochte. Für den regierenden Hof zeigt sich dabei schlag-
lichtartig, wie gering Herzog Carl August traditionelles, finanziell aufwendiges Mäzenatentum bewertete bzw. aufgrund der fatalen Finanzsi-
tuation bewerten mußte. Auf den regierenden Hof bezogen, ist für diese Zeit kaum von einem ‚Musenhof‘, eher einer ‚unmusischen‘ Variante
des geselligen Hofs zu sprechen. Ventzkes Studie legt den Grund für
weitere vergleichende Untersuchungen zur Finanzierung und zu mäzenatischen Ambitionen der einzelnen Hofhaltungen, nicht zuletzt zum
Hof Anna Amalias, der angeblichen „Begründerin des weimarischen
Musenhofes".

Dem Zusammenspiel von Geselligkeit, Mäzenatentum und Liebhaberei in Musik, Literatur und bildender Kunst gelten drei Studien. Sandra Dreise-Beckmann (*Anna Amalia und das Musikleben am Weimarer
Hof*) arbeitet den Stellenwert der Musik in allen Varianten – Konzert,
Singspiel, Oper – für Anna Amalia heraus. Sie zeigt, wie sich sowohl die
höfische Unterhaltung in der Zeit der Regentschaft als auch die Gesel-
ligkeit am verwitweten Hof auf die Musikliebhaberei der Herzogin ausrichtete. Diese musikhistorische Perspektive wirft ein bezeichnendes
Licht auf den Wettstreit der Künste am Hof Anna Amalias, zumal als
Anhang eine musiktheoretische Abhandlung der Herzogin erstmals in
Auszügen ediert vorgelegt wird. Diese verdeutlicht, wie ernsthaft Anna
Amalia bemüht war, in den ästhetischen Diskussionen der zweiten
Hälfte des 18. Jahrhunderts eine eigene Position zu finden, und wie iso-
liert sie mit ihren dilettantischen Bemühungen am Weimarer Hof letzt-
lich blieb.

Bärbel Raschke widmet sich den Zusammenhängen von *Buchbesitz,
Lektüre und Geselligkeit* bei Anna Amalia. Ausgehend von Studien zur
‚Privat‘-Bibliothek der Herzogin, der sie die doppelte Funktion von
Repräsentationobjekt und Bildungsinstitution zuschreibt, argumentiert
sie, daß sich an protestantischen Höfen über Buchbesitz – eine relativ
preisgünstige Sammelsparte – und Lektüre spezifisch weibliche Freiräume erschlossen. Darüber hinaus baute Anna Amalia eine der umfangreichsten Sammlungsbestände zum Themenkomplex ‚Italien‘ auf.
Ihren vielfältigen Lektürenotizen, vorwiegend aus den 1790er Jahren,
weist Raschke vier Funktionen zu: Abschriften aus fremdem Buchbesitz
zur Ergänzung ihres eigenen Buchbestandes; identifikatorische Aneig-
nung geschlechtsspezifischer, geschichtsphilosophischer, ästhetischer
oder politischer Themenfelder der Literatur; Vorstudien zu eigenen
Entwürfen; Reservoir für höfische Konversation. Den restriktiven

Normen für weibliches Lesen und Wissensanwendung durch Schreiben im höfischen Kontext setzte Anna Amalia in ihren theoretischen Entwürfen ein selbstbewußtes, auf Gleichberechtigung der Geschlechter basierendes Geselligkeitskonzept entgegen.

Nicht nur wegen der dichten Überlieferung, sondern auch für die Ausrichtung des Hofs auf italienische Kunst im Hinblick auf den Weimarischen Neoklassizismus ist Anna Amalias *Kunstwahrnehmung und Kunstförderung während der Italienreise (1788–1790)* höchst aufschlußreich. Heide Hollmer widmet sich der „Musenreise", auf der die Herzogin das ‚klassische' Land der bildenden Künste in Augenschein nahm. Mit der von Goethe vertrauten Wiedergeburts-Rhetorik und obligatorischer Begeisterung begonnen, absolvierte die Herzogin ihre Kunstbesichtigungen zwar nicht ignorant, doch weitgehend als Pflichtprogramm. Auf Goethes Aufforderungen, dauerhaft bildende Künstler zu protegieren, ging sie nicht ein. Lediglich zu punktueller Unterstützung während ihres Italienaufenthalts war sie bereit. Im Vergleich zu der von ihr klar vorgezogenen musikalischen Unterhaltung besaßen Anschauung und Förderung der bildenden Künste für Anna Amalia nicht nur in Italien untergeordneten Stellenwert.

Um vergleichende Studien zur „höfischen Gesellschaft des Reiches" (Winterling) zu ermöglichen, darf die überregionale Bedeutung fürstlichen Mäzenatentums und der vom Hof initiierten künstlerisch-wissenschaftlichen Leistungen nicht idealisiert werden.[15] Es ist stärker als bisher zwischen 1) den künstlerisch-wissenschaftlichen Leistungen und Geselligkeitsformen um 1800, 2) ihrer bereits zeitgenössischen Fremd- und Selbststilisierung sowie 3) ihrer historiographischen Überhöhung

---

15 Vgl. stellvertretend für diese Sicht, in der landeshistorische und ‚klassik'-zentrierte Überschätzungen zusammenfließen, die Bewertung bei IGNASIAK 1994: Als Regentin habe Anna Amalia „den Grundstein für den glanzvollen Aufstieg ihres Herzogtums zu einem kulturellen Zentrum von Weltrang" gelegt (S. 23). Ähnlich SEIFERT 1994: „Der Boden war bereitet für die Regierung eines vitalen, unkonventionell denkenden und handelnden jungen Herzogs, für welchen Aufklärung und kultureller Fortschritt vor allem Verständnis für die Kunst und Literatur seines Zeitalters [...] und Toleranz gegenüber fähigen bürgerlichen Intellektuellen bedeuteten" (S. 201). Selbst Theiles Studie zum „Weimar Myth" zieht eine fragwürdige Linie zwischen mäzenatischen Ambitionen und den ästhetischen Hervorbringungen der ‚Klassik': Als Regentin habe Anna Amalia einen „court of muses" errichtet. „She thus enabled her muses, Goethe and Schiller, to rescue to ‚another shore' in the lifeboat of aesthetic culture the most valuable items from aboard the proud ship of courtly civilization, wrecked by the storm of the French Revolution". THEILE 2000, S. 310.

im weiteren Verlauf des 19. und 20. Jahrhunderts zu differenzieren.
Diesen Fragen gelten zwei Studien. Joachim Berger zeigt, daß die dilet-
tierende Herzogsmutter seit den 1790er Jahren in dem Maße, wie sich
in Weimar die Beschäftigung mit Kunst und Wissenschaften professionalisierte, von den durch den regierenden Hof kontrollierten Geselligkeitsformen ausgeschlossen wurde (*„ Tieffurth"* oder *„ Tibur"? Herzogin Anna Amalias Rückzug auf ihren ‚Musensitz'*). Die künstlerischen,
geselligen und mäzenatischen Aktivitäten stimmten folglich mit den ihnen seit 1775 verliehenen Sinnkonstruktionen nicht mehr überein. Anna
Amalia zog sich nach 1790 immer stärker in den Kreis ihres eigenen
Hofstaats zurück. Hier kompensierte sie ihren Ausschluß, indem sie
sich als Hüterin des ‚Musensitzes' in einer neuen Variante stilisierte. In
dem Maße, wie das früher verherrlichte ‚Landleben' in Schloß Tiefurt
als Isolation empfunden und der europäische Krieg nach 1800 ideell
und materiell nicht mehr verdrängt werden konnte, erwies sich auch
diese Sinnkonstruktion für Anna Amalia als brüchig.

Mit den Angedenken an Herzogin Anna Amalia nach ihrem Tod
1807 thematisiert Angela Borchert die Schnittstelle zwischen noch zeitgenössischer und bereits historiographischer Überhöhung (*Die Entstehung der Musenhofvorstellung aus den Angedenken an Anna Amalia
von Sachsen-Weimar-Eisenach*). Auf Goethes Nekrolog bezogen und
beziehen sich bis heute alle biographischen Darstellungen der Herzogin, ohne die spezifische Spannung zwischen barockem Fürstenlob und
klassizistischen Gedenkformen angemessen zu berücksichtigen, die sich
Goethe anverwandelte. Borchert zeigt, wie Goethe der Erwartungshaltung nachkam, Anna Amalias Lebenslauf als identitätsstiftendes Konti-
nuum von Dynastie und Land in der Krisensituation des Jahres 1806/07
anzubieten, gleichzeitig aber ihrer Persönlichkeit und ihren Leistungen,
wie er sie interpretierte, gerecht zu werden. Mit der Frage nach einer spezifisch weimarischen Traditionspflege als „Erinnerungskultur" bietet der
Aufsatz auch ein konzeptionelles Angebot für vergleichende Forschungen zur Rezeptions- und Historiographiegeschichte anderer Höfe.

Neue Fragen

Geselligkeit, Mäzenatentum und Kunstliebhaberei am Hof Anna Amalias werden im vorliegenden Band selbstverständlich nicht erschöpfend
behandelt. Abschließend sollen daher einige Themenkomplexe umrissen werden, die im Anschluß an die hier vorgestellten Ergebnisse er-

forscht werden könnten. Die folgenden Fragen und Hypothesen entspringen selbstverständlich dem spezifischen Problemverständnis des Verfassers. Keinesfalls soll hier der Anspruch erhoben werden, für alle Teildisziplinen, die sich mit Anna Amalias Hof beschäftigen, ein umfassendes, allgemeingültiges Forschungsprogramm aufzustellen.[16]

Die ‚Musenhof'-Legende: Es wird künftig noch stärker darauf zu achten sein, wie sich retrospektive Überhöhung in der Weimar-Forschung und zeitgenössische Fremd- und Selbststilisierungen Weimars als ‚Ilm-Athen' und ‚Musensitz' überblenden. Initiierte oder unterstützte Anna Amalia die Überhöhung ihres Mäzenatentums und ihres Hofs? Inwieweit lassen sich Zusammenhänge herstellen zwischen Empfang bei Hofe und panegyrischen Porträts ihrer Leistungen? Gerade am Beispiel von Anna Amalias Hof ist die übergreifende These zu überprüfen, daß „der Widerhall höfischen Lebens in den Druckmedien nicht ohne Rückwirkung auf die Repräsentationsformen des Hofes selbst geblieben" ist.[17] Möglicherweise war die Fremdstilisierung der Herzogin als Beschützerin der Musen – in Weimarer Journalen, in gedruckten Gedichten und Huldigungsschriften, in Widmungen und Vorreden, in Reisebeschreibungen – eine übliche Variante der „Prestigekonkurrenz" der Höfe, die relativ unabhängig vom ‚realen' Wirken als Mäzenin ‚funktionierte'.

Zeitliche und personelle Bestimmung des Weimarer ‚Musenhofs': Anstatt den diffusen Begriff ‚Musenhof' für den gesamten Weimarer Hof unkritisch fortzuschreiben, hat es für diesen Band und auf der ihm vorausgehenden Tagung als ausgesprochen fruchtbar erwiesen, sich einmal auf die unterschiedlichen Formen und Ausprägungen von Literatur, Künsten und Musik am Witwenhof Anna Amalias in den Jahren 1775–1807 zu konzentrieren. Um die Gesamtformation ‚Weimarer Hof' in die allgemeine Entwicklung der höfischen Gesellschaft im 18. Jahrhundert einzuordnen, muß der Blick allerdings geweitet werden, ohne die erreichte Trennschärfe aufzugeben. Insbesondere ist zu fragen, welche Brüche der Wechsel in der regierenden Zentralperson von der weiblichen Obervormünderin Anna Amalia zu Herzog Carl August (1775) mit sich zog. Die Zeit ihrer Regentschaft 1759–75, die bisher immer als

---

16 Vgl. auch generell den richtungsweisenden Fragenkatalog für zukünftige Forschungsperspektiven zum ‚Hof' bei PARAVICINI 1997, S. 124–126 (von spätmittelalterlichen Problemstellungen ausgehend). Speziell zu Anna Amalia vgl. die ausführliche Besprechung von RAABE 1994 durch JURANEK 1996.

17 MAUELSHAGEN 1997, S. 105.

Vorlaufsphase eines sich seit Wielands Berufung (1772) formierenden ‚Musenhofs' angesehen wird, muß somit künftig stärker einbezogen werden. Unter welchen Voraussetzungen konnte es sich eine vormundschaftliche Regentin, von der in erster Linie erwartet wurde, den Status quo für den künftigen regierenden Herzog zu konsolidieren und zu bewahren, überhaupt leisten, Kunst- und Wissenschaft zu fördern? Wenn ja, wollte und konnte sie damit überregionale Wirkung erzielen? Die Zeichenschule wurde trotz früherer Überlegungen bezeichnenderweise erst 1776, nach Carl Augusts Regierungsantritt, gegründet. Während und nach dem Siebenjährigen Krieg bestand in allen gesellschaftlichen Bereichen ein Reformdruck, der durch Kunst- und Wissenschaftsförderung nicht kompensiert werden konnte. Doch gibt es vor 1775 durchaus Ansätze dazu – im Singspiel, das weniger aufwendig war als die Oper seria, und weit kostengünstiger, als weitere Schloßbauten mit prachtvoller Innenausstattung entstehen zu lassen oder in großem Stil Werke berühmter Künstler anzukaufen bzw. in Auftrag zu geben. Neben den Kontinuitäten zwischen der Zeit vor und nach 1775 werden zukünftig noch stärker die personellen, materiellen und künstlerisch-inhaltlichen Verflechtungen der einzelnen Weimarer Hofhaltungen nach 1775 zu untersuchen sein. Daraus könnten sich weiterführende Einsichten in die Zusammenhänge zwischen Geselligkeit, Mäzenatentum und Kunstliebhaberei am Weimarer Gesamt-Hof um 1800 ergeben.

Formen der Geselligkeit und Kunstliebhaberei: Ausgeklammert werden im vorliegenden Band beispielsweise Anna Amalias Mitwirkung am *Liebhabertheater* in Ettersburg und Tiefurt (1777–1782). Sind dessen organisatorische und spielpraktische Dimensionen gut erforscht[18], so bleiben die ästhetischen und pädagogischen Konzepte, die die zentralen „Maitres de plaisirs" Johann Wolfgang von Goethe und Carl Friedrich Siegmund von Seckendorff entwickelten, bislang undeutlich. Stellte das Liebhabertheater, das Mitglieder des regierenden und des Witwenhofs vereinte, den Zenit eines Weimarer Gesamt-‚Musenhofs' dar? Die Laienaufführungen müssen stärker mit den traditionellen Formen höfischer Feste (Bälle, Redouten, Maskenzüge) verglichen werden, an denen die verschiedensten Künste zusammenwirkten, und an denen teilweise die selben Akteure teilnahmen wie am Liebhabertheater.

Es lohnt sich, künftig die gesellige Funktion und die künstlerischen Ansprüche des handschriftlich zirkulierenden *„Journals von Tiefurt"* (1781–84) eingehender zu untersuchen – auch um die in diesem Band

---

18 SCHRICKEL 1928; SICHARDT 1957; RANDALL 1995.

mehrfach thematisierten Konflikte um Anna Amalias veränderte Rolle als Gesellschafterin nach 1790 genauer einzuordnen. Für diese spätere Zeit drängt sich der Eindruck auf: „Anstelle eines gleichberechtigten Dilletantismus drängten sich fachliche Kompetenz und Wissenschaftlichkeit, verbunden mit einem starken Autoritätsanspruch in den Vordergrund."[19]

Die Orte der Geselligkeit und Kunstliebhaberei müssen stärker beachtet werden. Vor allem *Gärten und Parks* bildeten die Bühne höfischer Unterhaltung in Weimar, das zwischen 1774 und 1804 eine Residenz ohne zentrales Schloß war. Höfische Geselligkeit mußte sich dezentral in den einzelnen Hofhaltungen organisieren und wich zum Teil auf Gärten und Parks aus. Auch hier zeigt sich, wie eng Kunstliebhaberei und Geselligkeit zusammenhingen: Die Gartenkunst wurde auch von Anna Amalia intensiv betrieben – neben der Umgestaltung des Ilmparks seit 1778 war die des Tiefurter Parks eines der ambitioniertesten künstlerischen Projekte, mit denen der Weimarer Gesamt-Hof – über Kupferstichfolgen, Reisebeschreibungen oder Gartentraktate – auch Außenwirkung erzielen konnte.[20]

In Zukunft ist noch schärfer herauszuarbeiten, in welchen Künsten sich die Hofmitglieder a) nach Anna Amalias *Neigungen* und b) nach ihren *Fähigkeiten* ausrichteten. Zu a): Wie der Beitrag von Heide Hollmer zeigt, läßt sich der ‚Primat der Literatur' nicht uneingeschränkt halten: Während ihres Italienaufenthalts, als die Herzogin bildende und Baukunst sowie – allen voran – die Musik in den verschiedenen Spielarten in viel reicherem Maße als in Weimar genießen konnte, las sie nur wenig. Zu b): Wo fungierte Anna Amalia überhaupt als Leitfigur, die einen kollektiven Verhaltensstil ihres Hofs prägte, wo ließ sie sich leiten – durch Autoritäten in Wissenschaft (wie den französischen Gelehrte Jean Baptiste Gaspard d'Ansse de Villoison, ihren Bibliothekar Christian Joseph Jagemann oder den Weimarer Oberkonsitorialrat Carl August Böttiger) und Kunst (wie Adam Friedrich Oeser, Heinrich Meyer, Johann Friedrich Kranz oder Christoph Martin Wieland)? Damit diese Autoritäten ihren Hof prägen konnten, mußte sie allerdings erst berufen oder zumindest eine Zeitlang interessiert am Hof halten.

Mäzenatentum am Weimarer ‚Musenhof': Es gilt weiter zu fragen, inwieweit die Kunstproduktion in Weimar überhaupt höfisch bedingt

---

19 Vgl. die Beiträge von Joachim BERGER und Bärbel RASCHKE in diesem Band (Zitat RASCHKE, S. 103).
20 Vgl. GÜNTHER 1995; SALTZWEDEL 1999.

war. Zwar erhielten Wieland, Goethe, Herder oder auch Schiller ihre
materielle Basis, indem ihnen ein Amt bzw. eine Pension übertragen
wurde.[21] Doch sie wurden eben weder als Hofdichter bzw. -schrift-
steller noch als Hofchargen (was bis weit ins 19. Jahrhundert eine adlige
Domäne blieb) eingestellt, sondern als *Staatsdiener*. Ihre Werke entstanden indes zweifellos im Kontext des Hofs als Lebensraum. Der Hof
fungierte weiterhin als ein Gradmesser für nicht-höfische Werke, übernahm „die Rolle des kritischen Testpublikums, einer Art Vor-Öffentlichkeit"[22] – für die in Weimar ansässigen Dichter nicht zuletzt ein Weg,
um das fürstliche Plazet zu erhalten, ihre Stücke am Hoftheater aufführen zu können. Umso intensiver wäre zu verfolgen, wie beispielsweise
Wielands und Goethes pflichtgemäße Gelegenheitsdichtungen für Hof-
bzw. Liebhabertheater und Maskenzüge bei Hofe, insbesondere von
den fürstlichen Zentralpersonen, aufgenommen wurden. Jedoch: The-
matik, Problembewußtsein und Erfolg entkoppelten sich von der Gunst
des Hofs: Die Schriftsteller konnten ihre Werke andernorts publizieren
(und aufführen) lassen, selbstverständlich unter ihrem eigenen Namen.

Der vorliegende Band zeigt, daß Herzogin Anna Amalia die gesel-
ge Unterhaltung in ihrem engeren Umfeld auf ihre eigenen Neigungen
als Kunstliebhaberin ausrichtete. Ob sie jedoch Künstler und Gelehrte
in einem Ausmaße förderte, daß von gezieltem *und* erfolgreichem Mäzenatentum im eingangs umrissenen Sinne zu sprechen wäre, muß noch
systematisch untersucht werden. Möglicherweise wird auch der Hof
Anna Amalias in bestimmten Phasen als ein vorwiegend geselliger, weniger mäzenatischer Hof zu fassen sein – ähnlich wie Marcus Ventzke
den regierenden Hof der Jahre 1775 bis 1783 charakterisiert: Als „Stätte
der eher privaten Zurückgezogenheit mit einer künstlerisch-unterhaltsamen Atmosphäre, die dem Fürsten zur Entspannung und Ablenkung
dient."[23] Indem Anna Amalia Anregungen aus ihrer Umgebung auf-
nahmen, entwickelte sie bestimmte Strategien, der Eintönigkeit des
Hoflebens in der Provinzresidenz zu entkommen. Das ihr unterstellte
„außergewöhnliche Hofkonzept" erweist sich indes als Wunschprojek-
tion – daß sie eine „subtile Rollenverteilung" der berufenen und bereits

---

21 Diese Interpretation geht nicht zuletzt auf Goethe zurück; vgl. BERNS 1993,
    S. 18. Ob die Förderung von Künstlern und Wissenschaftlern qua Amtsvergabe
    eine weimarspezifische Variante darstellte (so KNOCHE 1999, S. 39), bleibt wei-
    ter zu prüfen.
22 Vgl. den Beitrag von Heide HOLLMER in diesem Band (Zitat S. 123).
23 Vgl. den Beitrag von Marcus VENTZKE in diesem Band (Zitat S. 49).

anwesenden Höflinge und Staatsbediensteten entwickelt habe, ebenso.[24] Zwischen Intentionen, Wirkungen und Funktionen von Kunst- und Wissenschaftsförderung an den kleinen Höfen in der zweiten Hälfte des 18. Jahrhunderts muß generell stärker differenziert werden.

Zum idealtypischen Ordnungsbegriff ‚Musenhof': Über das Diktum vom ‚Musenhof' als „Ort einer Ersatzhandlung" wird grundsätzlich nachzudenken sein. Dabei ist neben der Außenwirkung des Mäzenatentums auch dessen territoriale Innenwirkung auf die Subsysteme Hof und Staatsverwaltung zu bedenken. Falls sich der Weimarer Gesamt-Hof – als Summe seiner Hofhaltungen – etwa um 1800 oder gar um 1830, zur Regierungszeit Carl Friedrichs und Maria Pawlownas, als ‚Musenhof' mit ausgreifenden mäzenatischen Ambitionen geriert haben sollte, dann nur zum Teil, um für Herrscherhaus und Territorium reichs- bzw. bundespolitische Bedeutungslosigkeit zu kompensieren. Damit sollte sicherlich auch der Verlust der politischen Funktionalität des Hofs in den innerterritorialen Machtbeziehungen ausgeglichen werden.[25] Das Motiv, Außenwirkung zu erzielen, bleibt davon unbenommen: Kunstförderung wurde im Alten Reich traditionell als Mittel benutzt, um Machtansprüche auszudrücken. Schon Kurfürst Friedrich Wilhelm von Brandenburg (reg. 1640–88) hatte beispielsweise durch „repräsentative Bautätigkeit und Kunstförderung" seine Bemühungen zu unterstützen versucht, den europäischen Souveränen gleichgestellt zu werden, wobei der zeremonielle Anspruch dem machtpolitischen die Form gab.[26] Falls sich ein Fürst allerdings im *aufgeklärten* Sinne nach außen und innen als Diener seiner Untertanen darstellen wollte, konnte er sich und seine Dynastie nicht glaubhaft repräsentieren lassen (beispielsweise durch Prachtbauten), sondern mußte neue Medien und symbolische Formen finden.

Ein (idealtypisches) Kategoriensystem für die Erforschung von zweiten Hofhaltungen fürstlicher Witwen oder apanagierter Prinzen, sogenannter „Nebenhöfe", ist noch nicht aufgestellt worden – das Modell Winterlings läßt sich im wesentlichen nur auf den gesamten Hof(staat)

---

24 So KNOCHE 1999, S. 39.

25 Zu Maria Pawlowna vgl. JENA 1999 (mit dem bezeichnenden Untertitel „Großherzogin an Weimars Musenhof"), zu Mäzenatentum und Kunstliebhaberei am Hof des ‚nachklassischen Weimar' generell PÖTHE 1998. – BAUER 1995, BAUER 1997.

26 STOLLBERG-RILINGER 1997, S. 185.

des Monarchen/Fürsten beziehen.[27] Das Beispiel Anna Amalias von
Weimar läßt es fraglich erscheinen, ob sich der ‚Nebenhof' einer verwitweten Herzogin „als Ort einer Ersatzhandlung" präsentieren wollte,
da politische Einflußnahme am eigenen Gesamt-Hof oder Prestigege-
winn in der höfischen Gesellschaft des Reiches kaum möglich waren.
Dem reichspolitisch ohnehin allenfalls zur Heiratsvermittlung einsetzbaren Witwenhof können derartige Surrogatsfunktionen also nicht un-
terlegt werden. Dies schließt ernsthafte mäzenatische Intentionen nicht
aus.

Es spricht einiges für die These, daß Kunstausübung und Künstler-
förderung für fürstliche Witwen die naheliegendste Beschäftigung waren, falls sie nicht in Langeweile verharren wollten. Sicherlich bildeten
sie einen gewichtigen Teil des Standesideals für diese hochadeligen
Frauen. Schränkt man den Begriff auf gesellige Kunstliebhaberei ein,
sind dem ‚Musenhof' vermutlich die meisten fürstlichen Witwenhöfe
bzw. -hofhaltungen zuzurechnen. Inwieweit diese Fürstinnen jedoch
generell Künstler und Gelehrte über den internen ‚Hofgebrauch' hinaus
förderten, um sich überregional in der „Prestigekonkurrenz der Höfe"
(Winterling) zu profilieren, müßte erst gezeigt werden. Wieder gilt: Absichten und Erfolge mußten nicht übereinstimmen.

Die ‚musischen' von anderen Aktivitäten (wie Jagd, Spiel, Bälle, Militär, Religiosität) abzugrenzen – nach Berns ein entscheidendes Di-
stinktionskriterium des ‚Musenhofs' – dürfte für einen Witwenhof
schwerfallen. Zeremonielle Prachtentfaltung war verwitweten Fürstinnen in der zweiten Hälfte des 18. Jahrhunderts schon meist aus man-
gelnden finanziellen Möglichkeiten verwehrt. Ebenso besaß eine nicht-
regierende Herzogswitwe nicht die Option, einen „Antagonismus von
musischer Prestigeprätention und Militarismus"[28] zwischen den Höfen
zweier oder mehrerer Reichsstände zu forcieren. Diesen konnte sie nur
zwischen den einzelnen Hofhaltungen in ihrer eigenen Residenzstadt
erreichen, indem sie sich vom regierenden Hof distanzierte. Sicherlich
kritisierten, um bei unserem Beispiel zu bleiben, Anna Amalia und ihr
nahestehende Günstlinge (wie Carl Ludwig von Knebel) Carl Augusts
militärischen Ehrgeiz im preußischen Heer, seinen Hang zum Exerzie-
ren und seine oft monatelangen Abwesenheit beim Regiment deutlich.

---

27 WINTERLING 1997b. Nach BAUER 1993, S. 75f., bildeten sich „viele Beispiele
   für diesen Idealtyp [= den des Musenhofs, J.B.] von den ‚Nebenhöfen'" der Ehe-
   frauen, Witwen oder apanagierten Prinzen.
28 BERNS 1993, S. 26.

Doch trotz dieser Abgrenzung war gesellige Kunstliebhaberei oder zurückgezogenes Dilettieren für eine Herzogsmutter keine wählbare Alternative zu anderen Ausrichtungen, wie etwa exzessives Jagen, merkantile Unternehmungen oder andauernde Reisetätigkeit. Sozial-karitatives Engagement und Zusammenarbeit mit bürgerlichen Vereinen, wie es Großherzogin Maria Pawlowna im 19. Jahrhundert zeigen sollte, war den Ambitionen und Möglichkeiten einer Fürstin der zweiten Hälfte des 18. Jahrhunderts weitgehend fremd. Es erscheint lohnend, künftig den Blick auf andere, ‚musische‘ und nicht-‚musische‘ Höfe des späten Alten Reiches zu weiten, um die spezifischen Bedingungen für und die Ausprägungen von Geselligkeit, Mäzenatentum und Kunstliebhaberei am Hof der Herzogin Anna Amalia und, davon ausgehend, am Weimarer Gesamt-Hof noch präziser beschreiben zu können.

Marcus Ventzke

Hofökonomie und Mäzenatentum. Der Hof im Geflecht der weimarischen Staatsfinanzen zur Zeit der Regierungsübernahme Herzog Carl Augusts

I.

Der ‚überzählige Hofbeamte Weimars‘, wie er sich einmal selbst nannte, Carl Friedrich Siegmund Freiherr von Seckendorff, berichtete am 19. Oktober 1783 seinem Bruder Christoph Albrecht in Ansbach von den Vorzügen des braunschweigischen Hofes, den er kurz zuvor besucht hatte.

> Ja gewiß ist Braunschweig reizend; ich habe daselbst an fünf Wochen auf die angenehmste Weise von der Welt zugebracht. Der Herzog, der von allen regierenden Fürsten meiner Bekanntschaft der liebenswürdigste, unterrichtetste und gediegenste ist, thut Alles, um den Aufenthalt an seinem Hofe möglichst angenehm zu machen; er hat zu diesem Zweck eine Menge von Personen herangezogen, welche nicht blos durch ihre vornehme Geburt, sondern auch durch ihre Geldmittel und ganz besonders durch ihre geselligen Talente den Glanz des Hofes erhöhen.[1]

Seckendorff ist in jeder Hinsicht voll des Lobes über Braunschweig. Besonders die haushälterischen Fähigkeiten von Herzog Carl II. Wilhelm Ferdinand hebt er bewundernd hervor.

> Es ist für Jedermann, selbst für die besten Finanzmänner, ein Wunder, wie er [...] in drei Jahren und einigen Monaten 5.000.000 Thaler Schulden hat bezahlen können [...] und dabei die Hofhaltung mit einem an Glanz streifenden Anstand eingerichtet zu sehen; ein Tafelzeug, welches, was Geschmack und Zeichnung betrifft, in Deutschland nicht seines Gleichen hat,

---

1 SECKENDORFF 1885, S. 44.

die Möbel zum Theil neu, Wagen und Pferde in gutem Zustande, ein Theater, welches jedem offen steht, und eine wohlgeschulte, ausreichende Dienerschaft.[2]

Und Seckendorff resümiert, mit Weimar und Carl August zugleich abrechnend:

Er hat Alles das durch ein sehr einfaches Verfahren erreicht, wie es indessen nur ein Fürst einschlagen konnte, welcher durch seine Sparsamkeit dem Lande den verlorenen Credit wiedergab. [...] Du begreifst, daß, wenn man einen Hof wie den Braunschweig'schen gesehen hat, man ungern an den hiesigen zurückkehrt, zumal wenn man sich bei aller Loyalität sagen muß, daß hier das Gegenteil von Ordnung herrscht. Warum haben geistreiche Fürsten nicht auch die nöthige Einsicht, um Steuerleute auszuwählen, welche das Staatsschiff geschickt zu leiten wissen, wenn sie selbst nicht das Steuerruder führen können oder wollen?[3]

Carl Friedrich Siegmund von Seckendorff war tatsächlich eine der unglücklichsten Figuren des Weimarer Hofes. Ein Adliger aus altem Hause, intelligent, gebildet, konservativ aber mit Hang zur Selbstironie, wurde er mit großen Versprechungen von Carl August 1775 nach Thüringen geholt. Er hoffte, eine steile Karriere zu machen, glaubte sogar in das Geheime Consilium berufen zu werden. Um so enttäuschter reagierte er, als er erkennen mußte, daß ihm Weimar fremd blieb, und er ohne Hausmacht zwischen die Fronten der Hofparteien geraten war, die nach dem Regierungswechsel erbittert um die Gunst des jungen Fürsten, um den Weg der Politik, um die Zukunft des Hofes rangen. Seckendorff wurde weder Minister noch einflußreicher Hofbeamter oder Privatsekretär Carl Augusts. Zwar erhielt er Anfang 1776 eine, aus seiner Sicht kümmerlich bezahlte, Kammerherrenstelle, weitere Ambitionen aber mußte er begraben. Acht Jahre blieb er Kammerherr, immer zwischen Hoffnung und Verzweiflung.[4]

Der bis zum Regierungswechsel von 1775 als Kammerpräsident in Weimar tätige Carl Alexander von Kalb wiederum schrieb seinem Sohn und Nachfolger im Amt Johann August, als dieser Anfang 1782 wegen der desolaten Lage der Staatsfinanzen vor der Entlassung stand:

2 SECKENDORFF 1885, S. 44. Zur Situation des Hofes von Braunschweig-Wolfenbüttel vgl. ACHILLES 1972, S. 191–198; BAUER 1993, S. 75.
3 SECKENDORFF 1885, S. 45f.
4 Vgl. zu Seckendorff auch: DIEZMANN 1865; VARNHAGEN 1838, S. 157–169.

Thue Du Deines Orts nur immer, was Deine Pflicht erfordert mit Eyffer und Treue und sey übrigens nicht unruhig oder kränke Dich gar, sondern tröste Dich damit, daß Du nicht der einzige Cammer Praesident bist, der eine derangirte Cammer dirigieret, sondern daß dieses der Fall aller kleinen Höfe, etwan zwey ausgenommen, Teutschlands ist.[5]

Die übertriebene Geldausgabe des Hofes müsse ein Kammerpräsident hinnehmen, da nun einmal „ein Diener seinen Herrn nicht in Gehorsam setzen" kann. Der ältere Kalb rät seinem Sohn, die Hoffnung nicht zu verlieren, daß man bei Hofe „die Kranckheit einsiehet, zur Cur schreitet, eine solide Einrichtung macht und diese systematisch, ohne von derselben abzuweichen stets befolget."[6]

Beide, Seckendorff und Kalb, beurteilen die Lage des weimarischen Hofes aus ganz unterschiedlichen Positionen. Während der Kammerherr geordnete Staatsfinanzen und höfische Repräsentation durchaus für vereinbar hält, betrachtet der Kameralbeamte den Aufwand des Hofes als Teil des Etatproblems. Einig sind sich beide darin, daß es mit Mitte der 1780er Jahre in Sachsen-Weimar-Eisenach mit den Finanzen nicht zum Besten stand und der Hof dabei eine nicht unbeträchtliche Rolle spielte.

II.

Die Erforschung frühneuzeitlicher Höfe hat sich in den letzten Jahren vor allem auf funktionale Fragen konzentriert.[7] Dabei wurden der Alltag bei Hofe, Dimensionen seiner sozialen Bindungswirkung, die Bedeutung des Zeremoniells und die Festkultur bearbeitet. Auch Versuche zur Typologisierung werden neuerdings häufiger angestellt.[8] Forschungen über die finanzielle und wirtschaftliche Struktur von Höfen fehlen dagegen fast völlig.[9]

---

5   KLARMANN 1902, S. 451.

6   KLARMANN 1902, S. 450.

7   Rainer A. Müller beklagt sogar, daß die Hofforschung insgesamt bislang vernachlässigt worden sei. MÜLLER 1995, S. 1 und 88f.

8   PARAVICINI 1995; KRUEDENER 1973; WINTERLING 1986; STOLLBERG-RILINGER 1997; BERNS/RAHN 1995; BERNS 1982; SCHULTZ 1988; BERNS 1984; CZOK 1989; BAUER 1993; WINTERLING 1997b; WINTERLING 1997c.

9   Der EDG-Band von MÜLLER 1995 widmet der ‚Größe und dem Etat der Höfe' notgedrungen gerade 2 Seiten. Neuere wirtschaftsgeschichtliche Untersuchungen liegen fast nicht vor. Aus Untersuchungen über die Entwicklung des Steu-

Mit historisch-soziologischen Theorien, wie der von Norbert Elias, können jedoch die Resultate wirtschafts- und finanzgeschichtlicher Basisuntersuchungen über Höfe nicht dauerhaft kompensiert werden. Andernfalls läuft man Gefahr, entweder sozial- und kulturwissenschaftliche Entwicklungstheoreme zirkulär zu verwenden oder die unter anderen Prämissen erarbeiteten Ergebnisse der älteren Hofforschung in neuen Begriffen wieder aufleben zu lassen.

Ein besonders eindrucksvolles Beispiel in dieser Hinsicht sind die Forschungen zum ‚Musenhof‘, als dessen geradezu modellhafte Ausprägung der Hof Wielands und Goethes, Schillers und Herders gilt.[10] Weimar ist für das 18. Jahrhundert erstaunlicherweise zum Inbegriff des mäzenatischen Hofs geworden, ohne daß es bislang für nötig erachtet worden wäre, die Hoffinanzen genauer zu untersuchen.[11]

Mit den folgenden Darlegungen soll daher versucht werden, an der ‚Bruchstelle‘ des weimarischen Herrschaftswechsels von 1775 die finanziellen Grundlagen des Hofwesens genauer zu beleuchten. Nicht nur werden mit diesem Wechsel an der Regierungsspitze die Finanzverhält-

---

erwesens und der Staatsfinanzen lassen sich jedoch nicht selten auch Informationen über die Hoffinanzen gewinnen. So bezieht etwa Hans-Peter Ullmann beim Vergleich der Staatsfinanzen auch den Hof mit ein, so daß vorsichtige Aussagen über Etatrelationen und Finanzierungsmechanismen für Baden und Bayern möglich werden. Vgl. ULLMANN 1986, Tl. 1.

10 BAUER 1993, S. 76 erkennt sogar eine „Entwicklung Weimars zum Musenhof par excellence". Zur Entwicklungsgeschichte des Weimarer Musenhofmythos‘ vgl. BERGER 2001. Auch gegenwärtig ist der Weimarmythos immer noch unangetasteter Hintergrund oder argumentativer Zielpunkt vieler Darstellungen. Vgl. BUSCH-SALMEN/SALMEN/MICHEL 1998; BERNS 1993, hier S. 10; SALENTIN 1996, S. 58–65, insbes. S. 62; SCHMIDT-MÖBUS/MÖBUS 1998, S. 111; ROOS 1994, bes. S. 230f.

11 Im Rahmen ihrer Untersuchungen über das Staatswesen von Weimar sind Georg Mentz und Fritz Hartung zu Beginn des 20.Jahrhunderts auch auf Fragen der Finanzen genauer eingegangen, ohne dabei jedoch spezielle Überlegungen zu den Hoffinanzen anzustellen. Vgl. MENTZ 1936, S. 41–47 und 108–113; HARTUNG 1923, S. 42–60. Alle späteren Aussagen über die Weimarischen Staats- und Hoffinanzen, insbesondere die Legende von der Sanierung der Etats durch Anna Amalia, gehen mehr oder weniger auf Mentz und Hartung zurück. So schreibt MENTZ 1936, S. 113: „Alles in allem kann man wohl sagen, daß während der Vormundschaft Anna Amalias eifrig und nicht ohne Erfolg an der Besserung der finanziellen Verhältnisse gearbeitet worden ist." HÖHNE 1987 streift die Hoffinanzen nur am Rande und zeichnet sich durch mehrere fehlerhafte Interpretationen aus. Zur Fortschreibung der Sanierungslegende in der Gegenwart vgl. KNOCHE 1999, hier S. 38: „Im Ergebnis hat Anna Amalia das Staatswesen [...] konsolidiert."

nisse des Landes wegen der Neueinrichtung der Hof-, Zivil- und Militäretats besonders deutlich. In den ersten Regierungsjahren des jungen Carl August formierte sich auch die Hofgesellschaft neu. Die von nur einem Hof geprägte Obervormundschaft ging über in eine ‚reguläre‘ Herrschaft mit ‚regierendem‘ und ‚Witwenhof‘, denen noch Dependancen zugeordnet wurden. Es entstanden verschiedene höfische Mittelpunkte, die zum Teil auch differierende künstlerische Interessen ausbildeten. Überdies ist durch den Regierungswechsel eine Umorganisation von Personenkonstellationen zu beobachten. Zu den obervormundschaftlichen Höflingen traten neue, andere schieden aus. Dieser Prozeß der Neuorientierung endete erst zu Beginn der 1780er Jahre. Welche finanzielle Ausstattung der Hof von Weimar also zwischen 1775 und 1783 hatte, wie nachhaltig und zuverlässig diese Finanzquellen waren und wie das Geld des Landes zum Hof oder vielmehr zu den Höfen Weimars gelenkt wurde, sind entscheidende Fragen, ohne deren Beantwortung die Einordnung „Ilm-Athens“ als Musenhof bloße Zuschreibung bleibt.[12]

Die folgenden Darlegungen gelten drei Problemkreisen:

1. dem Zustand der Hoffinanzen nach der Regierungsübernahme durch Carl August, skizzenhaft ihrer Entwicklung seit der Zeit Anna Amalias und ihrer Verknüpfung im Geflecht der anderen Finanzverwaltungen des Landes; darüber hinaus auch den Versuchen zur Sanierung und Neustrukturierung der Hofkassen nach 1775 unter Einbeziehung der zeitgenössischen kameralwissenschaftlichen Diskussion;

2. den Spielräumen und dem Stellenwert mäzenatischer Politik im Verhältnis zu den Staatsfinanzen;

3. den Auswirkungen dieser Verhältnisse auf die Typologisierung Weimars als ‚Musenhof‘.

III.

Die Verwaltung der Staatsfinanzen in Sachsen-Weimar und Eisenach wurde etwa ab der Mitte des 18. Jahrhunderts von wenigstens acht bis

---

12 Zur Entstehung des Begriffs Ilm-Athen vgl. Goethe-Gespräche, Juli 1813, *Athen an der Ilm*; Gespräche 28.8.1821, *deutsches Athen*; GOETHE 1889–1896, Bd. 3, S. 87. Bezogen auf Jena spricht Goethe in einem Brief an Knebel vom 1.5.1816 von einem *Saal-Athen*. WA IV, Bd. 27, S. 2. Ein ähnlich beliebtes Bild ist der, ebenfalls von Goethe stammende, Vergleich Weimars mit *Bethlehem in Juda*. Vgl. BODE 1908, Bd. 2, S. 66. Als Leitperspektive dient das Bethlehem-Bild auch bei BRUFORD 1966, S. 16.

zehn verschiedenen Oberbehörden oder -kassen geprägt, die teils voneinander unabhängig agierten, teils aber auch in verschiedenen gegenseitigen Abhängigkeiten standen. Dieses Finanzverwaltungssystem bestand aus drei Landschaftskassen in den Landesteilen Weimar, Eisenach und Jena, zwei Kammern in Eisenach und Weimar, der Hofkasse und der an diese gekoppelten Hofstallkasse sowie den fürstlichen Schatullen.

Kammern und Landschaftskassen bildeten die zwei Hauptsäulen des Finanzsystems, da sie die Steuern einnahmen und verwalteten. Geldzufluß für Hof und Staatsverwaltung erfolgte also, abgesehen von denen bei allen Kassen geführten Kreditwirtschaften, ausschließlich über diese Institutionen. Alle anderen oberen Finanzverwaltungen waren von diesen Zentralkassen abhängig. Kammern und Landschaftskassen hatten jeweils Unterverwaltungen ausgebildet und agierten mit eigenen, zueinander in Konkurrenz stehenden Einnehmern.[13] Beide definierten auch eigene Aufgabenbereiche und suchten sie eifersüchtig gegeneinander abzugrenzen.

Der Weimarer Kammer kam jedoch eine bevorzugte Stellung zu, da sie die Hof- und Schatullausgaben sowie zentrale staatliche Aufgaben im wesentlichen zu finanzieren hatte. Andere Kassen, etwa die Eisenacher Kammer und die Landschaftskassen waren deshalb verpflichtet, einen bestimmten jährlichen Betrag an die Weimarer Kammer abzugeben oder Finanzlasten zu übernehmen, die nach ihrem Selbstverständnis nicht in ihren Bereich gehörten. Schatullen und Hofkassen wiederum waren im 18. Jahrhundert im Grunde Nebenkassen der Kammern, allerdings mit theoretisch voller Transaktionsfreiheit über Etat und Kapitalienschatz.

Nach der Regierungsübernahme Carl Augusts verstärkte sich der Charakter der Weimarer Kammer als Leitkasse des Herzogtums. Der in sie einfließende Anteil aus den Einnahmen der Landschaftskassen, Schatullgüter und der Eisenacher Kammer erhöhte sich von 13.232 Rt. im Jahr 1771/72 auf 49.957 Rt. im Jahr 1781/82.[14] Der Anteil dieser Beträge am Gesamtvolumen der Weimarer Kammer lag damit Anfang der

---

13 Daher wurden schon unter der Regierung Ernst August Constantins Vorschläge zur Zusammenlegung der Einnahmen unter der Verantwortung der Landschaft diskutiert. Vgl. MENTZ 1936, S. 105.
14 1771/72: Thüringisches Hauptstaatsarchiv Weimar (= ThHStAW), Rechnungen 277, Gesamtbilanz [unpag.]; zu 1780/81: ThHStAW Rechnungen 283, Gesamtbilanz [unpag.].

1780er Jahre bei einem Sechstel. Entsprechend stagnierte das Volumen der Eisenacher Kammer, während das der Weimarer stieg.[15]
Die Kriege der Mitte des 18. Jahrhunderts, die schlechtere Wirtschaftskonjunktur und die Hungerkatastrophen sorgten in Sachsen-Weimar und Eisenach für eine unstete Steuerentwicklung, was eine gewisse Instabilität der Steuerverwaltungen nach sich zog. Darüber hinaus führte auch in Weimar ein Herrschaftswechsel oder eine vormundschaftliche Regierung zunächst fast immer dazu, daß sich die finanzwirtschaftlichen Prinzipien wandelten.[16] Da die Verwaltungen im 18. Jahrhundert ohnehin erst am Anfang des Bürokratisierungsprozesses standen[17], konnten Steuersystematiken genauso wie Einhebungsstrukturen erheblichen Änderungen unterworfen werden.[18]

Die Territorien von Weimar und Eisenach unterlagen in dieser Hinsicht im 18. Jahrhundert einem besonders häufigen Wandel. Nach dem Tode des Herzogs Ernst August 1748 hatte es zwei sich abwechselnde ernestinische Vormundschaften gegeben, die mit seiner Schuldenpolitik umgehen mußten.[19] Die über Ernst August Constantin ausgeübte Vormundschaft machte eine größere Hofhaltung unnötig, zumal sich der weimarische Erbprinz überwiegend in Gotha aufhielt. Deshalb wurden die Ausgaben für das Hofwesen in Sachsen-Weimar und Eisenach radi-

---

15 Siehe Tabelle 1.
16 Nach der Regierungsübernahme durch Carl August plädierte z.B. der Kanzler Achatius Ludwig Carl Schmid in einer Denkschrift für die organische Betrachtung aller Finanzen des Landes, vom Geldbeutel der Untertanen bis zur fürstlichen Schatulle. Er forderte einen allgemeinen Schuldenabbau, Senkung der Steuertermine und pünktliche Zahlung. Dieses Programm bedeutete für Steuerverwaltung und Steuerzahler eine Kehrtwende, da es sich auf beiden Seiten als normal eingebürgert hatte, große Steuerreste unbezahlt zu lassen. Vgl. *Kurtzer Zusammenhängender Entwurf der hauptsächlichen Gegenstände einer Klugen Landes-Verwaltung und Staats-Wirthschaft"*; Goethe- und Schiller-Archiv Weimar (= GSA) 06/2396.
17 WILLOWEIT 1983, hier S. 332–334; WUNDER 1978, S. 9–68.
18 Die verschiedenen Strukturveränderungen nach dem Herrschaftsantritt Ernst Augusts und dem Anfall Sachsen-Eisenachs sind in dieser Hinsicht besonders aussagekräftig. Beispielsweise wurden 1734 die Kompetenzen im Amtsbereich mit der Einführung eigenständiger Rentämter und der Übertragung der Domänenverwaltung auf diese neuen Institutionen erheblich verändert. Vgl. MENTZ 1936, S. 67.
19 MENTZ 1936, S. 97f.

kal reduziert. Schloßbauten verfielen – mitunter halbfertig.[20] Die Militärausgaben wurden stark gekürzt.[21]

Nach der Volljährigkeit Ernst August Constantins und seiner Heirat mit Anna Amalia ergab sich jedoch nicht die Möglichkeit, die Staats- und Hoffinanzen grundlegend neu zu ordnen, da der junge Fürst nicht die Zeit hatte, in die Verwaltungs- und Herrschaftsstrukturen maßgeblich einzugreifen. Mitten im Siebenjährigen Krieg mußten nach dem Tode Ernst August Constantins 1758 erneut die Strukturen des Hofes verändert werden.[22] Die Aufwendungen für den Hofetat schrumpften erheblich. Hatte man bei Ernst August Constantin 105.300 Rt. veranschlagt, sollten jetzt 50.000 Rt. ausreichen.[23] Immerhin: Man installierte eine Hofkasse und eine Schatulle für die Herzogin und ihre Kinder.[24] Dabei wurden auch die Legitimation der Steuereinnahme und die Art der Verwendung der Gelder erörtert. Das Staatsverständnis der Weimarer politischen Elite spiegelt sich in dieser Diskussion wider, von deren Ausgang nicht nur die ‚gloire‘ des Fürsten, sondern seine politische Daseinsberechtigung schlechtin abhing. Warum beanspruchte also der Fürst Gelder für sich, den Hof und die Dienerschaft, und in welcher Beziehung sah er sich dabei zum Staat? Glaubte er, dessen letzter Grund und daher mit ihm identisch zu sein (‚l'etat c'est moi‘), oder betrachtete er sich als oberster Gestalter und Lenker des Gemeinwesens (‚erster Diener‘)?[25]

In Weimar band man in der Mitte des 18. Jahrhunderts die Rolle des Fürsten vorsichtig an seine dienende Funktion, betrachtete die Hofkosten aber eindeutig als Teil der Staatsfinanzen. Letzere galt es, da ließen die geheimen Räte keinen Zweifel, zu sanieren und in den Dienst der Untertanen zu stellen. Auch der Fürst sollte sich in diese Staatsräson einordnen. Das Geheime Consilium knüpfte deshalb seine Überlegungen zur Festlegung der für Anna Amalias Hofstaat aufzuwendenden Summe im Jahre 1758 daran, ob die Regentin mit dieser Summe die

---

20 VOIGT 1930; STIEDA 1909; VOLLRATH 1928.
21 MENTZ 1936, S. 153.
22 Vgl. die Umstrukturierungen im Personalbestand des Hofes. ThHStAW A 1925/16/1, Bl. 108–109.
23 Vgl. den Plan zur Neugestaltung des Hofetats vom 16.6.1758, den Georg Septimus Andreas v. Praun an Carl. I. v. Braunschweig-Wolfenbüttel sandte. ThHStAW A 1925/16/1, Bl. 52'. Die endgültige Summe von 50.000 Rt. wurde am 11.8.1758 festgelegt. ThHStAW A 1925/16/2, Bl. 199f.
24 ThHStAW A 1734.
25 BAUER 1997, S. 165; Zur Einordnung der herrscherlichen Bekenntnisse vgl. SCHIEDER 1986, S. 284–307; BURKE 1996.

‚OberVormundschaft und Landesadministration mit gehöriger Dignität und Decence führen‘ könne.[26] Der erste Minister Anna Amalias, Gottfried Nonne, stellte 1759 in einer Denkschrift an die Fürstin die zwei Prämissen der Hoffinanzpolitik dar. Zum einen sei dies „die Ehre des Fürstlichen Haußes", die jedoch dazu verleiten könne, „einen größeren Aufwand zu machen" als vetretbar; zum anderen müsse aber bei allen Ausgaben auf „die wirthschaftliche administration derer [...] anvertrauten Einkünfte" geachtet werden. Dabei, so stand für Nonne fest,

> muß allezeit die letztere die Oberhand behalten. Denn die wahre Ehre bestehet nicht in einem grosen Aufwand, und in einem äußerlichen kostbaren Glanze; sondern in genauer Erfüllung der obhabenden Pflichten, und es wird allemahl Ihro hochfürstl. Durchl. zu minderem Ruhm gereichen, wenn an dero Hofe wohl gegeßen und getrunken wird, als wenn [...] die Cammern und Cassen in guten und geseegneten Umständen

gehalten werden.[27] Nonne bewegte sich mit diesen Ansichten durchaus im Kontext der finanzwissenschaflichen Diskussion des 18. Jahrhunderts. Auch die Kameralisten beschäftigte die Stellung der Hofausgaben im Gefüge der Staatsfinanzen, ohne daß ihnen jedoch eine befriedigende Einordnung gelungen wäre.[28] Einerseits machten sie sich daran, alle Finanzen des Staates gnadenlos zu rationalisieren und dem Staatszweck unterzuordnen, vor allem aber die Ausgaben strikt an die Einnahmen zu binden, andererseits stellten sie die höfischen Kosten mit dem Argument des nur vom Fürsten zu bestimmenden ‚Decorum‘ von diesen Regelungen frei. Der Hof wurde somit „dysfunktionaler Störfaktor" im theoretisch wohlgeordneten Finanzsystem des Fürstenstaates.[29] Nonne band in seinen Überlegungen den Hof in die Staatsfinanzen ein und konstruierte zugleich eine Funktionsgebundenheit des Fürsten: Wenn der aufgeklärte Fürst sich tatsächlich über seinen Dienst am Volk, über seine Leistung definieren will, so bedarf es des Glanzes und des Luxus‘ zur Etablierung der fürstlichen Würde im Bewußtsein der Untertanen nicht mehr. Denn man kann als Untertan die Herausgehobenheit des

---

26 ThHStAW A 1925/16/1, Bl. 23'.
27 ThHStAW A 9032, Bl. 12–17'. Für die Überlassung dieser und einiger weiterer Quellen zur Situation der Hoffinanzen vor 1775 danke ich Joachim Berger (Jena).
28 BAUER 1997, S. 181 und 184f.
29 BAUER 1997, S. 168.

Fürsten nach dieser Vorstellung nur noch dann akzeptieren, wenn man die Besonderheit seiner Leistungen schätzt.

Gemessen an diesen theoretischen Vorstellungen veränderte sich die Wirklichkeit des Hofs von Weimar sicherlich nur langsam. Immerhin: Der Hang zur Strukturierung und Etatisierung von Ausgaben, verbunden mit Verwendungsreglements, Abrechnungssystemen und gegenseitigen Kassenrevisionen hielt langsam auch in der Residenz an der Ilm Einzug. Finanzierungsaufgaben wurden klar voneinander getrennt und dem Fürsten gewährte man nicht mehr unbedingt den unbeschränkten Zugriff auf die Geldströme des Landes. Als der Etat der Hofkasse 1756 auf 68.000 Rt. festgelegt wurde, schrieb Graf Bünau an das Hofmarschallamt, daß fortan „die Hof-Casse weder mit denen Marstalls- noch Scatoull Ausgaben mehr etwas zu thun hat."[30] Besoldungen, Livréen, Brennholz und Wein sollten daher jetzt „immediate" aus der Hofkasse und nicht mehr aus Schatulle oder Stallkasse finanziert werden. 20.000 Rt. sollten der Schatulle des Herzogs zufließen.[31]

Als die Finanzen der Obervormundschaft 1758 neu geordnet wurden, wollte das Geheime Consilium der Regentin indes nicht gleich vorschreiben, wie die insgesamt ‚für sie‘, d. h. ihre Schatulle und ihre Hofhaltung bewilligten Gelder in Höhe von 50.000 Rt. verteilt und von wem sie verwaltet werden sollten. Man machte ihr gar den Vorschlag, selbst über die monatlich von den Kammern aufzubringenden Teilraten zu quittieren.[32]

Die Fürstin entschied sich, 36.000 Rt. der Hofkasse und 14.000 Rt. ihrer Schatulle zu zahlen.[33] Trotz aller Vorsätze zu sparsamer Wirtschaft, kam die Hofverwaltung mit den festgelegten Summen jedoch nicht aus. 1760 hatte man die Ansätze um mehr als 70 Prozent überschritten.[34] Den Vorschlag, die zugestandenen Summen deutlich zu erhöhen, lehnten die Geheimen Räte mit dem Hinweis ab, erst müßten die Kammerschulden abgetragen werden.[35] Sie orientierten sich mit dieser Haltung an den Vorgaben des Testaments Ernst August Constantins, das festgesetzt hatte, „allenthalben eine so gute Wirtschaft zu führen, damit jährlich ein ansehnliches ersparet werden könne." Somit

---

30 ThHStAW HMA 26, Bl. 2.
31 ThHStAW HMA 26, Bl. 1–8.
32 ThHStAW A 1925/16/2, Bl. 199f. und A 1734.
33 ThHStAW A 1734.
34 Vgl. die Spezifikation der Verbrauchsausgaben (ohne Besoldungen) für das Rechnungsjahr 1759/60. ThHStAW A 9032, Bl. 6–9.
35 ThHStAW A 9032, Bl. 48–51.

sollte man in die Lage versetzt werden, „die auf den Cammern haften-
den Schulden nach und nach abzutragen."[36] Der Streit um die Höhe des
Etats und die angemessene Einrichtung des Hofes dauerte im Grunde
die ganze Vormundschaft über an. Aus den immer wieder eingeforder-
ten Berichten, neuen ‚General-Plänen‘ und Preislisten ersieht man nicht
nur, daß die Größe des Hofes und sein Finanzvolumen nie miteinander
korrelierten, der Hof mutierte auch zu einem unkontrollierten System.[37]
Der Referendar des Geheimen Consiliums, Carl Christian von Kotzebue, ermahnte Anna Amalia in einer ungewöhnlich offenen Denkschrift
im September 1761, die Hofwirtschaft von Außenstehenden revidieren
zu lassen. Zu den Mahlzeiten etwa stellte er fest: „Man ißt nicht Gemüse mit Butter, sondern Butter mit Gemüse, nicht Suppe mit Graupen,
Reiß etc. sondern Graupen, Reiß etc. welches naß gemachet worden."[38]

Um den Etat der Hofkasse im Gleichgewicht zu halten, wurden in
den folgenden Jahren immer wieder bestimmte Ausgaben auf andere
Kassen übertragen. An Zuschüssen aus der herzoglichen Schatulle flossen in den Jahren von 1760 bis 1763 18.030 Rt. in die Hofkasse.[39] Die
Kammern zahlten zwischen 1763 und 1774 zur Finanzierung von Auf-
enthalten fremder Fürsten oder sonstiger hochgestellter Besuche nicht
weniger als 19.752 Rt. an die Hofkasse.[40] Trotzdem ließen sich deren
Ausgaben nicht senken. Klagen über ‚Unterschleif‘ und erhöhten Aufwand bei Hofe mehrten sich. So berichtete das Hofmarschallamt im
August 1775, wenige Tage vor der Regierungsübernahme Carl Augusts,
der Stall habe 39 herrschaftliche Pferde mehr zu versorgen als 1758.[41]

Den Schloßbrand vom Mai 1774 und die daraus resultierenden erhöhten Kosten für die Staatskassen hatte Kammerpräsident Carl Alexander von Kalb gegenüber Anna Amalia zu einer letzten eindringlichen
Mahnung genutzt, um Reformen bei Hofe einzuleiten. Kurz nach dem
Brand teilte er dem Geheimen Consilium mit, daß er „eine so schreckli-
che Ermunterung, als die dermalige ist, nicht erwartet um hieran die
Hand zu legen", sie gleichwohl aber nutzen wolle, um

36 ThHStAW A 1734.
37 Vgl. ThHStAW A 9032; HMA 19; HMA 21; HMA 22.
38 ThHStAW A 9034/2, Bl. 20.
39 ThHStAW HMA 21, Bl. 78.
40 Vgl. ThHStAW 9032, Bl. 180, 215, 260, 267, 275, 284, 290, 295, 300, 302, 308,
    310, 312, 313, 349, 359.
41 ThHStAW A 9032, Bericht des Hofmarschallamts an Anna Amalia vom
    21.8.1775 [unpag.].

auf Ersparniß und Einziehung solcher Ausgaben devostest anzutragen, die
ein Herr bey glücklichen Umständen, wann er es ohne Sich zu derangiren
thun kann zum Splendeur und Vergnügen macht, die aber Seine Klugheit im
wiedrigen Fall zu entbehren weiß". Er sei deshalb mit dem „lebhaftesten
Schmerz durchdrungen, Höchst Denenselben sagen zu müßen, daß die Einziehung des Schauspiels, und eine weniger Aufwand erfordernde Einrichtung bey Küche, Keller und andern Officen, der einzige einzuschlagende
Weg sey, wodurch [...] das hiesige Fürstl. Haus erhalten und [...] vor dem
traurigen Fall, in welchen sich mancher Teutscher Reichsfürst befindet, be-
wahret werden kann."[42]

Mit dem Hinweis auf einen eventuell drohenden Verlust der Macht
oder zumindest Machtbeschränkungen, wie sie im 18. Jahrhundert bei
vielen Fürsten, auch in Thüringen, zu beobachten waren, ging der
Kammerpräsident zweifellos bis an die Grenzen seiner Befugnisse.[43] Die
aus dem Schloßbrand resultierenden Kosten erschienen ihm gewissermaßen als der Schlußpunkt einer ausufernden Schuldenpolitik, die eine
Situation heraufbeschworen hatte, in der man sich repräsentatives Ge-
pränge und künstlerische Ambitionen nicht mehr leisten konnte. Der
Vertrag mit der Seylerschen Schauspieltruppe, die übrigens bei der
Kammer hochverschuldet war, wurde daher nicht in erster Linie wegen
der Zerstörung der Spielstätte gelöst, sondern weil Schauspielaufführ-
ungen vorerst nicht mehr zu bezahlen waren.[44]
    Nachdem Carl August die eigenständige Herrschaft angetreten hat-
te, setzten reformwillige Räte ihre Hoffnungen auf einen radikalen
Neuanfang. Die Kammer etwa rechtfertigte die Verzögerung bestimmter Gutachten über das Hofwesen im Oktober 1775 gegenüber dem
neuen Fürsten mit der Hoffnung, daß jetzt endlich grundlegende Reformen erfolgen würden. Mit Blick auf das Hofmarschallamt wies die
Kammer darauf hin, daß die Schuldenwirtschaft eher durch „den in den
letzten Jahren [...] gehabten stärckeren Aufwand bei Hofe als durch die
Anschaffung neuer Pferde" zu erklären sei.[45] Mit der Aufschlüsselung
einzelner außerplanmäßiger Anschaffungen sei es daher nicht getan.

---

42 ThHStAW B 8903, Bl. 22–22'.
43 Vgl. die Schuldenpolitik in Sachsen-Hildburghausen und ihre Folgen (kaiserliche
    Debitkommission). HUSCHKE 1982a, hier S. 513–525.
44 Vgl. dazu die Umsetzung des von der Kammer vorgelegten Krisenplans.
    ThHStAW B 8903, Bl. 21–41.
45 ThHStAW 9032, Bericht des Hofmarschallamts an Anna Amalia, 21.8.1775 und
    Antwort der Kammer an Carl August, 16.10.1775 [unpag.].

Schon an der Jahreswende 1775/76 legte der Kammerpräsident von
Kalb dem Geheimen Consilium deshalb eine Denkschrift vor, in der er
die Einberufung einer Kommission verlangte, um die neuen Hofetats zu
erstellen. Als Grundsätze sollten die Hoffinanzverwaltung fortan leiten:
die Erstellung eines realistischen Etats, d.h. ohne eine schon im vorhin-
ein absehbare Schuldenaufnahme, ein zeitlich gestaffeltes Abrechnungs-
system mit einheitlichen Formularen und die Kontrolle des Hofes durch
die Kammer.[46]

In den Krisenberatungen der obersten Verwaltungsgremien über die
Lage der Staatsfinanzen zwischen Dezember 1775 und Juli 1776, versuchten die Reformer, den jungen Herzog auf eine rigide Sparpolitik
festzulegen.[47] Als dieser sich beispielsweise weigerte, auf die Anstellung
von Kammerherrn zu verzichten[48], erklärte der Kammerpräsident laut
Verhandlungsprotokoll: „Vermehren könne er die Einnahme nicht. Es
müßte also die Ausgabe vermindert werden."[49] Carl Alexander von
Kalb monierte, wie 15 Jahre vorher Gottfried von Nonne und Carl
Christian von Kotzebue, die politische Schädlichkeit eines übertriebe-
nen Hofaufwands. Da sich die Hofbürokratie aber weigerte, zu sparen,
griff er die Verschwendung mit scharfen Worten an.

> Ob nicht bey der Tafel in Ansehung des zweymaligen Servirens, der Anzahl
> der Schüßeln u Couverts, der Marschallstafel, der Assembleetage etwas zu
> erspahren seyn möchte? Der König in Preussen hätte nicht mehr als 8 Schü-
> ßeln; andere Potentaten u Fürsten schränckten sich auch mehr ein.[50]

Carl August schwenkte auf diese Linie ein. Als der Reisemarschall Klink-
owstroem die geplanten starken Kürzungen mit dem Hinweis kritisierte, es „würde das Decorum darunter leiden", verzeichnet das Protokoll
als Antwort des Fürsten: „Begriff und Grenzen des Decori wären noch
sehr unbestimmt. Sie verlangten nur, daß das wahre Decorum beobachtet
würde. Denn was man immer lustre nennte, darvon wollten Sie nichts

---

46 GSA 06/2439.
47 Die Protokolle dieser sogenannten ‚Deliberationskonferenzen' finden sich in
    ThHStAW B 1719.
48 Zur höfischen Funktion der Kammerherrn und ihrer Bedeutung in den ernesti-
    nischen Fürstentümern vgl. DUWE 1990, S. 20–25 und 220–225.
49 ThHStAW B 1719, Bl. 42.
50 ThHStAW B 1719, Bl. 39.

wißen, u. sich möglichst retranchirn."[51] Nachfolgend stimmte er einer Einschränkung der herrschaftlichen Tafeln zu.[52]

So versuchten die Kammerexperten und Carl August zu Beginn des Jahres 1776 gemeinsam, den Hof- und Stalletat unter 88.000 Rt. zu halten.[53] In dieser Größenordnung hatten sich die Hofausgaben von Ernst August Constantin bewegt. Die Chefs der Hofdepartements von Witzleben, von Stein und von Klinckowstroem glaubten mit dem Beharren auf diesem Quantum wohl auch, eine mit dem Beginn von Carl Augusts Alleinregierung wiederhergestellte höfische und dynastische ‚Normalität' demonstrieren zu müssen.

Ganz anders argumentierten dagegen die Geheim- und Kammerräte. Carl Alexander von Kalb betrachtete die Geldströme des Hofes, der Schatullen, der Kammern und in gewisser Weise auch der Landschaften in ihrer gegenseitigen Abhängigkeit. Er versuchte, den Zustand zu vermeiden, daß Mehrausgaben, und damit letztlich Schulden, immer nur von Kasse zu Kasse weitergereicht wurden. Der Kammerpräsident vollzog hier einen einschneidenden Strategiewandel, der seine Hoffnung auf Reformen signalisiert. Unter Anna Amalia hatte er nämlich Gutachten über die Hoffinanzlage zumeist mit dem Hinweis abgelehnt, die Verhältnisse der Hofkasse seien ihm „durchaus unbekannt".[54] Schon in der ersten Krisenberatung wurde nunmehr bestimmt, daß es um eine zusammenhängende „Berichtigung des neuen Cammer- Hoff- u. Stall-Etats" gehen sollte.[55] Der Frage Carl Augusts, ob man nicht aus der Eisenacher Kammer oder den Landschaftskassen noch mehr Gelder in die Weimarer Kammer fließen lassen könne, begegnete das Geheime Consilium mit der Feststellung: „Die von denen Ständen geschehene Verwilligungen hätten alle ihre gewiße Bestimmung u wann diese Gelder zu etwas anders angewendet würden, machten die Stände gleich gravamina darüber".[56]

---

51 Carl August ging es in der Kammerherrnfrage schon Ende des Jahres 1775 nur noch um Gesichtswahrung. So machte er in den Beratungen der Kommission deutlich, daß er Kammerherrn vor allem deswegen anstellen wolle, weil er die Posten „bereits versprochen" habe. ThHStAW B 1719, Bl. 41'.

52 ThHStAW B 1719, Bl. 40. Vgl. dazu die Fehlinterpretation bei HÖHNE 1987, S. 240, Carl August hätte sich gegen Einsparungen gewandt, weil er sie „im Interesse des decori" nicht akzeptieren konnte.

53 ThHStAW B 1719, Bl. 38'–61.

54 ThHStAW A 9032, Bl. 348–349.

55 ThHStAW B 1719, Bl. 31.

56 ThHStAW B 1719, Bl. 43.

Die Ausgaben des neuen Hofetats wurden schließlich auf 76.000 Rt. festgesetzt.[57] Allerdings trugen, neben der Kammer, auch die Mitglieder der fürstlichen Familie, die Herzogin Luise, der Bruder Carl Augusts, Friedrich Ferdinand Constantin, und die Herzogsmutter Anna Amalia aus ihren Schatullen bestimmte Hofkosten – zumindest anteilig – mit.[58]

Die kameralwissenschaftlichen Argumente der politischen Räte setzten sich in den Krisenkonferenzen zunächst durch. Der Hof wurde finanztechnisch als ein Zweig der sonstigen staatlichen Finanzen betrachtet. Das Geheime Consilium und die Kammer rechneten Hof-, Kammer- und Schatullausgaben zu einem Betrag zusammen, den sie wiederum auf die zentrale Einnahmeninstanz, die Weimarer Kammer, bezogen.[59] Folgt man den Angaben für das Jahr 1776, so lag der Anteil der Ausgaben für die Hof- und Stallkasse bei etwa 40 Prozent des Weimarer Kammeretats.[60] Allerdings waren beträchtliche Posten wie Dienerbesoldungen oder auch ein großer Teil der Ausgaben für die fürstlichen Gärten und Schlösser, das Jagdwesen und die Sammlungen nicht in die Zuständigkeit der Hofkasse, sondern in die der Kammer etatisiert worden.[61]

Die Hofkosten stellten in Weimar gleichwohl die bedeutendste Staatsausgabe dar. Betrachtet man die nichthöfischen öffentlichen Ausgaben, wie die Kosten für die Universität in Jena, den Straßenbau, das Gesandtschaftswesen oder die Brandbekämpfung, dann zeigt sich, daß hierfür vergleichsweise marginale Finanzvolumina zur Verfügung gestellt wurden. Der Verbrauch des Hofes an Öl, Zucker, Senf und Zitro-

---

57 Diese Summe ergibt sich aus den abschließenden Festlegungen für die Hof- und Stallkasse. Vgl. ThHStAW B 1719, Bl. 41 und 61; HARTUNG 1923, S. 43.

58 Das Hofreglement vom 30.12.1776 legte unter § 5 fest, daß die Aufwendungen des Hofes für Dienerbesoldungen, Weinverbrauch, Livreeausstattung und Heizung künftig von der Kammer ohne Einrechnung in den Hofetat zu tragen seien. ThHStAW B 9035, Bl. 42f. Bei den Theateraufführungen des Hofes trug die Schatulle Carl August den größten Teil der Kosten; 1776/77 belief sich der „Beitrag der sämtl. einjährigen Kosten des Privat-Theaters" auf 1064 Rt. ThHStAW A 1064, Bl. 33'–42'. Die Schatulle Anna Amalias beteiligte sich an der Beleuchtung und Beheizung der Räumlichkeiten. ThHStAW A 926, Nr. 93–102 (Schatullrechnung 1776/77).

59 ThHStAW B 1719, Bl. 38'.

60 Siehe Tabellen 2.1 und 2.2.

61 Dies ergibt sich bei der Durchsicht der Ausgabenposten der Kammer und des Rentamts Weimar. Vgl. ThHStAW Rechnungen 277–284 und Rechnungen 10928/110–118. Die Überweisung der nicht dauerhafter Besoldungen an die Kammer ist schon am 30.12.1775 beschlossen worden. Siehe ThHStAW B 1719, Bl. 61.

nen kostete zum Beispiel im Jahr 1775 mit 567 Rt. mehr als das Berg-
werkswesen des gesamten Landesteils Weimar, für das die Kammer lediglich 546 Rt. ausgab. Die angesetzten Beträge für die Universität und
den Straßenbau blieben unter den Aufwendungen für die fürstliche
Konditorei und den Weinkeller.[62]

Zur Beurteilung des Stellenwerts von Bildungsförderung, Infrastruk-
turverbesserung und Wirtschaftspolitik im spätabsolutistischen Weimar ergeben sich aus diesen Relationen wichtige Kriterien. Das Staatsgebilde
Sachsen-Weimar und Eisenach war auch in der zweiten Hälfte des 18. Jahrhunderts sehr stark von traditionalen Verteilungsstrukturen geprägt. Hof
und Fürst absorbierten einen Großteil der steuerlichen Ressourcen, so
daß an eine flächendeckende Reform- und Innovationspolitik in vielen
Bereichen gar nicht zu denken war. Um so mehr bemühten sich die Räte
in den Beratungen der Jahre 1775/76, dem Hof die Prinzipien ,Verklei-
nerung, Überwachung, Rationalisierung' vorzugeben. Offenbar unter diesem Einfluß bestimmte Carl August in einer Konferenz der neugebilde-
ten Hof- und Stalletatkommission, der neben den Chefs der Hofämter
auch der neue Kammerpräsident August von Kalb und der geheime Le-
gationsrat Goethe angehörten[63], „daß das Wohl Ihro Fürstlichen Haußes und Lande davon abhenge, daß die Cammer Umstände nicht, durch
einen, deren Kräften nicht angemeßenen Aufwand bey Hofe, derangirt
würden, es auch überhaupt dem Herrn und seiner Dienerschaft zu weit
mehr Ehre gereiche, wenn es mit denen Finanzien und denen Untertha-
nen wohl stehe. "[64]

In der von der Hofetatkommission beschlossenen ,Disposition' zur
Führung und Funktion der Hofkasse, die Carl August im Januar 1777
gegenüber dem Hofmarschallamt in Kraft setzte, wurden 43 Prinzipien
festgeschrieben, die sich sehr von denjenigen Bünaus aus dem Jahr 1756
unterscheiden. So sollte das System der partiellen Kassenrechnung zumindest bei den Etatberatungen eingeschränkt werden. Zudem griffen
detaillierte Ausgabenvorschriften nicht nur in den traditionellen Kür-
zungsbereich, die Besoldungen, ein, auch die Verbrauchsbereiche wurden einbezogen. Einschränkungen zeigten sich zum Beispiel bei den
radikalen Beschlüssen zur Hofküche. Die fürstliche Tafel wurde auf

---

62 Vgl. ThHStAW Rechnungen 278, Bilance [unpag.].
63 Die Zugehörigkeit zu dieser Kommission stellt noch vor der Bergwerkskommissi-
    on die erste politische ,Spezialaufgabe' Goethes in Weimar dar. Insoweit knüpfen
    diese Darlegungen an jüngste Vermutungen und Korrekturen der Goethefor-
    schung an. Vgl. WAHL 1999.
64 ThHStAW A 9036, Bl. 8.

15 Teilnehmer beschränkt und zur einzigen Tafel des Hofes erklärt. Artikel 9 legte fest, daß „alle Cammer- Pagen- Küch- und andere Bey-Tische abgeschaffet" sein sollten. Die fürstliche Familie erhielt feste Posten bei bestimmten Verbrauchsgütern. Herzogin Luises Quantum für das Frühstück wurde zum Beispiel auf 150 Rt. jährlich fixiert. Im Unterschied zu den Vorgaben von 1756 wurden die Besoldungen aller höheren Hofbediensteten der Kammer zugewiesen. Um die Naturalwirtschaft sowohl bei den Bediensteten als auch bei den Verbrauchsgütern einzuschränken, wurde den Hofoffizien aufgetragen, sich ihre Lieferungen untereinander in Rechnung zu stellen. Einigen Hofbediensteten zahlte man jetzt höhere Gehälter, strich ihnen im Gegenzug aber bestimmte Naturalleistungen oder die sogenannten Akzidentien – den Köchen das Fleischgeld, den Dienern die Weihnachts- oder Osterkuchen.[65]

Bestimmte höfische Bereiche wurden verwaltungstechnisch ganz ‚verstaatlicht', so das fürstliche Bauwesen. Die Anstellung und Entlohnung der Bauknechte ging in Verantwortung der Weimarer Kammer über, und für die Verwaltung fürstlicher Gebäude bestimmte Carl August folgendes:

> In Ansehung des Uns dermahlen zur Residenz dienenden Landschaftlichen Hauses und derer Lust-Schlößer auf dem Lande, soll es ratione der auf deren Conservation zu verwendenden Kosten, also gehalten werden, daß von der Cammer das was unter Privatis dem Haußbesitzer- und von Euch [d. h. dem Hofmarschallamt, M. V.] das, was dem Miethmanne obliegt, bestritten werden

solle.[66] Auch das von Kalb geforderte Revisionsrecht der Kammer über das Hofmarschallamt setzte das Reglement durch. Kammerrevisor Eichler erhielt die Aufgabe, die Unterrechnungsführer der Hofämter „nach denen von Uns genehmigten Schematibus assistiren und instruiren, alle und jede bey der Hof-Casse [...] zu bezahlende Zeddel und Zurechnungen behörig revidiren und auswerfen" zu lassen und darauf zu achten, „daß das ganze Hof-Rechnungs-Wesen in formalibus [...] nach denen [...] Vorschriften fortgeführt" wird.[67] Unter Graf Bünau hatte der

---

65 Die Disposition von 1777 findet sich in ThHStAW HMA 26, Bl. 10–22, Zitat Bl. 13.
66 ThHStAW HMA 26, Bl. 11'.
67 ThHStAW HMA 26, Bl. 20'.

Hofkassierer lediglich die Pflicht, die Hauptrechnungen jährlich bei der Kammer vorzulegen.[68]

Die Schatulle Carl Augusts bedurfte nach 1775 ebenfalls einer Neustrukturierung. Sie ist in der Analyse der Verflechtung fürstlich-staatlicher Kassen der letzte und interessanteste Schlußstein, weil sie die Ausgabenvolumina der anderen Etats in vielen Bereichen vervollständigt. Von den Steuereinnahmen ist sie am weitesten entfernt, mit fürstlichen Finanzentscheidungen aber gleichwohl eng verbunden und daher ein sensibler Anzeiger für das Selbstverständnis des Fürsten gegenüber Staat, Hof und privater Sphäre. Ihre Entwicklung spiegelt nicht nur fürstliche Interessen und Aktivitäten wider, die mitunter tiefgreifende Folgen für das außerhöfische Finanzwesen haben, sie offenbart auch die zumeist verdeckten Bindungs- und Gestaltungsprinzipien des höfischen und fürstlich-familiären Lebens.

Das Einnahmevolumen der Schatulle Carl Augusts bewegte sich im Untersuchungszeitraum zwischen 19.621 und 35.260 Rt., wobei in den Jahren 1780 und 1781 die Mehraufwendungen der Schweizerreise zu beachten sind.[69] Zwischen 1776 und 1779 sowie 1781 und 1783 überstiegen die Ausgaben die Einnahmen, wenn auch nur unbedeutend. Obwohl sich aus den von Jahr zu Jahr stark schwankenden fürstlichen Einnahmen und Ausgaben kein Trend ablesen läßt, offenbart sich bei genauerer Prüfung das auch bei den Kammern angewandte Modell versteckter Unterfinanzierung durch Kapitalienverbrauch[70]: Die Menge entliehener Kapitalien nimmt von Jahr zu Jahr ab. Wies die Schatullrechnung Carl Augusts 1777 noch 61.206 Rt. aktive Kapitalien aus, so waren es 1782 nur noch 32.363 Rt.[71] Gerade die Schatullen waren jedoch in einem hohen Maße von der Höhe des Kapitalienstocks abhängig.

Dies läßt sich am Beispiel der herzoglichen Schatulleinnahmen sehr gut erläutern. Der Umfang der von der Weimarer Kammer gezahlten Handgelder veränderte sich in den Jahren zwischen 1777 und 1783 nicht. Geteilt in monatliche Tranchen wurden immer 16.000 Rt. im Jahr gezahlt. Der zweithöchste Einnahmeposten waren schon die Zinsen auf

---

68 ThHStAW HMA 26, Bl. 4'.

69 Vgl. Tabelle 3.2.

70 Julius Bernhard von Rohr erwähnt die hohe Bedeutung der gewinnbringenden Kapitalienverwaltung in seinem Werk über die Staatsklugheit unter der Rubrik „Von dem Oeconomie-Wesen" an erster Stelle. Julius Bernhard v. ROHR, *Einleitung zur Staatsklugheit* [...], Leipzig 1718, S. 95.

71 Vgl. Tabelle 3.2. Diese Angaben beziehen sich jeweils auf den Rechnungsendbestand.

die entliehenen Kapitalien. Da sich in den Jahren 1779 und 1780 das Verhältnis von Kapitalienrückfluß zu Neuverleihung massiv in Richtung Rückzahlung verschob, sanken die Zinseinnahmen der Schatulle rapide. 1779 hatten sie noch 2.480 Rt. betragen, nahmen bis 1782 jedoch auf 948 Rt. ab.[72] Weil die rückgezahlten Kredite aber offensichtlich in die Ausgaben flossen, mußte man sich sehr bald, wie schon vor 1775, mit außerordentlichen Zuschüssen der Weimarer Kammer behelfen. 1776 waren es 4.090 Rt. und 1777 wurden 3.400 Rt. gezahlt.[73] Die Kammer ihrerseits mußte nicht zuletzt wegen dieser Zuschüsse eine steigende Verschuldung in Kauf nehmen. Hatte sie 1775 noch 9.736 Rt. neue Kredite aufgenommen, waren es 1777 schon 25.088 und 1782 schließlich 59.895 Rt.[74] Die finanziellen Spielräume wurden folglich immer kleiner.

In dieser Lage konnten Inventarverkäufe zwar das Strukturproblem nicht lösen, kurzfristig aber Kompensation verschaffen. So wurde nach dem Regierungsantritt Carl Augusts neben Stücken aus dem familiären Erbe auch ein großer Teil der fürstlichen Kunst- und Naturaliensammlung versetzt. Zu Beginn des Jahres 1776 erlöste der Fürst beispielsweise 1.800 Rt. „von dem Juden Baruch Levi in Leipzig für verschiedene Preziosen und Nippes so [...] aus dero H. Groß- Vaters durchl. Verlaßenschaft aussortiret" worden waren.[75] Mitunter haben wohl auch die alchemistischen Versuche Herzog Ernst Augusts unerwartete Reste hinterlassen. Die Einnahme verzeichnet im selben Jahr 380 Rt. „vom Hofjuden Elkan alh. für 373/4 Mark. Bruch Silber verschiedener Probe, aus den Uebernbleibseln von des Hchseel. Herzogs Ernst August Garderobe".[76] Diese Verkäufe konnten finanzielle Engpässe jedoch nur kurzfristig und einmalig beheben.

IV.

Spielräume für größere künstlerische oder wohltätige Ambitionen waren in der herzoglichen Schatulle unter diesen Umständen kaum vorhanden. Ihre Anlage weist darüber hinaus aber auch eine sehr starke

---

72 Vgl. Tabelle 3.1.
73 Vgl. die Jahresrechnung der Schatulle Carl Augusts von 1776/77 und 1777/78. ThHStAW A 1064, Bl. 4; A 1070, Bl. 8.
74 ThHStAW Rechnungen 278; 279; 283.
75 ThHStAW A 1059, Bl. 1.
76 ThHStAW A 1059, Bl. 2.

Einbindung in notwendige Finanzierungsaufgaben, zumeist des Hofes, auf. Ein Großteil der Ausgaben war immer schon fest gebunden. Der Etat für Besoldungszuschüsse, Diäten, Porto und Schuldentilgung machte mindestens dreißig Prozent aus.[77] Doch obwohl sie weit davon entfernt war, kulturpolitisches Operativinstrument zu sein, finden sich, wie bei den Etats von Kammern und Landschaften auch in den Schatullen eigenständige Rubriken zur Mitfinanzierung fürstlicher Kunst- und Wissenschaftsinteressen.

Vor 1782 sind dies vor allem die Bereiche ‚Bücherausgaben‘, ‚Kunstsachen‘, ‚Naturalien‘, sowie ‚Geschenke und Wohltaten‘. Bereits ab 1777 werden die Aufwendungen für das Privattheater eigenständig aufgeführt. Nach 1782 finden sich die Kosten für besondere künstlerische Aktivitäten des Fürsten unter der einheitlichen Rubrik ‚Plaisiers‘.[78] Das heißt zwar nicht, daß alle Ausgaben für Kunst ab 1782 auch tatsächlich konsequent unter ‚Plaisiers‘ abgerechnet wurden. In den vier Untergruppen ‚Theater‘, ‚Redouten‘, ‚Jagd‘ und ‚Varia‘ wird jedoch ein Großteil der innerhalb der Schatullverwaltung dafür bereitgestellten Gelder verzeichnet. Der Begriff ‚Plaisiers‘ wirft indes ein Schlaglicht auf den Stellenwert künstlerischer Aktivitäten, die offenbar als Teil traditioneller fürstlicher Unterhaltungen angesehen wurden.[79]

Ansätze für eine finanzielle Neugewichtung der Schatulle sind allerdings durch diese buchhalterischen Umstrukturierungen nicht zu erkennen. Der Betrag von 1.300 Rt., den man 1782/83 unter ‚Plaisiers‘ verzeichnet findet, korrespondiert mit Minderausgaben in anderen Bereichen. So sinkt die Rubrik ‚Extraordinaria‘ im gleichen Jahr auf den niedrigsten Stand seit 1775 – was insgesamt eher auf Umschichtungen, als auf Mehrausgaben für Kunst und Unterhaltung hinweist.[80]

Die fürstliche Erwerbungspolitik läßt indes auf schöngeistige Interessen schließen. Das meiste Geld wurde auf die Anschaffung von Bildern, Büchern und bildender Kunst verwandt, wobei aber nur ein Teil

---

77 Vgl. Tabelle 3.2.
78 Zur Gliederung der Rubriken vgl. ThHStAW A 1107, Bl. 21–25.
79 Die hier aufgelisteten Ausgabenbereiche entsprechen weitgehend den in der Zeremonialliteratur unter ‚fürstliche Divertissements‘ gerechneten höfischen Beschäftigungen. v. Rohr rechtfertigt fürstliche Unterhaltungen übrigens so: „Je schwerer die Regiments-Last, die grossen Herren bey Beherrschung ihrer Länder auf dem Halse lieget, ie mehr Erquickung und ergötzlichkeit haben sie auch vonnöthen." Vgl. Julius Bernhard v. ROHR, *Einleitung zur Ceremoniel-Wissenschafft Der großen Herren* [...], Berlin 1733, S. 732–880.
80 Vgl. Tabelle 3.2.

dieser Stücke als persönliche Anschaffungen des Fürsten zu betrachten sind. Ein erheblicher Teil ging als Gnadengeschenk sofort oder bei einem entsprechenden Anlaß weiter in die Hände anderer Eigentümer. So kaufte Carl August auf der Leipziger Messe 1782 für 16 Taler „32 Blatt Köpfe von Raphael [...] bei Herrn Crayen". Diese wurden „an die Zeichenschule gegeben".[81] Unter ‚Geschenke' werden im gleichen Jahr „Handzeichnungen und Kupfer" vermerkt, die der Herzog ebenfalls „in Leipzig [...] gekauft und theils der Zeichenschule, theils anderwärts verschenckt hat".[82] Einem eher privaten Interesse wird es dagegen zuzuschreiben sein, daß Carl August in der kaiserlichen Bildergalerie in Wien ein Porträt Karls V. kopieren und nach Weimar schicken ließ.[83]

Die relativ großen Rubriken ‚Geschenke' und ‚Extraordinaria' sind, verglichen mit dem eben erwähnten Bereich, ein Sammelsurium unspezifischer Ausgaben, die von den Neujahrs-, Geburtstags- und Patenpräsenten bis zu Geschenken von Feuerlöschmaterial für ärmere Dorfgemeinden reichen konnten. So wurden im Jahr 1782 „für die Schlangenspritze welche Serenissimus der Gemeinde zu Crainburg im Eisenach. als ein Gnadengeschenck verehrt" hat, 87 Rt. verbucht.[84]

Was für die Größenordnungen der höfischen- im Verhältnis zu den nichthöfischen Kammerausgaben gilt, zeigt sich bei der Schatulle in der Relation von repräsentativen zu wissenschaftlich-künstlerischen oder karitativen Ausgaben in ähnlicher Weise. Während allein dem Kammerjunker von Wedel im Jahr 1780/81 270 Rt. als Geschenk verehrt wurden, reichte die Schatulle für Almosen im gleichen Zeitraum nur 584 Rt. aus.[85] Der Kammerjunker von Staff bekam 1782 u. a. 13 Rt. für goldene Epauletten geschenkt – soviel wie ein Jahresstipendium an der Universität Jena ausmachte. Meist erhielten die Stipendiaten 12 Rt. im Jahr. 1780/81 wurden übrigens nicht mehr als 8 Studenten unterstützt. Dazu kommen 5–6 Schüler, die zwischen 2 und 8 Rt. bekamen.[86]

Die Mangelsituation in allen Bereichen der staatlichen Finanzausstattung führte im Ausgabenbereich insbesondere bei prioritären fürst-

---

81 ThHStAW A 1107, Bl. 19'
82 ThHStAW A 1107, Bl. 28.
83 ThHStAW A 1107, Bl. 19'. Vgl. auch PAUL 1996, S. 12.
84 ThHStAW A 1107, Bl. 28–31.
85 Die Beträge ergeben sich aus der Addition einzelner Posten in ThHStAW A 1090, Bl. 21–27', 31–38'.
86 ThHStAW A 1107, Bl. 31. Zu den Stipendien des Jahres 1780/81 vgl. ebd. A 1090, Bl. 19–20'. Die acht in diesem Jahr vergebenen Stipendien liegen zwischen 6 und 25 Rt.

lichen oder öffentlichen Projekten zu einer Diversifikationsstrategie. Besoldungen wurden genauso wie Bauvorhaben oder Ausstattungen jeweils anteilig aus verschiedenen Kassen bezahlt.[87] Diese Vorgehensweise konterkarierte natürlich die Versuche, die Zuweisung und Ausgabe von Geld zu rationalisieren. Die Stipendien an der Landesuniversität sind für dieses Vorgehen ein gutes Beispiel. Neben den wenigen Stipendien der Schatulle setzte die Weimarer Kammer in ihrem Universitätsetat ihrerseits noch einmal eine gewisse Zahl von Stipendien aus – 178/81 rund ein Dutzend von höchstens 30 Rt.[88]

Auch bei dem von Carl August eifrig beförderten Aufbau einer landesweiten Feuerbekämpfungsinfrastruktur reichten die Gelder einer Kasse allein nicht. Die Schatulle gab deshalb nur einige dutzend Taler im Jahr zu bestimmten einzelnen Vorhaben dazu, während die flächendeckenden, auch regelmäßig anfallenden Ausgaben von der Weimarer Kammer getragen wurden. Diese finanzierte die laufenden Ausgaben für die bei Löscheinsätzen beteiligten Personen und die infrastrukturellen Verbesserungen der Ausrüstung in den Ämtern, trug damit also die Hauptlast der Kosten. Allein im Jahr 1775/76 wurden dafür 2.596 Rt. von der Weimarer Kammer aufgewendet.[89] Doch bedeutete diese Summe bereits eine Überspannung der Kräfte. In den folgenden Jahren sanken die Ausgaben für Feuerbekämpfung erheblich und lagen in den Jahren bis 1783 nur noch zwei mal über 1000 Rt.[90] In den Schatullabrechnungen finden sich daher nun häufiger Einträge über die Prämierung besonderer Leistungen oder die Unterstützung meliorativer Maßnahmen. Im Jahr 1779/80 wird etwa die Ausgabe von 122 Rt. mit dem Vermerk gerechtfertigt: „Kostet die auf Seren. Befehl zur Schlangenspritze gemachte und der Gemeinde zu Großen Brembach geschenckte Absetz-Spritze incl. des sämtl. Feuer Lösch Geräthes".[91]

Dagegen verleiteten gerade die für die Unterhaltungsbedürfnisse des Hofes und die Schaffung eines außenwirksamen Eigenbildes wichtigen

---

87 Christoph Martin Wieland ist das prominenteste Beispiel eines aus der Schatulle gezahlten Pensionszuschusses. Er erhielt von Carl August 400 Rt. im Jahr zu seiner regulären Pension, die in Höhe von 1000 Rt. aus der Weimarer Kammer gezahlt wurde. Vgl. ThHStAW Rechnungen 285, Bl. 149' (z.B. für 1783/84); ThHStAW A 1083, Bl. 18 (Schatulle Carl Augusts).
88 ThHStAW Rechnungen 282, Bl. 164–167'.
89 ThHStAW Rechnungen 278, Bl. 191–196'.
90 Diese Jahre waren 1777/78 mit 1.092 und 1780/81 mit 1.388 Rt. Siehe ThHStAW Rechnungen 279, Bl. 184–189, und Rechnungen 282, Bl. 192'–200'.
91 ThHStAW A 1083, Bl. 23.

kulturellen Ambitionen immer wieder dazu, die begrenzten Möglichkeiten geteilter oder verzögerter Finanzierung und damit auch die Ein-
nahmengrenze zu überschreiten. Der Bau des neuen Weimarer Hoftheaters ab 1778 ist dafür ein anschaulicher Beleg.[92]

Anton Georg Hauptmann, der im Hofetat als Jäger geführt wird[93],
sich jedoch erfolgreich als Unternehmer in der Hofvergnügungsbranche
betätigte, trat im Frühjahr 1778 an den Herzog mit dem Vorschlag her-
an, einen Theater- und Redoutensaal bauen zu dürfen, wofür er allerdings einen zinslosen Kredit der Weimarer Kammer von 1.500 Rt. er-
bat. Das auf diesen Vorschlag von der Kammer durch das Geheime
Consilium verlangte Gutachten fiel nicht sonderlich positiv aus. Der
Kammerpräsident von Kalb wies am 13. April 1778 darauf hin, daß die
Gelder für ein solches Projekt wohl „aufzunehmen" sein würden, da die
Kassen leer seien.[94] Nach dieser Auskunft beschloß das Geheime Consilium zunächst, „die gantze Sache vor der Hand auf sich beruhen zu la-
ßen".[95] Wie sehr jedoch Carl August am Bau eines neuen Hauses vor allem für seine Hoffeste, Redouten, Maskenbälle und Karnevalsaufzüge
persönlich interessiert war, erkennt man daran, daß sich in den Akten
eigenhändige Entscheidungen von ihm finden. Der Herzog setzte die
Kammer schon zu Beginn der Verhandlungen über den Theaterbau ge-
hörig unter Druck. Am 9. April 1778 ließ er ihr mitteilen: „mögen Euch
zugleich nicht verhalten, daß Wir gnädigst gerne sehen würden, wenn
die Sache in der gebetenen maaße zu machen stünde".[96]

Interessanterweise war Hauptmann zu diesem Zeitpunkt selbst hoch
verschuldet. Allein bei der Weimarer Kammer wurden im Frühjahr
1.000 Rt. fällig, die er nicht bezahlen konnte, und so entkam er dem

---

92 Nachfolgende Darstellung stützt sich vor allem auf die Belege in ThHStAW
    B 9158a. In der Literatur hat der Bau des Weimarer Theaters von 1779/80 bereits
    Erwähnung gefunden. Vgl. vor allem die Baugeschichte von WEICHBERGER
    1928, S. 4–17. Weichberger unterdrückt in seiner Darstellung freilich die sehr di-
    stanzierte Haltung der Weimarer Kammer diesem Projekt. Eher am Rande auf das
    baulich-finanzielle Geschehen verweisen SICHARDT 1957, S. 30f und SCHRICKEL
    1928, S. 59 und 67ff.
93 Im Staatskalender wird Hauptmann von 1766-1770 als Jagdlakai geführt. Ab
    1771 ist er Hofjäger. Vgl. *Hochfürstl. Sachsen Weimar- und Eisenacher Hof- und
    Address-Calender, auf das Jahr 1771*, Weimar 1771, S. 85. Schon als Lakai hatte
    Hauptmann an Theateraufführungen teilgenommen und organisatorische Auf-
    gaben erledigt. SCHRICKEL 1928, S. 41.
94 ThHStAW B 9158a, Bl. 6.
95 ThHStAW B 9158a, Bl. 7.
96 ThHStAW B 9158a, Bl. 4.

Bankrott nur durch eine – erbettelte – Anweisung des Geheimen Consiliums an die Kammer, einen Zahlungsaufschub von einem halben Jahr zu gestatten.[97] Im Frühjahr 1779 versucht er erneut, das Theaterprojekt durchzusetzen. Mit dem Hinweis, er plane nunmehr einen „schicklichen Redouten Saal mit hinlänglichen Zimmern [...] daß auch zu allen zeiten bey Redouten und andern Bällen das Theater stehen bleiben kann", ging er auf die Wünsche des Herzogs besonders nachdrücklich ein.[98] Die Bauexperten der Kammer prüften die eingereichten Unterlagen und kamen selbst bei sparsamster Bauausführung zu einem Finanzierungsbedarf von 9.432 Rt. Daher blieb die Kammer bei ihrem neuerlichen Gutachten im April 1779 skeptisch, ob die verlangte Summe von 1.500 Rt. ausreichen könne. Sie versuchte, die drohende finanzielle Verantwortung mit Verweisen auf die mangelnde Seriosität des Plans abzuwehren. Trotz verschiedener Mahnungen, realistische Kostenvoranschläge einzureichen, konnte sich der Unternehmer im Frühjahr 1779 nur auf 3.658 Rt. für die gesamten Baukosten festlegen.

Carl August war nun allerdings die Hinhaltetaktik der Kammer Leid. Er ließ sie anweisen, Hauptmann zwar nach seinen weiteren Finanzierungsvorstellungen zu befragen, aber „sodann zu Fassung einer endlichen Entschließung, anderweiten gehorsamsten Bericht anhero [zu, M. V.] erstatten".[99] Dieser deutliche und ungewöhnliche Eingriff des Fürsten in das Prozedere der Kollegien erzwang den Bau des Theaters. Nunmehr schrieb das Geheime Consilium der Kammer vor, zur Deckung der Baukosten zunächst einen ersten Betrag von 3.000 Rt. auszuzahlen. Wie diese aufgebracht werden sollten, erläuterte das Consilium allerdings nicht. Trotz dieser finanztechnisch allenfalls vagen Vorbereitung begann der Bau des Theaters noch im Frühjahr 1779. Schon im September dieses Jahres berichtete die Kammer von Überschreitungen der Voranschläge, auch wegen „unmittelbar gnädigst anbefohlenen Veränderungen" des Herzogs.[100] Der Baukontrolleur der Kammer, Johann Friedrich Rudolph Steiner, mußte einen „Nachtrag" fertigen.[101] Trotz einiger Verzögerungen war der Hauptteil des Theaters zu Beginn des Jahres 1780 zwar fertiggestellt, ein Ende der Baumaßnahmen damit aber noch lange nicht in Sicht. Vor allem die Innenausbauten waren noch nicht abgeschlossen,

---

97 ThHStAW B 9158a, Bl. 16.
98 ThHStAW B 9158a, Bl. 18.
99 ThHStAW B 9158a, Bl. 35.
100 ThHStAW B 9158a, Bl. 44'.
101 ThHStAW B 9158a, Bl. 45.

und Carl August verlangte, daß „ordentliche Anschläge gefertigt werden".[102] Sehr schnell holte Hauptmann im Jahr 1780 seine finanzielle
Zwangslange ein. Da er nicht in der Lage war, die von der Kammer vor-
finanzierten Baukosten abzutragen, bot er das Gebäude dem Fürsten
zum Kauf an. Die Kammer übernahm schließlich die Immobilie und mit
ihr die Kosten von über 9000 Rt., jedoch ohne Hauptmann noch etwas
auszuzahlen.[103]

Der Theaterbau ist indes nur ein Beispiel für ein fürstlich-höfisches
Ausgabenverhalten, das die Weimarer Kammer schließlich zu Beginn
der 1780er Jahre in akute Liquiditätsschwierigkeiten trieb. Sie hatte sich
bereits im Frühjahr 1779 gezwungen gesehen, bei der Stadt Bern einen
Kredit von 50.000 Rt. aufzunehmen, um die Zahlungsfähigkeit auf-
rechtzuerhalten. Für diesen Kredit konnten in den folgenden Jahren die
Zinsen nicht oder nur unter Mühen aufgebracht werden.[104] Schließlich
wurde der Kammerpräsident von Kalb im Frühjahr 1782 unter dem
Vorwurf der Mißwirtschaft entlassen.[105] Er mußte die Verantwortung für
eine Etatpolitik übernehmen, die auch nach Ende der Obervormundschaft –
bei aller in den ersten Regierungsmonaten versprochenen Disziplin des
Fürsten – nur unvollkommen wahrnahm, wo ihre finanziellen Grenzen
lagen. Caroline Herder schrieb, sicherlich die in Weimar umlaufenden
Gerüchte wiedergebend: Der „Cammerpräsident ist darum fortgeschickt,
weil er ihnen [dem Hof, M. V.] schon seit Jahren Vorstellungen gethan,
sie müßten sich einschränken, er könne so nicht bestehen."[106]

V.

Diese Schilderungen führen zu zwei Erkenntnissen: 1. In Weimar wurde
‚Kulturförderung' so betrieben, wie sie die Kameralisten in ihren theoretischen Texten kritisierten: Der Fürst greift mit eigensüchtigen Interessen
in die Staatsfinanzen ein, provoziert fortwährend Unordnung und treibt
damit Länder, die arm an natürlichen Ressourcen und Wirtschaftskraft
sind in eine ständige Schuldengefahr und sich selbst, gerade wenn er ein
aufgeklärter Herrscher sein will, in ein Dilemma. Johann August Schlett-

---

102 WEICHBERGER 1928, S. 17.
103 WEICHBERGER 1928, S. 16.
104 LANDMANN 1903, bes. S. 79f.
105 KLARMANN 1902, S. 100–107.
106 Zit. nach KLARMANN 1902, S. 109.

wein schrieb 1772 über den Fürsten, der, voller Ideale, bei seinem Regierungsantritt auf einen Berg von Schulden trifft.

> Er suchet die Bürden seines Volkes zu erleichtern, und siehet sich genöthiget, ihnen härtere aufzulegen; er suchet die Handlung zu unterstützen, und kann sie nicht von den Auflagen befreyen, die sie drücken; er suchet den Fabriken, den Künsten und Handwerken aufzuhelfen, aber er muß diese Absicht aus Mangel an Gelde fahren lassen; er suchet endlich der Vater seines Volkes zu seyn, und muß sich statt dessen zu einem Hebungsbeamten einiger holländischen, genfer, genuesischen oder venetianischen Kaufleute erniedriget sehen.[107]

2. Der Theaterneubau offenbart neben widersprüchlichen finanzpolitischen Konzepten aber auch die unterschiedlichen Ansprüche an und Sichtweisen auf höfische Kultur in Weimar. Während Carl August weniger einen Theater- denn einen Ball- und Redoutensaal gebaut sehen wollte, konnte man im ‚Tiefurter Journal' von der Errichtung eines „Operntheaters" lesen.[108]

Daran zeigt sich, daß begründete Rückschlüsse auf die typologische Charakterisierung eines Hofes viel eher aus den Eigenarten der Verknüpfung seiner Finanzstrukturen mit den sozialen und kulturellen Konstruktionsmustern gezogen werden können. Und erst aus diesen Verknüpfungsmerkmalen läßt sich wiederum eine normgebende Typik ableiten. Welchen Charakter eine Hofgesellschaft oder einzelne ihrer Mitglieder kulturellen Aktivitäten beimessen, entscheidet ganz wesentlich über die Finanzierungs- und Verrechnungsstrukturen dieser Kultur. Umgekehrt präformieren finanzielle Rahmenbedingungen und Zwänge in bestimmter Weise die künstlerischen und wissenschaftlichen Ambitionen des Hofes.

Eine solche Einbeziehung materialer Prinzipien erlaubt eine glaubwürdigere Rekonstruktion höfischen Selbstverständnisses als die zumeist mit Bedacht auf ihre Rezeption konstruierten Selbstsichten der Beteiligten.[109] Für den Hof von Weimar steht eine solche Analyse bis-

---

107 [Johann August SCHLETTWEIN], *Bedenken wieferne der Nachfolger in der Regierung pflichtig ist die Schulden seines Vorwesers zu bezahlen* [...], Kopenhagen/Hamburg 1772, S. 5f.

108 BODE 1908, Bd. 2, S. 61.

109 Vgl. etwa die an Goethes Nekrolog auf Anna Amalia orientierte Interpretation des Weimarer Hofes bei KNOCHE 1999.

lang noch aus. Hier können indes auch nur einige Interpretationsversu-
che und Eingrenzungen angedeutet werden.

Die Krisenberatungen und die aus ihnen folgenden finanziellen
Strukturveränderungen der ersten Regierungsjahre Carl Augusts offen-
baren eine Reformnotwendigkeit des gesamten Staats. Es handelt sich
dabei keineswegs um eine transitorische Situation, die allein mit der langen Vormundschaft und den Schwierigkeiten erklärbar ist, nach 1775
wieder eine vollgültige Hofhaltung aufzubauen.[110] Die Krise der Hoffinanzen war Teil der Krise der Staatsfinanzen. Die Entscheidungen für
die neue Gestalt des Hofes mußten im Konflikt der von kameralistisch-
hausväterlichen Vorstellungen geleiteten Räte mit der adeligen Hofpar-
tei getroffen werden, die für ein von Zeremoniell, Standeshierarchie und
traditionellem Luxus geprägtes Hofwesen plädierte. Daß der junge Carl
August dem massiven Drängen der Räte gegen den Willen der Hofoffi-
ziellen nachgab, hing sicherlich mit seiner Unerfahrenheit im politischen Geschäft zusammen. Die Kommissionen und ihre Räte trieben
den Fürsten in den ersten Regierungsmonaten vor sich her, was ihnen
um so leichter fiel, als Carl August zwar schon vor seiner Regierungsübernahme ins Geheime Consilium eingeführt worden war, an dessen
Sitzungen aber nie teilgenommen hatte. Somit betrat er mit seiner Regierungsübernahme im Herbst 1775 absolutes Neuland.

Der eingangs an zwei Positionen geschilderte Konflikt zwischen
Hof- und Reformpartei läßt sich letztlich zurückführen auf die Frage,
ob ein fürstliches Hofwesen eine vom Land und seinem Zustand unbe-
rührte Existenz führen oder aber als Teil der Staatsfinanzen Spiegelbild
und Ausweis einer an öffentlichen Interessen orientierten Reformpolitik sein sollte.[111] Carl August entschied sich, wie gezeigt, zunächst ein-

---

110 Hartung engt die Betrachtung der Finanzkrise von 1775/76 zu sehr ein, wenn
     er betont, daß „für die dauernden Kosten der neuen Hofhaltung eines regieren-
     den Fürsten" keine Deckung vorhanden war. HARTUNG 1923, S. 42. Auch für
     Kammer- und Landschaftsetats war keine Deckung vorhanden. Vgl. als Beispiel
     die Bilanz der Schuldenentwicklung bei der weimarischen Landschaft zwischen
     1750 und 1776. ThHStAW B 114, Bl. 38–40. Die sich zwischen 1775 und 1784
     mehr als verdoppelnden Zinszahlungen der Weimarer Kammer zeigen ebenfalls
     einen ständig steigenden Verschuldungsstand an. ThHStAW Rechnungen 278–
     285.
111 Die stark hausväterlich geprägte Argumentation besonders Carl Alexanders
     von Kalbs, hinterläßt bei Carl August, wie man an der Äußerung des Herzogs
     über seine Wohnverhältnisse erkennen kann, einen gewissen Eindruck. Zur
     Charakteristik des hausväterlichen Hofes vgl. BAUER 1993, S. 66–70; FRÜH-
     SORGE 1982.

deutig für die Prävalenz der Staats- gegenüber den Hofinteressen. Diese
Entscheidung hatte drei Auswirkungen auf die Hof- und Schatullfinan-
zen. Zum einen wurden sie ebenso wie die Kammerfinanzen in die
Konsolidierungsabsichten der Politik einbezogen. Zum anderen schrieben die weitreichenden Rationalisierungsbemühungen der Hofverwaltung und der fürstlichen Familie Geldausgaben nach haushälterischen
Prinzipien vor. Und nicht zuletzt wurde die bei Graf Bünau noch zu
erkennende Separierung der offiziellen Kassen durch eine intensive Verflechtung ersetzt. Hofkosten – wie die Besoldungen der Dienerschaft
oder die Livreen – wurden von der Kammer übernommen. Andererseits
zeigen das Theater, die Feuerspritzen oder die Stipendien, daß die Finanzen des Staates insgesamt in Haftung genommen werden konnten,
wenn der Wille des Fürsten dies verlangte. Dabei wurden dann auch
bedenkenlos Hofgelder zur Finanzierung politischer Vorhaben eingesetzt.

Letztlich handelt es sich bei der Entwicklung der Finanzstrukturen
in den frühen Regierungsjahren Carl Augusts um einen zweiseitigen
Prozeß: Fürstliche Interessen wurden zu Staatsinteressen und Staatsauf-
gaben wurden zu fürstlichen Aufgaben. Typisch ist ein solcher Vorgang
für eine patriarchalische Regierungsweise, die in Weimar auch am Ende
des 18. Jahrhunderts noch das konstitutive Merkmal herrschaftlicher
Politik war.[112]

Allgegenwärtige Sparzwänge und die bei kleineren Staaten ohnehin
geringere Kreditwürdigkeit, verhinderten die finanzpolitische Orientierung des Hofs in Richtung auf eine außergewöhnliche Kunst- oder
Wissenschaftsförderung. Die Verteilung und Verwaltung der Gelder
blieb zu pragmatisch und die Verwendung in zu großem Maße vorher-
bestimmt, als daß sich dabei nennenswerte Spielräume für die Entwicklung eines mäzenatischen Musenhofs hätten ergeben können.[113] Die Räte versuchten, die Weimarer Hoffinanzen nach 1775 in eine ‚kontraktive
Phase' überzuleiten – eine Strategie, die nach Zeiten ‚expansiver' oder
zumindest unkontrollierter Ausgaben immer wieder beobachtet werden
kann.[114]

---

112 BRUFORD 1975, S. 37–43.
113 Schon Bode hatte konstatiert, daß die fürstliche Familie 1775 „nicht reich ge-
     nug" war, „um die Künste und Wissenschaften zu ‚fördern' oder Gelehrte und
     Künstler nur dazu herbeizurufen und zu besolden, daß sie frei nach ihrer Nei-
     gung der Wissenschaft oder Kunst dienten." BODE 1908, Bd. 2, S. 64.
114 BAUER 1993, S. 70.

Wenn Weimar trotzdem einen überregionalen Ruf als gelehrt-künstlerisches Zentrum erlangte, speiste sich dieser wohl viel eher aus dem intellektuellen Vermögen seiner Geister als den mäzenatischen Strukturen des Hofes. Eine erhöhte soziale Bindungswirkung auf Künstler auszuüben und die Musenpflege mit merkantilen oder außenpolitischen Interessen zu verknüpfen, ist in Weimar, im Rahmen bescheidener Möglichkeiten und durchaus auch mit Geld versucht worden.[115] Allerdings ließen sich diese Bemühungen nicht oder nicht dauerhaft an den Hof und seine Finanzen binden. Der Hof des Fürsten – verstanden als sozialer und wirtschaftlicher Organismus – wurde daher bis in die Mitte der 1780er Jahre auch nicht zu einer übergeordneten künstlerischen oder wissenschaftlichen Institution.[116] Die Ausweitung des höfischen Geldbedarfs auf die Staatskassen ist allein deshalb kein Beleg für einen Musenhof, weil das zusätzliche Geld zwar für Hofangelegenheiten, nicht aber überproportional für künstlerisch-wissenschaftliche Ambitionen ausgegeben wurde.

Zudem darf nicht vergessen werden, daß viele der finanzpolitischen Reformabsichten im Zuge des ersten Veränderungsüberschwangs nur thematisiert, aber nicht realisiert wurden. Am Verhalten des Fürsten läßt sich erkennen, daß er sich auf Dauer nicht in ein Sparkorsett zwängen ließ.[117] Hatte er sich beispielsweise in den Jahren von 1777 bis 1780 noch ein bestimmtes Quantum an Spielgeldern in seinem Schatulletat vorschreiben lassen, so zeigen die Abrechnungen der 1780er Jahre bereits wieder Spielverluste, die diese Festlegungen in zum Teil horrender Höhe überschritten.[118] Auch das System der Gunsterweise wurde nicht etwa zurückgedrängt, es erhielt insbesondere durch die Einführung der Kammerherrn sogar ein neues Betätigungsfeld.

---

115 BERNS 1993, S. 19.
116 Wenn hier verallgemeinernd von ‚dem Hof‘ gesprochen wird, begründet sich dies für Weimar durch die um das regierende Fürstenpaar aufgebauten Strukturen des Hof- und Hofstalletats, die mit den fürstlichen Schatulletats eine symbiotische Einheit eingingen. Die ‚Nebenhöfe‘ Anna Amalias und Constantins bestehen finanztechnisch hingegen primär aus den jeweiligen Schatullgeldern, was allerdings kein Präjudiz über ihre kulturellen und mäzenatischen Intentionen bedeutet.
117 Dafür sprechen nicht zuletzt die resignativen Äußerungen Goethes über die Verschwendungssucht der höhergestellten Gesellschaft und ihrer Diener, die „des Landes Marck verzehren". Johann Wolfgang v. Goethe an Charlotte v. Stein, 3.4.1782; WA IV, Bd. 5, S. 295; SENGLE 1993, S. 53–64.
118 Vgl. ThHStAW A 1070, Bl. 11; A 1077, Bl. 11; A 1083, Bl. 10; A 1090, Bl. 10; A 1097, Bl. 11; A 1107, Bl. 11.

Selbst die Tatsache, daß die Anteile der Hof- und Stalletats am Kammerfinanzvolumen im Verhältnis zu den für Wirtschaft, Militär, Diplomatie, Sozialwesen und Infrastruktur aufgewendeten Staatsausgaben relativ hoch waren, spiegelt nur die finanzpolitische Normalität der kleineren Staaten des Alten Reichs wider.[119] Ein Kriterium für Strukturen eines Musenhofs läßt sich daraus nicht ableiten.

Das Ideal Carl Augusts, legt man die Maßstäbe von Volker Bauer an, scheint nicht zuletzt auch wegen des politischen Drucks seiner Räte in den 1770er Jahren einem geselligen Hoftyp zu folgen: Die Stätte der eher privaten Zurückgezogenheit mit einer künstlerisch-unterhaltsamen Atmosphäre, die dem Fürsten zur Entspannung und Ablenkung dient.[120] Die vielfältigen Einflüsse auf die Hof(finanz)gestaltung führten in den ersten Jahren statt einer klaren Ausrichtung eher zu Kompromissen. Daher prägten den Weimarer Hof hausväterliche, zeremonielle, gesellige und auch mäzenatische Intentionen. Ein konkurrenzloses finanzpolitisches Konzept, das mit einem ‚kulturpolitischen' korrespondierte, ist deshalb – wie so vieles an Weimar – ein Mythos.[121]

---

119 Vgl. Tabelle 2.1 und 2.2; MÜLLER 1995, S. 30f.
120 BAUER 1993, S. 70-73.
121 Schon Bruford sprach davon, daß in Sachsen-Weimar und Eisenach „für die Zeit ganz normale gesellschaftliche Verhältnisse herrschten." BRUFORD 1966, S. 16. Zur Entstehung des ‚politischen Mythos Weimar' in der Historiographie des späten 19. und frühen 20. Jahrhunderts vgl. WILSON 1996 und BERGER 2001.

Tabelle 1: Anteil der Hof- und Schatullausgaben am Gesamtnettovolumen der Kammern Weimar (= W.) und Eisenach (= Eis.) (Angaben in Rt.)[122]

	Einnahme Kammer	Einnahme Kammer	Ausgabe Kammer W. für:	Ausgabe Kammer W. davon für:	Ausgabe Kammer W. davon für:	Ausgabe Kammer Eis. davon für:	Ausgabe Kammer Eis. davon für:	Ausgabe Kammer Eis. davon für:
	Weimar	Eisenach	Hof- und Stallkasse	Schatulle Fürst	Schatullen fürstl. Familie	Kammer Weimar	Schatulle Fürst	Schatullen fürstl. Familie
1771/72	317.364		keine detaillierten Angaben	42.156	5.500			
1774/75		88.500				---[123]	2.500	22.750
1775/76	320.687	83.068	42.502	10.750	38.196	---[124]	19.375	5.300
1776/77		104.026				25.000	---[125]	---[126]
1777/78	293.618	120.254	54.000	16.000	33.136	31.250	---	---
1778/79	285.921	93.288	54.000	16.000	33.886	25.500	---	---
1779/80	298.312	93.328	54.000	16.000	34.136	25.500	---	---
1780/81	311.277	89.150	54.500	16.000	34.136	26.625	---	---
1781/82	350.346	91.603	54.200	16.000	34.271	28.000	---	---
1782/83		96.507				28.000	---	---

122 Die Zusammenstellung der Angaben dieser Übersicht erfolgte unter Heranziehung der Kammerrechnungen von Weimar und Eisenach. ThHStAW Rechnungen 277–283 und Rechnungen 1020–1028. Im Archivbestand fehlen für Weimar die Rechnungen der Jahre 1772–1775 und 1776/77. Für das Jahr 1782/83 liegt keine Jahresrechnung, sondern nur ein Diarium vor. Die Angaben daraus zusammenzufassen, hätte für diese Arbeit einen unvertretbar hohen Aufwand bedeutet. Vgl. ThHStAW Rechnungen 284.
123 In den Jahren 1774 bis 1776 werden solche Zuschüsse nicht ausgewiesen.
124 Siehe Anm. 122.
125 Mit Beginn der Ausweisung von Zuschüssen an die Weimarer Kammer fällt dieser Posten für den gesamten untersuchten Zeitraum weg.
126 Siehe Anm. 125.

Tabelle 2.1: Die Weimarer Kammer als „Zentralkasse" des Herzogtums: Zahlungsverflechtung der Kammern und Landschaftskassen (= LK)[127] (Angaben in Rt.)

Zeit-raum	Einnah-men Kammer W.	Zahlungen Kammer Eis. in Kammer W.	Zahlungen aus den Schatull-gütern in Kammer W.	Zahlungen aus LK Jena in Kammer W.	Zahlungen aus LK W. in Kammer W.	Zahlungen aus LK Eis. in Kammer W.
1771/72	317.364	keine Angabe	3.907	2.000	2.000	5.325
1775/76	320.687	18.750	400	2.000	2.000	7.850
1777/78	293.618	25.000	4.723	2.666	3.333	10.100
1778/79	285.921	25.375	2.809	4.000	4.666	12.100
1779/80	298.312	25.500	2.092	3.666	4.666	12.100
1780/81	311.277	25.500	2.556	3.666	4.666	12.100
1781/82	350.346	28.000	1.525	3.666	4.666	12.100

Tabelle 2.2: Zusammenfassung der Zuschüsse aus anderen Kassen an die Kammer Weimar[128]

	Zahlungen anderer Kassen an Kammer W. (in Rt.)	Anteil dieser Zuschüsse am Kammeretat W. (in %)
1771/72	13.232	4,17
1775/76	31.000	9,66
1777/78	45.822	15,6
1778/79	48.950	17,1
1779/80	48.024	16,09
1780/81	48.488	15,57
1781/82	49.957	14,25

---

127 Für diese Angaben wurden die Bilanzen der Jahresrechnungen der Weimarer Kammer von 1771 bis 1782 herangezogen. Vgl. ThHStAW Rechnungen 277–283. Zu den fehlenden Jahren siehe die Erläuterungen in Anm. 122.
128 Vgl. die in Anm. 127 genannten Quellen.

Tabelle 3.1: Kapitalbilanz der Schatulle des Herzogs Carl August[129]
(Angaben in Rt.)

	Einnahmen (Kreditvergabe)	Ausgaben (Kreditaufnahme)	Kapitalienbestand/ Ausgabe (Tilgung)
1775/76	25.434	24.151	(44.690)/---
1776/77	25.100	25.886	59.690/432
1777/78	25.071	27.242	61.206/1.912
1778/79	19.621	19.318	63.140/700
1779/80	35.259	33.215	48.740/14.400
1780/81	35.260	33.046	35.493/13.570
1781/82	23.791	26.686	38.802/2.844
1782/83	28.217	30.809	32.363/9.095

129 Diese Angaben sind aggregiert aus Bilanzen der Schatullen Carl Augusts von 1776 bis1783 in ThHStAW B 1059; B 1064, Bl. 6–51; B 1070, Bl. 1–3 und 10–42; B 1077, Bl. 1–3 und 11–35; B 1083, Bl. 1–3 und 10–41; B 1090, Bl. 1–3 und 10–43; B 1097, Bl. 1–5 und 11–48; B 1107, Bl. 1–5 und 11–47. Der Kapitalienbestand von 1775/76 ist auf unsicherer Grundlage errechnet und nur als Orientierungswert anzusehen. Für die Ausgabe in diesem Bereich konnte eine Errechnung wegen unsicherer Quellengrundlage nicht vorgenommen werden.

Tabelle 3.2: Ausgabenstruktur der Schatulle des Herzogs Carl August[130]
(Angaben in Rt.)

	1776/77	1777/78	1778/79	1779/80	1780/81	1781/82	1782/83
Spielgelder	1.837	1.200	800	682	1.150	705	1.149
Garderobe	1.207	1.200	1.507	2.142	1.384	1.305	990
Reise- und Extra-zehrungs-kosten	1.817	4.727	1.350	13.962	2.936	5.094	5.433
Bücher, Kunst, Naturalien	1.138	1.000	1.266	1.042	1.933	801	1.026
ab 1782/83 ‚Plaisiers'	---	---	---	---	---	---	1.310
Besoldungen/ Pensionen	4.444	4.695	4.541	4.121	---	4.052	4.009
Geschenke	2.767	3.739	2.625	4.172	6.596	5.447	4.646
Almosen	379	437	501	555	584	567	569
Diäten	48	561	513	382	216	232	300
Porto	170	242	192	232	262	316	---
Pferde	822	200	316	318	600	190	182
Extraordinaria	3.876	2.236	2.651	4.902	2.711	3.008	2.020
ab 1777/78 Privattheater	[1.064] als Teil von Extraord.	1.239	611	336	835	1.108	unter Plaisiers
ab 1778/79 Tabaksplantage am Schießhaus	---	---	174	81	---	---	---
ab 1780/81 fürstl. Zeichenschule	---	---	---	---	121	254	154
abgetragene Rückstände	4.163	1.766	2.171	vacat	2.900	155	3.061
ausgeliehene Kapitalien	3.363	3.995	vacat	307	6.314	3.081	4.005

---

130 Mit Ausnahme der Angaben aus B 1059. Die Angaben für 1775/76 liegen nicht in Form einer rubrizierten Jahresrechnung vor. Deren Einzelrekonstruktion aus dem Ausgabentagebuch (geführt von 10.9.1775 bis 1.10.1776) und den Quittungsbänden hätte den Rahmen dieser Arbeit gesprengt. Für die ‚Tabaksplantage' findet sich nur in den Jahren 1778/79 und 1779/80 eine Ausgabenrubrik. Alle anderen fehlenden Angaben (‚Besoldungen/Pensionen' 1780/81 und ‚Porto' 1782/83) sind aus unbekannten Gründen in den Jahresbilanzen nicht aufgeführt.

Sandra Dreise-Beckmann

Anna Amalia und das Musikleben am Weimarer Hof

Über die Musik in Weimar als ein Bestandteil der damaligen Hofkultur ist im Vergleich zur Dichtung viel weniger geschrieben worden. Ein Grund hierfür ist gewiß, daß in der zweiten Hälfte des 18. Jahrhunderts keiner der dort ansässigen Musiker so bekannt war wie Johann Wolfgang Goethe, Christoph Martin Wieland oder Johann Gottfried Herder. Die Weimarer Musikpflege im damaligen Zeitraum bestand aus musiktheatralischen Aufführungen und Konzerten. Doch ließ sich bei der Literaturrecherche erkennen, daß bis 1773 kaum Aussagen über das Weimarer Konzertwesen getroffen werden können. Dies wird zum einen an dem Schloßbrand von 1774 liegen, der die meisten Quellen vernichtete, zum anderen aber auch an der größeren Popularität des Theaters.

In diesem Beitrag soll ein komprimierter Abriß über das Musikleben am Weimarer Hof zwischen 1756–1788 erfolgen – der Zeitraum, in dem die Herzogin Anna Amalia als duodezabsolutistische Regentin und als „Herzogin-Mutter" besonderen Einfluß auf das Musikleben in Weimar nahm.

Wenn für Anna Amalia, wie sie selber schreibt, die Erfahrung die schönste Kultur der Menschen ist[1], welche kulturellen Erfahrungen machte sie am Hof ihrer Eltern in Braunschweig-Wolfenbüttel und später als Herzogin am Weimarer Hof?

Anna Amalia war das fünfte von dreizehn Kindern der Herzogin Philippine Charlotte und des Herzogs Carl I. von Braunschweig-Wolfenbüttel. Carl I. hatte bezüglich der repräsentativen schöngeistigen Ausrichtung seines Hofes einen so extremen Ehrgeiz, daß er seinen Staat bis in die totale Verschuldung trieb. So fand der Reisende James Boswell, als ihn seine Unternehmungen 1764 nach Braunschweig führten, nicht nur,

---

1 „Die Erfahrung ist die schönste Cultur der Menschen [...]." Thüringisches Hauptstaatsarchiv Weimar (= ThHStAW) HA A XVIII 150a.

daß das Braunschweiger Opernhaus prunkvoller als das Londoner sei, sondern er vermerkte in seinem Tagebuch auch, daß hier ausgezeichnete Künstler auftraten.[2] Carl I. ermöglichte zwar einigen deutschen Schauspielgesellschaften, wie der Döbbelinschen, und bekannten Darstellern, wie dem Schauspieler Konrad Ekhof, in Braunschweig zu gastieren, sein eigentliches Interesse galt aber all dem, was nicht deutsch war. Besondere Beliebtheit fanden daher die italienische Oper und das französische Ballett. Ebenso war Philippine Charlotte keine Förderin der deutschen Musik. Damit vertraten Anna Amalias Eltern die Ansicht der meisten deutschen Fürsten, die Unsummen für Ausstattungen ausländischer Bühnenstücke, wie französische Schauspiele und italienische Opern, ausgaben. So engagierte Carl I. u.a. ab 1750 den Neapolitaner Ignazio Fiorillo, dessen Kompositionen am Hof sehr beliebt waren. Der Komponist war Schüler von Leonardo Leo und Francesco Durante, die Anna Amalia noch 1797 in ihren „Briefen über Italien" zu den größten Komponisten zählte.[3] Dank dieser ehrgeizigen Liebe ihres Vaters zum Theater und zur Musik kam Anna Amalia daher schon in frühester Kindheit in den Genuß musikalischer und theatralischer Darbietungen.

Daneben gehörte die Musik, wie die Regeln einer gepflegten Konversation oder die Schrittfolge höfischer Tänze, zum höfischen Erziehungsplan. Der Musikunterricht bei jungen adeligen Mädchen begann häufig mit einem Tasten- (z.B. Cembalo, Spinett oder Klavier) oder Lauteninstrument. Im günstigsten Fall verpflichtete man hierfür den Hofkapellmeister oder den hiesigen Organisten zum unterrichten. Anna Amalia erhielt ihren Musikunterricht vom herzoglichen Hofmusiker und Organisten von St. Aegidien und St. Martin, Friedrich Gottlob Fleischer. Er war sowohl für seine Liedkompositionen als auch für sein virtuoses Klavierspiel bekannt. Die junge Prinzessin bekam von ihm ab ihrem siebten Lebensjahr die Basis zu einer soliden musikalischen Ausbildung.[4]

Wie Anna Amalias autobiographischen Aufzeichnung oder Briefen, die die junge Prinzessin an ihren Vater schrieb, zu entnehmen ist, fühlte sie sich hinter ihren Geschwistern ständig zurückgesetzt. Gerade dieser

---

2 Vgl. ALBRECHT 1994, S.31.
3 „Die größten Tonkünstler waren und sind aus dem Neapolitanischen. Z.B. Leo, Durante, Jommelli, Pergolesi, Perez, Popora, im Componiren [...]." ThHStAW A XVIII 164, Bl 41'.
4 So daß Ernst Wilhelm Wolf später in seinen autobiographischen Aufzeichnungen schreiben konnte: „Dieselbe [Anna Amalia] hatte vorhero schon gelernt, also brauchte ich nicht von vorn anfangen." In: Berlinisches Archiv der Zeit und ihres Geschmacks, 1795, IV, S. 282.

Umstand kann es veranlaßt haben, daß sie in der Musik einen Ausgleich fand, wodurch sie lernte, die Musik nicht nur zu hören und zu spielen, sondern sie auch beurteilen zu können, wie ihre später entstandenen musiktheoretischen und -ästhetischen Abhandlungen veranschaulichen.

Im Jahr 1756 heiratete der achtzehnjährige Herzog von Weimar, Ernst August II. Constantin, die sechzehnjährige Anna Amalia. Bei ihrer Ankunft in Weimar fand die junge Herzogin kulturell nicht unbedingt das vor, was sie von Braunschweig her kannte. Denn Ernst August Constantin hatte erst einige Monate zuvor eine neue Hofkapelle unter der Leitung von Johann Ernst Bach, Patensohn des berühmten Johann Sebastian Bachs, gegründet.[5] An kleineren Höfen, wie Weimar, war es in dieser Zeit üblich, daß die Hofkapelle Schauspieltruppen bei ihren Auftritten zur Seite stand, indem sie in den Pausen für Musik sorgte, aber auch Singspiele und Opern begleitete. Zwar hatten Herzogtümer wie Braunschweig auch deutsche Schauspielgesellschaften an ihren Höfen, doch die reicheren deutschen Fürsten ließen sich überwiegend mit der kostspieligen und aufwendigen italienischen Oper Seria unterhalten.[6]

In der Zeit von 1756–58 ist nur die Döbbelinsche Truppe in Weimar erwähnenswert, die Amalia schon von Braunschweig her kannte. Mit dieser wurde ein fester Vertrag geschlossen.[7] Da durch interne Querelen der Prinzipal Theophil Döbbelin bald entlassen wurde, mußten Friedrich Hartmann von Witzleben und Franz Christian Eckbrecht von Dürckheim, zwei Hofbedienstete, im Auftrag des Herzogpaares die Direktion der Truppe übernehmen und konnten so ganz im Sinne von Anna Amalia und Ernst August Constantin noch stärkeren Wert auf die Aufführung musikalischer Werke legen. Der Weimarer Hof hatte jetzt, wie der führende Weimarer Historiograph Wilhelm Bode schreibt „ein eigenes deutsches Schauspiel", welches einzigartig war.[8] Mit der Wiederaufnahme des Hoftheaters sorgten Amalia und ihr Mann für einen wichtigen kulturellen Impuls für Weimar.[9] Als es 1758 durch den Tod

---

5 Vgl. HUSCHKE 1982b, S. 11f.
6 Vgl. BODE 1908, Bd. 1, S. 8.
7 Vgl. BODE 1918, S. 7. Die Truppe hatte unter anderem als Mitglied auch den Komponisten, Kapellmeister und Gründer des norddeutschen Singspiels Johann C. Standfuß. Standfuß legte mit seinem Werk „Der Teufel ist los" den Grundstein zur späteren Vorliebe der Singspiele Hillers/Weißes und der Komponisten des süddeutsch-österreichischen Kreises (vgl. HUSCHKE 1982b, S. 13).
8 BODE 1918, S. 8.
9 KLAUß 1992, S. 37.

des jungen Herzogs Ernst August Constantin bei den Schauspielern und Musikern der Hofkapelle zur Entlassung kam, hatte dieser hoffnungsvolle Anfang zunächst ein Ende.

Sicherlich war der frühe Tod ihres Mannes für die nicht einmal 19 Jahre junge Frau und Mutter von zwei Kindern ein in vielerlei Hinsicht harter Einschnitt. So übernahm sie, in Regierungsgeschäften unerfahren, mit 18 Jahren die Führung des Landes als Vormundschaftsregentin für ihren Sohn Carl August. Doch gab dies ihr auch die Gelegenheit, wie ihre autobiographischen Aufzeichnungen „Meine Gedanken" verdeutlichen[10], sich und ihre Interessen so weiterzuentwickeln, wie es ihr vielleicht sonst in einer Epoche, die das höfische Frauenleben als eine entwicklungsunfähige Lebensform ansah, versagt geblieben wäre.[11]

In der nun folgenden Zeit wurden neben den allwöchentlichen, repräsentativen Konzerten, bei denen neben der Hofgesellschaft zwei Sängerinnen und zehn Militärmusiker mitwirkten, auch in einem kleinen Kreis von Laien musiziert.[12] Aufgrund fehlender Quellen lassen sich über das damalige Repertoire der Konzerte und über die Konzerte an sich keine Angaben machen. Hinzu kamen verschiedene repräsentative Veranstaltungen, wie Hofbälle, Redouten und Geburtstagsfeiern. Hierbei lassen sich durch die Überlieferung des Freiherrn Carl von Lyncker Aussagen über die von dem Weimarer Hof und damit auch der Herzogin favorisierten Tänze treffen.[13] Denn Anna Amalia hatte eine Vorliebe für den Tanz und somit auch für Hofbälle.[14] Solch ein Ball wurde stets mit einem zeitgenössischen und zum höfischen Programm gehörenden Menuett, einem Tanz, der durch seine äußerst bedachten Bewegungen nichts weniger als eine stilisierte Höflichkeitsform darstellt, eröffnet.[15] Hofbälle, die an Geburtstagen der Herzogin oder des Erbprinzen gegeben wurden, waren noch aufwendiger, d.h. mit mehr Musik und Theater, inszeniert. Dabei boten neben den eigens für den

---

10 Vgl. WAHL 1994b, S. 102–117.
11 Vgl. WEBER-KELLERMANN 1990, S. 10, 25f.
12 Vgl. HUSCHKE 1982b, S. 14.
13 Vgl. LYNCKER 1912, S. 23–27.
14 So schilderte ein ungenannter Reisender: „Da sie aber sehr gern tanzte, spielte sie auch nicht lange. Sie tanzte mit jeder Maske, die sie aufnahm, und blieb bis früh um Drei, da fast alles aus war". Zit. nach BODE 1908, Bd. 1, S. 136ff.
15 Vgl. BALET/REBLING 1971, S. 488.

Hof abgestellten Musikern auch Musikvereine, die aus zahlreichen Musikliebhabern bestanden, der Herzogin ihre Huldigung dar.[16]

Drei Jahre nach dem Tod ihres Mannes gab es einen Zugewinn für die Musik am Hofe, denn der Musiker Ernst Wilhelm Wolf stellte sich vor. Bei seinem Debüt (Anfang 1761) spielte Wolf ein eigens für diese Gelegenheit komponiertes Klavierkonzert[17]. Dies gefiel der Herzogin, und so forderte sie Wolf auf, in Weimar zu bleiben. Wolf brachte am Karfreitag des gleichen Jahres ein Passionsoratorium zur Aufführung.[18] Dessen Erfolg verhalf ihm zu einer Anstellung mit 100 Talern aus der Schatulle der Herzogin, für die er samstags Konzerte auf dem Flügel geben durfte. In der folgenden Zeit unterrichtete Wolf zusätzlich die beiden Söhne Anna Amalias im Klavierspiel und erhielt dafür 50 Taler jährlich. Die Herzogin ließ sich selbst erst später von ihm im Klavierspielen unterrichten. Ein festes Gehalt bekam er hierfür nicht[19], jedoch sollte die Sympathie der Herzogin für seine Person eine Menge dazu beitragen, daß Wolf in Weimar zu einem der wichtigsten Musiker in den kommenden 19 Jahren avancierte.

Wolf schaffte es, eine sehr leistungsfähige Hofkapelle neu zu gründen. Laut seiner Ausführungen bestand die Kapelle 1761 „aus acht Hofhautboisten, zwei vom Regiment bliesen Hautbois, zwei Hautboisten die Flöte, zwei die Waldhörner."[20] Später (1768), mit seiner Ernennung zum Kapellmeister auf Veranlassung Anna Amalias, wurde auch die Kapelle erweitert. Neben Karl Gottlieb Göpfert, einer der besten Geiger der Zeit, wurden der „Flötist Herr Rechenberg von Braunschweig; der Fagottist Herr Werner; der Hautboist Herr Hofmann von Cassel; Herr Wagner von Dresden u.a.m."[21] engagiert. Wolf bekam von der Herzogin immer wieder die Anweisung, Klavierkonzerte, Sinfonien, später auch Singspiele zu komponieren, obwohl er sich bis dahin noch nicht mit Singspielen beschäftigt hatte.[22] Wolf mußte einfachere

---

16 So wurde beispielsweise am 24.10.1763 von der „musikalischen Gesellschaft der sämtlichen Beflissenen der Kaufmannschaft zu Eisenach" zum Geburtstag Anna Amalias eine Kantate aufgeführt, deren Text ihr anschließend auf Seide mit Goldborde bedruckt überrreicht wurde. Vgl. BODE 1908, Bd. 1, S. 148.

17 Um welches Klavierkonzert es sich dabei handelte, läßt sich aufgrund fehlender Aussagen nicht mehr bestimmen.

18 Vgl. Ernst Wilhelm Wolf, Herzoglich-Weimarischer Capellmeister, in: Berlinisches Archiv der Zeit und ihres Geschmacks, 1795, VII, S. 280.

19 Ebd., S. 282.

20 Ebd., S. 281.

21 Ebd., S. 283.

22 Ebd., S. 283.

Singspiele komponieren, da Weimar nicht über das Opernpersonal verfügte, was für italienische Opern benötigt wurde. Die geringeren personellen und finanziellen Erfordernisse, die ein Singspiel aufwarf, konnten eher erfüllt werden.

Trotz der finanziellen Einschränkungen, die durch den siebenjährigen Krieg (1756–1763) aufgeworfen wurden, die aber ebenfalls notwendig waren, um den Kleinstaat von der Verschuldung ihres Schwiegervaters zu befreien, sollte das Theater während der Regierungszeit Anna Amalias einen deutlichen Aufschwung erleben, wenn auch merklich erst nach dem Krieg.[23] So engagierte sie Theatergruppen wie die damals sehr bekannte Kochsche Gesellschaft aus Leipzig (1768) oder die Gruppe des Hamburger Kaufmannes Seyler (1771). Folgt man aber den Ausführungen von Willy Andreas, so war der kleine Staat selbst zu diesen repräsentativen Unternehmungen finanziell eigentlich nicht in der Lage.[24] Zudem ermöglichte Anna Amalia, vom aufklärerischen Gedanken beseelt, dem bürgerlichen Publikum sogar die kostenlose Teilnahme an Theatervorstellungen. Denn wie Christoph Martin Wieland später meinte, war die Herzogin überzeugt, „daß ein wohlgeordnetes Theater nicht wenig dazu beitrage, den Geschmack und die Sitten eines ganzen Volkes unvermerkt zu verbessern und zu verschönern."[25]

Die Kochsche Gesellschaft gab ihr Debüt am 25.09.1768[26] mit dem Werk „Hermann" von Elias Schlegel und einem musikalischen Prolog von Johann Karl August Musäus[27]. Das Repertoire konzentrierte sich in

---

23 „Nach dem Krieg kamen die Finanzen zwar einigermaßen ins Gleichgewicht, aber das Land zu höherem Wohlstand zu entwickeln, gelang nicht. Die Einnahmen gingen zurück, was zum Teil allgemeine ökonomische Ursachen wie Preisbewegung und Münzenverschlechterung hatte." ANDREAS 1953, S. 17.

24 „Die Leistungsfähigkeit des Landes war den Ansprüchen der Hofhaltung nicht gewachsen; diese standen im Mißverhältnis zu den Einnahmen und konnten durch die Staatskasse nicht voll gedeckt werden." ANDREAS 1953, S. 17f. Vgl. dazu nun detailliert den Beitrag von Marcus VENTZKE in diesem Band.

25 BORNHAK 1892, S. 145.

26 Bevor Koch nach Weimar kam, gastierte 1767 zuerst die Starcksche Truppe, unter der Leitung Carl Christian Starckes und dem Ehepaar Carl Friedrich und Felicitas Abt. Aber diesem Unternehmen gingen, wie zuvor vielen anderen Gruppen, die Geldmittel aus, so daß sie ein Jahr später Weimar schon wieder verließen. Vgl. GÖRES 1973, S. 72.

27 Karl August Musäus, ehemaliger Theologe, war seit 1763 in Weimar ansässig. Er kam als Pagenhofmeister nach Weimar und wurde 1769 Professor am hiesigen Gymnasium. Musäus ist zum einen durch seine Parodien der englischen Romane von Richardson (Grandison der Zweyte) bekannt geworden, sowie durch seine 1782 erschienenen *Volksmärchen der Deutschen*. Der Schriftsteller und Volks-

dieser Zeit in Weimar überwiegend auf Singspiele. Das verlangte vor allem die musikfreudige Herzogin.[28] Zu den Höhepunkten der Aufführungen gehörten Uraufführungen der Singspiele Christian Felix Weißes und Johann Adam Hillers, vor allen ist aber *Die Jagd* hervorzuheben. Dieses Singspiel war eine Widmung an die Herzogin. In dessen Vorwort ist zu lesen, daß nach Meinung Weißes die deutsche Schauspielkunst immer noch von den deutschen Fürsten verachtet wurde. Der Librettist Weiße bezeichnet aber die Herzogin Anna Amalia im gleichen Zug als eine Gönnerin und Beschützerin des Schauspiels, was ihr besonderes Engagement, das Musiktheater zu fördern, reflektiert. Ein Brief an den Autor Weiße vom 28. Januar 1770, in dem sie sich überaus löblich über das Singspiel äußert und sich für die Widmung bedankt,[29] liefert einen Beweis für ihr künstlerisches Gespür, denn *Die Jagd* galt nicht nur als Hillers bestes Singspiel, sondern war auch in Deutschland sehr erfolgreich.[30] Zu erwähnen sei noch, daß der Komponist und Schriftsteller Hiller der erste Autor war, der die Herzogin zuvor 1768 in seiner Schrift *Wöchentliche Nachrichten und Anmerkungen die Musik betreffend* öffentlich als komponierende Herzogin erwähnte.[31] Ebenso widmete er Anna Amalia zehn Jahre nach seiner ersten Dedikation sein Werk *Anweisung zum musikalischen-zierlichen Gesange (1780)*, mit dem er sich im besonderen Maße engagiert, das Gesangsstudium in Deutschland zu fördern und damit bei Anna Amalia sicherlich auf großen Beifall stieß.[32] In seiner Vorrede verweist er nicht nur auf die

---

märchendichter gehörte mit zu den ersten des geselligen Kreises der Herzogin. Sie schätzte ihn nicht nur wegen seines schauspielerischen Talentes, das er des öfteren bei zahlreichen Aufführungen des später entstandenen Liebhabertheaters unter Goethes Leitung beweisen konnte, sondern auch wegen seiner vielen Stükke, die er für die Weimarer Bühne schrieb.

28 Vgl. MEYER 1986, S. 137.

29 Goethe- und Schiller-Archiv Weimar (= GSA) 06/2489, Nr. 3625.

30 Vgl. KAWADA 1969, S. 192ff. Eine Danksagung an den Komponisten Hiller konnte nicht gefunden werden.

31 „[...] wie denn in vergangener Fasten außer dem Tode Jesu vom seel. Capellmeister Graun, noch ein Oratorium, von der Composition der Durchlauchten Herzoginn, am Hofe zu Weimar aufgeführt worden ist." HILLER 1970, S. 41.

32 „Es ist ein rühmlicher Patriotismus daß man junge teutsche Talente hervorsuche u unterstütze; Es were aber noch weit rühmlicher daß man zur ausbildung solcher Talente zu erst gute Schulen anlegte. Ohne guten Unterricht läßt sich unmöglich etwas gutes hierinnen stiften. So lange es hieran mangelt werden unsere Teusche Sänger u Sängerinnen bloße naturalisten verbleiben." Anna Amalia, Gedanken über die Musick, in: HUSCHKE 1994, S. 147.

„hohe Stufe ihrer ausübenden Kunst", sondern auch auf ihre musik-theoretischen Kenntnisse.

Nach drei Jahren Aufenthalt der Kochschen Truppe in Weimar zog diese 1771 weiter nach Berlin. Ihr folgte schon bald die Gruppe des Hamburger Kaufmanns Seyler.[33] Die Berufung der Truppe scheint bei einem Besuch Anna Amalias in Braunschweig im Mai 1771 durch Gott-hold Ephraim Lessing initiiert worden zu sein.[34] Die Fortsetzung der jun-gen Tradition des deutschen Singspiels sollte dem Ensemble Seylers nicht schwer fallen, denn sie brachten den Kapellmeister Anton Schweitzer mit nach Weimar. Anton Schweitzer hatte im Gegensatz zu Wolf die Mög-lichkeit bekommen, Italien und seine Bühnen kennenzulernen. Schweitzers Erscheinen in Weimar kam der Herzogin sehr recht, da auch ihr, mit ihrer Neigung zur italienischen Bühne, etwas Höheres als das vorschwebte, was die deutsche Bühne zu dieser Zeit im Fach des musikalischen Dramas leisten konnte. So vertrat sie noch 1799 die Mei-nung in ihren „Gedanken über die Musick", daß der italienische Gesang durch edlen Geschmack und schönen Vortrag vor allen Nationen den Vorzug hat.[35] Jedoch für Ernst Wilhelm Wolf hatte das Erscheinen von Schweitzer zur Folge, daß seine Vorherrschaft über das musikalische Weimar einen Konkurrenten bekam.[36]

Anton Schweitzer sollte schon bald mit dem nach Weimar kom-menden Schriftsteller und Prinzenlehrer Christoph Martin Wieland zu-sammenarbeiten. Bei seiner Ankunft in Weimar 1772 sah sich Wieland in „eine höfische Umgebung versetzt, die schon in beträchtlichem Um-fang an musiktheatralischen Darstellungen gewöhnt war."[37] Auch Wie-land mußte sich jetzt, auf Anweisung der Herzogin, mit dem Musik-theater beschäftigen. Der Schriftsteller war musikalisch vorgebildet. So berichtete er im November 1798, als er bei Herder logierte, daß er mit 12 Jahren zweimal die Woche ein Jahr lang von einem Organisten un-terrichtet wurde und „bis in die Principien des Generalbasses" kam. Danach befaßte er sich mit den Theorien von André Ernest Modeste Grétry.[38] In Anton Schweitzer fand Wieland einen Mann, der mit den

---

33 Die Gesellschaft Seyler wurde aus der Ackermannschen gegründet, ihr bester Schauspieler war der 51-jährige Konrad Ekhof, den Anna Amalia von Braun-schweig her kannte. Ekhof war neben Seyler Mitdirektor des Ensembles.
34 Vgl. SCHÜDDEKOPF 1901, S. 73.
35 Zit. nach HUSCHKE 1994, S. 148.
36 Vgl. HUSCHKE 1982b, S. 15
37 MEYER 1986, S. 138.
38 BÖTTIGER 1838, Bd. 1, S. 239ff.

Anforderungen des höfischen Festes wesentlich besser vertraut war als er. Denn der Komponist hatte die Möglichkeit bekommen, bevor er sich der Seylerischen Truppe angeschlossen hatte und nach Weimar kam, am Coburger Hof und als Mitglied der Hildburghäuser Kapelle tätig zu sein. Mit herzoglicher Förderung hatte er auch in Bayreuth die dortige Hofoper studieren können.[39]

Ein Höhepunkt der gemeinsamen Arbeit von Wieland und Schweitzer war die Uraufführung des Singspiels *Alceste* im Mai 1773 und die damit verbundene Weiterentwicklung des deutschen Singspiels. Die *Alceste* wurde damals schon als die erste große deutsche Oper bezeichnet. Wieland öffnete mit seiner *Alceste* dem deutschen Musiktheater der kleinen Residenzen den neuen Themenkreis der antiken Mythologie. Bei der Uraufführung war auch der aus Berlin stammende Verleger und Autor Christoph Friedrich Nicolai anwesend. Aus seinen Äußerungen in einem Brief an Carl Wilhelm Ramler wird deutlich, daß es sich bei den ausführenden Personen dieser Oper nicht um Musiker, sondern um Dilettanten handelte.[40] Demnach übernahm bei der *Alceste* die Seylersche Schauspieltruppe eine Aufgabe, zu der man bis dahin die Mitglieder von Schauspieltruppen nicht für fähig gehalten hatte. Die Truppe vollbrachte es das „Fremde vom ersten Rang und von zuverlässigem Urtheil, welche in England, Frankreich und Italien alles gesehen und gehört haben [...] beynahe außer sich vor Verwunderung [waren], in Weimar so was zu hören."[41] Auch Anna Amalia verfolgte die Entstehung dieses Werk mit großem Interesse. Aus Carl August Böttigers *Literarischen Zuständen und Zeitgenossen* erfährt man, daß die Herzogin außergewöhnlicher Weise bei den Proben zu dieser Oper heimlich anwesend war.[42]

Zwei entscheidende Ereignisse in den Jahren 1774–1775 sollten die Musikpflege in Weimar verändern:
1. Der Schloßbrand am 6. Mai 1774,[43] der dem vielversprechende Anfang einer neuen Theaterstätte sowie einer bemerkenswerten Entwicklung des Musiklebens am Hofe der Herzogin ein plötzliches Ende setzte.
2. Im September 1775 das Regierungsende der Herzogin Anna Amalia.

39　Vgl. MEYER 1986, S. 143.
40　Vgl. STARNES 1987, Bd. 1, S. 475.
41　Zit. nach STARNES 1987, Bd. 1, S. 474.
42　Vgl. BÖTTIGER 1838, Bd. 1, S. 242 oder STARNES 1987, Bd. 1, S. 476.
43　Vgl. BODE 1908, Bd. 1, S. 176.

Mit der Zerstörung der Wilhelmsburg wurde auch der Theatersaal ein Opfer der Flammen. Die liebste Unterhaltung der Hofgesellschaft, das Singspiel, hatte keine Aufführungsstätte mehr. Durch den Brand wurde auch für die Bevölkerung Weimars ein Ende der Teilnahme an Theatervorstellungen gesetzt, da zusätzlich die ansässige Seylersche Theatergruppe entlassen wurde. Während ihrer Zeit in Weimar (1771–1774) spielte die Truppe sowohl in den Winter- als auch in den Sommermonaten ohne große Unterbrechung. Allein 1773 wurden an 144 Tagen insgesamt 278 Stücke inklusive Ballette aufgeführt.[44]

Nachdem Anna Amalia das Regierungsgeschäft an Carl August abgetreten hatte, bestand der Weimarer Hof aus drei Hofhaltungen, dem Witwenhof der Herzogin-Mutter, wie Anna Amalia nun hieß, dem regierenden Hof des Herzogspaares und der kleinen Hofhaltung des zweiten Sohnes Prinz Constantin, die aber im Hinblick auf die Musik am Hofe keine Bedeutung hatte. Die Hofkapelle, die im Gegensatz zu 1758 nicht entlassen wurde, hatte weiterhin für die Konzerte zu sorgen, die über einen längeren Zeitraum die einzigen Höhepunkte des Musiklebens für die Hofgesellschaft darstellten. Das Arrangement der Konzerte war klar verteilt. Der regierende Hof hatte für die jeden Sonntag stattfindenden, repräsentativen Konzerte zu sorgen, während Anna Amalia sich den kleinen und eher privaten Liebhaberkonzerten widmen konnte. Wobei davon ausgegangen werden muß, daß die Herzogin-Mutter auch bei den großen Konzerten regelmäßig anwesend war.[45] Während bei den vom regierenden Hof organisierten Konzerten immer „sämtliche Noblesse" zugegen waren, so durften nur geladene Gäste bei den privaten Konzerten, welche Anna Amalia immer mittwochs ausrichtete, erscheinen.[46] Die kleinen und privaten Konzerte waren für die

---

44 Vgl. BURKHARDT 1883, S. 111.
45 So berichtete Lyncker: „Jeden Sonntag sah man die Herzogin-Mutter mit ihrer Hofumgebung in einem Glaswagen [...] zur Mittagstafel in das Fürstenhaus fahren, wo sie bis nach der Abend-Cour zu verweilen pflegte." LYNCKER 1912, S. 44.
46 „Sonntags giebt der Hof ein Konzert; unter dem Bürgerlichen auf der Gallerie ist wenig zu hören. In dem Saal können nur Edelleute. Doch dürft' ich mich exzipieren, aber ‚man mus einen Degen anhaben, um nicht aufzufallen' sagte mir der gute redliche Prinzenhofmeister Riedel. Ich versetzte: so ists vorbei; andere werden durch Degenabnahmen degradiert, ich würd es durchs Gegentheil. Und als ich probierungsweise bei Amalien sagte, ‚daß ich das Konzert entbehrte, weil auf der Gallerie nicht zu hören wäre' lud sie mich blos ein zu ihrem durch die Mailänderin." Jean Paul an Christian Otto, 17.12.1798; JEAN PAUL 1959, S. 138.

Herzogin, nach Aussage der Sängerin Caroline Jagemann, Zeit ihres
Lebens ihre „Lieblingsunterhaltung"[47].

Bei den zeitgenössischen Äußerungen über Konzerte war häufig
nicht genau zu ermitteln, ob es sich bei den Veranstaltungen um kleine
Konzerte oder um Hausmusik handelte, denn neben den kleinen Konzerten nahm auch das private Musizieren einen großen Stellenwert für
Anna Amalia ein. Darüber geben sowohl ihr umfangreiches Repertoire
an Musik für Tasteninstrumente mit kleiner Besetzung als auch zahlreiche Arien und Lieder mit Klavierbegleitung in ihrer privaten Musikaliensammlung einen Beweis.

Die Hausmusik oder das private Musizieren hatte bei Anna Amalia
keinen Anspruch auf perfektionierte Darbietung.[48] Derartige Ereignisse
stellten für sie vielmehr eine Erholung oder, wie sie an Carl Ludwig von
Knebel 1785 schrieb, „ein Cordial"[49] dar. Zugleich nahm Anna Amalia
beim Musizieren verschiedene Positionen ein. Sie war nicht nur passive,
sondern auch zum Erstaunen Außenstehender aktive Teilnehmerin.[50]
Wenn sich die Herzogin aktiv beteiligte, ist anzunehmen, daß sie dies
überwiegend auf dem Tasteninstrument tat. So brachte sie es darauf zu
einer Fähigkeit, die es ihr ermöglichte, sich auch „ziemlich öffentlich"[51]
hören zu lassen. Beweis für ihr Interesse an Klaviermusik und ihre Vorliebe für private Musizierpraxis gibt nicht nur die Fülle an gedruckter
Klaviermusik in ihrer privaten Sammlung, sondern auch der Druck ihres *Divertimentos per il Pianoforte Clarinetto, Viola e Violoncello*. Nach

---

47 „Ihre Tränenströme und Krämpfe [Rudorf] erregten das Mitleid der Fürstin in
    solchen Maße, daß jene in Ungnade fielen und die kleinen Konzerte, ihre Lieb-
    lingsunterhaltung, eine Weile unterbrochen wurden." JAGEMANN 1926, S. 91.
48 „Donnerstags war bei der verwittweten Herzogin Amalia Quartettmusik von
    Streichinstrumenten, wobei Karl August zuweilen die Cellopartie übernahm,
    aber nicht gut Tact hielt. Er entschuldigte sich gewöhnlich mit zu lebhaften
    Temperament und Ängstlichkeit. Kammermusikus Unrein wollte ihn dehalb be-
    ruhigen und sagt: ‚Durchlaucht haben das nicht nöthig, wir sind ja unter uns. ‘"
    EBERWEIN 1856, S. 483.
49 „[...] ich für meine Person existire diesen Winter in der Musik, sie ist ein Cordial
    für schwarzes schweres Blut, denn es steht in der Bibel, daß König Saul seine
    schwarze Melancholie damit vertrieben habe; glauben Sie darum nicht, lieber
    Knebel, daß ich mich in Umständen Sauls befinde." Anna Amalia an Carl Lud-
    wig v. Knebel, 30.11.1785; VARNHAGEN/MUNDT 1835–36, Bd. 1, S. 197.
50 Vgl. HASE 1919–20, S. 480-81.
51 „Vielleicht, dachte ich nach einigen Nachsinnen, haben Sie erfahren, daß die
    Frau Herzogin vorigen Winter sich mit mir vor ihren Herrn Sohn, dem Durchl.
    mir einem Dergleichen Stüke ziemlich öffentlich hat hören lassen." Zit. nach
    HASE 1919–20, S. 480–81.

Aussage Wilhelm Hitzigs soll Anna Amalia aber ebenso eine leiden-schaftliche Liebhaberin des Flötenspiels mit gewisser Fertigkeit gewe-sen sein.[52] Hitzig bezieht sich in seiner Aussage auf den Briefwechsel Wolfs mit Breitkopf. Seine Darlegung bildet jedoch die einzige Quelle, die Anna Amalia als Flötistin beschreibt. Sicherlich ist der große Ein-fluß Friedrichs II., daß dieses Instrument als Liebhaberinstrument in der zweite Hälfte des 18. Jahrhunderts weite Kreise zog, zu berücksich-tigen. Doch wenn sich die Herzogin 1774 von Georg Melchior Kraus ungewöhnlicherweise mit einer Flöte (als passives Attribut) und ent-sprechender Flötenliteratur porträtieren ließ, kann auch dies nicht als Beweis für ihr künstlerisches Können auf dem Instrument angesehen werden, sondern kann vielmehr eine Huldigung an ihren Oheim dar-stellen. Hinzu kommt, daß die in ihrer privaten Musikaliensammlung zu findende Flötenliteratur quantitativ in keinem Verhältnis zur Tastenlite-ratur steht. Ebenso schwer nachzuvollziehen ist ihr Können auf der Gi-tarre. Zwar ließ sich ermitteln, daß die Herzogin während ihrer Italien-reise die Morgende mit dem Gitarrenspiel verbrachte und sie sich auf diesem Instrument unterrichten ließ, wie groß aber Anna Amalias En-gagement für das Gitarrenspiel nach ihrer Reise war, läßt sich aufgrund fehlender Informationen nicht festmachen. Daher ist es auch nicht ganz nachzuvollziehen, wie die Herzogin durch das Mitbrin-gen eines einzi-gen Instrumentes das Gitarrenspiel zu einer „beispiellosen Mode"[53] ge-macht haben soll, wo auch ihr Repertoire an Gitarrenliteratur eher spär-lich zu nennen ist.

Noch erhaltene Briefauszüge geben weiterhin Aufschluß darüber, daß vor allem in den kleineren Konzerten nicht nur Eigenkompositio-nen der dort ansässigen Musiker, wie Ernst Wilhelm Wolf, Johann Friedrich Kranz, Johann Edeling, Carl Friedrich Siegmund von Secken-dorff, Corona Schröter oder auch Anna Amalia, gespielt wurden, son-dern auch Stücke, die vom heute noch bekannten Verlag Breitkopf zum Beispiel von Ernst Wilhelm Wolf geordert wurden.[54] Zum Repertoire gehörte sowohl Instrumental- als auch Vokalmusik. Die Instrumental-musik bestand größtenteils aus Trios, Quartetten, Quintetten, Soloso-naten und Sonaten mit verschiedener Begleitung. Bei der Vokalmusik handelte es sich um Arien von italienischen und Liedern von deutschen

52 Vgl. HITZIG 1925, S. 83.
53 Vgl. Kurt REINHARD, Art. Gitarre, in: *Die Musik in Geschichte und Gegenwart*, Kassel 1957, Bd. 5, Sp. 179.
54 Vgl. HITZIG 1925, S. 83f.

Komponisten. Dabei wurde ein gewisser Anspruch an die Musik deutlich, da nach Erhalt der Musikalien jeweils ein „Consilium" bei der Herzogin über sie gehalten wurde.[55]

Die vielen kleinen und großen Konzerte gaben der Herzogin Anna Amalia die Möglichkeit, bekannte Vokalisten und Instrumentalisten zu hören, wie beispielsweise die Sängerin Gertrud Elisabeth Mara. Die zur Zeit der Herzogin sehr berühmte Sängerin gastierte 1778 und 1803 in Weimar. Dabei ließ sie sich sowohl bei dem regierenden Hof mit einem großen als auch im Wittumspalais bei Anna Amalia mit einem kleinen Konzert hören. In Weimar spielten ab 1775 zahlreiche von außerhalb kommende Musiker. So ist eine Liste von Besuchern, in einem Brief (15. November 1782) von Carl Friedrich Siegmund von Seckendorff hierfür besonders exemplarisch:

> Wir haben hier seit einigen Wochen Virtuosen der allerbesten Art. Herr Abel aus London ist soeben von Herrn Janson aus Paris abgelöst worden, welcher der berühmteste Cellist ist, den ich gehört; er übertrifft nach Ansicht der Kenner sogar Duport. Zuvor waren Jarnowick, Schlick und Tricklir hier gewesen, alle drei gleich berühmte Künstler, die beiden ersten als Geiger, der letztere als Cellist; wir sollen die beiden Hornisten des Prinzen von Guémné zu hören bekommen, so daß unsere Ohren keinen Mangel leiden werden.[56]

Da sich Anna Amalia und Carl August oft die Kosten für solche Unternehmungen teilten, konzertierten die durchreisenden Musiker oder extra engagierte Virtuosen häufig an beiden Höfen. Es ließ sich ermitteln, daß durchreisende Virtuosen der Herzogin sogar Kompositionen widmeten. So dedizierte der Pianist Johann Wilhelm Hässler aus Erfurt, der 1780 und 1787 bei seinen Konzertreisen auch in Weimar auftrat, der Herzogin *Sechs leichte Sonaten fürs Clavier oder Piano-Forte (1786.)*. Neben bereits bekannten Künstlern gaben die kleinen Konzerte der Herzogin auch die Gelegenheit, junge, unbekannte Künstler kennenzulernen und zu fördern. Wie aus ihren *Gedanken über die Musick* deutlich wird, war guter Unterricht für sie von eminenter Bedeutung. So hoffte sie zum Beispiel aus der jungen Henriette von Egloffstein durch guten Unterricht eine zweite G. E. Mara machen zu können.[57] Auch gab sie Caroline Jagemann, der Tochter ihres privaten Bibliothekars, Joseph

---

55 Vgl. ebd., S. 86.
56 Zit. nach SECKENDORFF 1885, S. 40.
57 Vgl. EGLOFFSTEIN 1891, S. 144.

Jagemann, die Gelegenheit, bei der Sängerin Josepha Beck in Mannheim
zu studieren und ermöglichte, sicherlich aufgrund ihrer Neigung zur
italienischen Musik, dem Kammersänger Heinrich David Grave und
dem Konzertmeister Johann Friedrich Kranz, nach Italien zu reisen.

Seit Beendigung ihrer Regierungszeit waren vor allem die kleinen
Konzerte ein wichtiger Teil ihres Lebens. Anna Amalias Musikverständ-
nis ging über das Hören und Spielen von Musik hinaus. Sie war eine
Musikliebhaberin, die mit guter Kenntnis über die Musik sprechen
wollte. Sie kritisierte mehrfach Musikliebhaber, die sich das Recht an-
maßten, Urteile zu fällen, ohne die Voraussetzungen dafür zu besitzen.[58]
Bei Anna Amalia scheinen für den kritikfähigen Hörer der Tonkunst
die Richtlinien zu gelten, die Johann Friedrich Reichardt 1775 für den
Kenner der Musik aufstellte: der gute Geschmack, das feine, richtige
Gefühl und der Verstand.[59] Alle drei Kriterien müssen bei ihr erfüllt
werden, um die Wirkung der Tonkunst als „Himmlische Empfindung"
wahrzunehmen.[60] Da die Herzogin selbst ausreichend Wissen in der
Musik besitzen wollte, entstanden solche Aufsätze, wie sie heute noch
im Thüringischen Hauptstaatsarchiv und in der Herzogin Anna Amalia
Bibliothek vorzufinden sind.[61]

Wie diesen Abhandlungen zu entnehmen ist, hat die Herzogin sich
sowohl mit musikästhetischen als auch mit musiktheoretischen Aspekten eingehend auseinandergesetzt. So wird in ihrem Essay *Gedanken
über die Musick* neben dem Begriff des *Geschmacks* auch das *Gefühl* ein
ausführlicher Diskussionspunkt. Begriffe, die im 18. Jahrhundert – ei-

---

58 „Ein jedes mittelmäßige Talent, und mancher Liebhaber dünkt sich zu dieser
Kunst berufen zuseyn, und maßet sich das Recht an, aller […] Urtheile zu fällen,
ohne die wahre Schönheit zu kennen" Anna Amalia, Gedanken über die Musick,
in: HUSCHKE 1994, S. 145.

59 „Der Kenner ‚ist der Mann von gutem Geschmack und feinem, richtigen Gefüh-
le und Verstande' (Reichard 1775)." SCHLEUNING 1983, S. 69. Dies war jedoch
nicht nur Reichardts Meinung, sondern die allgemeine Ansicht der zeitgenösi-
schen Musikschriftsteller. Vgl. SCHLEUNING 1983, S. 70.

60 „Wen wir durch das Gefühl wahrnehmen daß, in irgend einem Gegenstand
Ordnung und *Harmonie* herrschen u die Vernu[n]ft überzeugt ist daß alles zu
diesen zweck zusamen stimmet u bey der genauesten zergliederung von diesen
Urtheil nicht abgehen kan, so ist es ein beweiß von Guten Geschmack, so wohl
im werke selbst als in rücksicht dessen der es beurtheilet. Die Würckungen sind
als dan mit Himlischen Empfindungen begleitet und es stehet nicht in der Macht
des Menschen denselben zuwiederstehen." Anna Amalia, Gedanken über die
Musick, in: HUSCHKE 1994, S. 150.

61 Vgl. ThHStAW HA A XVIII 129, 150c und Anhang.

nem Jahrhundert, in dem zwei sehr antagonistische Phasen der Musikästhetik herrschten – Gegenstand zahlreicher Untersuchungen waren. Ihre
andere Abhandlung zeigt eine intensive Beschäftigung mit elementaren,
musiktheoretischen Themen wie Takt-, Melodie-, Intervall-, Harmo-
nie- und Kontrapunktlehre, die im Anschluß auszugsweise dargestellt
werden soll.

Gelegenheit zur Diskussion über Musikästhetik bekam sie in der regelmäßig stattfindenden *Tafelrunde*. Die sogenannte *Tafelrunde* entstand nach Regierungsende (1775) und war eine stark intensivierte Fort-
führung der in ihrer Regentschaftszeit stattgefundenen, kleinen Gesel-
ligkeiten. Hatte Anna Amalia zur vormundschaftlichen Regierungszeit
den höfischen Kreis von der ‚bürgerlichen Emanzipation‘ streng abge-
grenzt, versammelte sie in der *Tafelrunde* zahlreiche aus dem Bürgertum stammende Künstler und Gelehrte, und, wie Goethe es in seinem
Nekrolog auf die Herzogin 1807 schrieb, um sich ihrer nützlich zu machen.[62]

In Bezug auf die Musik wurden primär Diskussionen über Musikästhetik, *wie über den Geschmack in der Musik, das Moment der Wirkung
der Musik, den guten Vortrag eines Werkes* oder *das Wort-/Tonver-
hältnis* geführt. So fanden sicher auch Besprechungen über Aufsätze
und Lieder statt, die im *Teutschen Merkur* von einzelnen Mitgliedern
der Tafelrunde erschienen sind. Daneben brachte dieser Zirkel auch
Schöpferisches zu Tage, d.h. es wurde gemalt, gedichtet und kompo-
niert, um anschließend im Liebhabertheater zur Aufführung gebracht
zu werden. Sowohl in der Tafelrunde als auch im Liebhabertheater
spielten die verschiedensten Persönlichkeiten, wie Friedrich Hildebrand
von Einsiedel, Carl Friedrich Siegmund von Seckendorff, Luise von
Göchhausen, Carl Ludwig von Knebel, Johann Wolfgang Goethe, Johann Gottfried Herder, Friedrich Justin Bertuch und Corona Schröter,
um nur die wichtigsten zu nennen, eine entscheidende Rolle. Die Mitwirkung dieser Persönlichkeiten zusammen mit der herzoglichen Familie auf der Bühne prägte auch den Namen des damaligen Liebhabertheaters, da die überwiegende Zahl der Beteiligten keine schauspielerische
Ausbildung hatte und nur neben ihren Stellungen am Hof daran mitwirkten.

---

62 Vgl. [Johann Wolfgang v. GOETHE] Zum feyerlichen Andenken der Durchlauchtigsten Fürstin und Frau Anna Amalia verwitweten Herzogin zu Sachsen-
   Weimar und Eisenach, geborene Herzogin von Braunschweig und Lüneburg
   [1807], gedruckt in: WAHL 1994b, S. 120.

Wer waren aber diese Persönlichkeiten, was für Voraussetzungen brachten sie mit in Hinblick auf die Musik und welche dieser Personen nahmen entscheidenden Einfluß auf das musikalische Liebhabertheater in den kommenden Jahren?

Da es zur damaligen Zeit im Adel traditionell zum guten Ton gehörte in der Musik gewisse Fähigkeiten zu besitzen, wie wir es bei Anna Amalia gesehen haben, kann man auch von einer mehr oder weniger ausgeprägten musikalischen Ausbildung der Adeligen in diesem Kreis ausgehen.

Von Friedrich Hildebrand von Einsiedel ist sogar durch zeitgenössische Aussagen bekannt, daß er seine höfischen Pflichten zeitweilig gegenüber seiner Liebe zur Musik stark vernachlässigte.[63] Er schuf zusammen mit Seckendorff unter anderem die 1779 uraufgeführte Karikaturoper von Orpheus und Euridike, eine Travestie auf die *Alceste* von Wieland und Schweitzer. Einsiedel hat schon für das Hoftheater vor 1774 Bearbeitungen geliefert. Er spielte im Liebhaberorchester Cello und trat unter anderem als Librettist der „Zigeuner-Oper" *Adolar und Hilariar* hervor. Aus seinen Erfahrungen und Beobachtungen, die er mit der Weimarer Liebhaberbühne gemacht hatte, schrieb er später ein Werk über die *Grundlinien zu einer Theorie der Schauspielkunst*.

Besonders starken Einfluß auf die Musik des Liebhabertheaters hatte Carl Friedrich Siegmund von Seckendorff. Er war ein sehr talentierter Laienkomponist in der *Tafelrunde* der Herzogin-Mutter und hatte die Aufgabe des *Maître de Plaisirs* am Hof. Er spielte Geige, Cello und Klavier und komponierte Volks- und andere Lieder. Seckendorff schuf zu einigen Singspielen und Gedichten Goethes die ersten Vertonungen und komponierte viele der von Herder gesammelten und 1778/79 herausgegebenen Volksliedtexte neu.[64]

Für die Herzogin Anna Amalia war sicherlich Johann Gottfried Herder, bezüglich musikästhetischer Ansichten, einer der Hauptansprechpartner in der *Tafelrunde*. So schrieb Herder an Anna Amalia, nachdem er ihren Essay *Gedanken über die Musick* gelesen hatte:

Die Abhandlung ist (nach meinen wenigen Urteil) mit der Richtigen, Weisheit und Präzision geschrieben; jede Behauptung derselben ist so linde und

---

63 Vgl. BODE 1918, S. 302.
64 Vgl. HUSCHKE 1982b, S. 23. Erstvertonungen waren „Der Fischer" / „Der König von Thule". Seckendorff vertonte auch Werke von Goethe wie „Triumph der Empfindsamkeit" / „Laune des Verliebten" und zu den Schattenspiel „Minervens Geburt, Leben und Thaten".

doch so bestimmt gesagt; [...] das ich die Abhandlung mit einem eben so süßen Gefühl endigte, wie man den letzten Ton einer Musik hört.[65]

Ein zeitgenössischer Musiker, Johann Friedrich Reichardt, „zählte ihn zu den sehr seltenen Dichtern, die auch Sinn und Gefühl für die Tonkunst haben."[66] Er war auf Goethes Empfehlung hin vom jungen Herzog 1776 in das oberste Kirchenamt des Landes berufen worden. Herder hatte in seiner Kindheit Unterricht im Klavierspiel und Generalbaßspiel genossen. Herders Vorliebe galt vor allem der Kirchenmusik und dem Volksliedgut. Er sammelte Volksliedtexte und prägte zum ersten Mal den Begriff des Volksliedes. Zusammen mit Ernst Wilhelm Wolf arbeitete er auch an Festkantaten. War Wolf neben Anton Schweitzer, der seit dem Schloßbrand in Gotha weilte, einer der Hauptträger der Musik gewesen, blieben ihm auch weiterhin die Türen zum engen Zirkel der Herzogin verschlossen. Er wurde nur zu Anlässen des Musizierens gerufen, an der Tafelrunde teilzunehmen.

Auffallend ist, daß zu jenem „exklusiven Kreis" der Tafelrunde kein professioneller Komponist gehörte. Die einzige professionelle Musikerin in diesem Kreis war die Sängerin und ehemalige Schülerin des oben genannten J. A. Hiller, Corona Schröter (1752–1802). Durch ihre Vielschichtigkeit sollte sie besonders gut in den Kreis um Anna Amalia passen. Im Liebhabertheater trat sie als Schauspielerin und Sängerin in Aktion, und ebenso wie Anna Amalia komponierte sie für das Liebhabertheater ein Singspiel. Daneben vertonte sie, wie bereits Seckendorff, zahlreiche Texte von Herder.[67]

Die Tatsache, daß gleich zwei Frauen auf so engem Raum Singspiele komponierten, in einem Jahrhundert, in dem man der Frau jegliches Talent für die Musik absprach, scheint etwas besonderes. Auch die Gegebenheit, daß eine Herzogin sich mit dem Singspiel auseinandersetzte, einer Gattung, die vor allem bürgerliches Selbstbewußtsein zum Ausdruck brachte, ist etwas einzigartiges. Es ist anzunehmen, daß Corona Schröter als bürgerliche Frau in Bezug auf ihrer Kompositionen wesentlich mehr Kritik ausgesetzt war, als Anna Amalia, die sich als Dame der privilegierten Schicht durchaus größere Freiräume zur Selbstverwirkli-

---

65 Johann Gottfried Herder an Anna Amalia, 12.1.1799, zit. nach BOJANOWSKI 1909, S. 66.
66 Walter WIORA, Art. Johann Gottfried Herder, in: *Die Musik in Geschichte und Gegenwart*, Kassel 1957, Bd. 6, Sp. 203.
67 So sind beispielsweise in ihrer ersten Liedersammlung von 1786 von den 25 Liedern allein 13 Lieder mit Text von Herder.

chung leisten und schaffen konnte. Dennoch ist außer Frage, daß sowohl Anna Amalias als auch C. Schröters Kompositionen als Liebhaberarbeiten bezeichnet werden, da ihre Profession auf anderen Gebieten lag.

Der von allen wohl bekannteste Teilnehmer der Tafelrunde und des Liebhabertheaters ist Johann Wolfgang Goethe. Goethe erhielt Klavierunterricht in seiner Jugend und bildete sich während seines Aufenthalts in Straßburg im Cellospiel weiter. So hat er sicherlich eine durchschnittliche musikalische Bildung besessen, als er Ende 1775 auf Wunsch Carl Augusts nach Weimar kam. Eher durch sein literarisches als durch sein musikalisches Können läßt sich daher die Ernennung Anfang Oktober 1776 zum Direktor des Liebhabertheaters begründen. Auch Goethe beschäftigte sich, wie zuvor Wieland, erstmals intensiv mit dem Libretto des Singspiels. So waren seine ersten Weimarer Dichtungen Singspiele wie beispielsweise *Erwin und Elmire*[68] und *Das Jahrmarktsfest zu Plundersweilern* mit Musik der Herzogin sowie *Lila, Die Laune der Verliebten* und *Jery und Bätely* mit Musik von Seckendorff und *Die Fischerin* mit Musik von Corona Schröter.

In den achtziger Jahren wurde es ruhiger im Liebhabertheater und in der Tafelrunde um die Herzogin-Mutter. Dafür gab es einige Gründe: Goethe zog sich, bedingt durch seine politischen Aufgaben die er übernommen hatte, immer mehr vom Liebhabertheater und der Tafelrunde zurück. Desweiteren wurde im Mai 1780 ein neues Komödienhaus eröffnet, so daß 1784 erstmals wieder eine Theatergruppe engagiert werden konnte, und Ende der achtziger Jahre unternahm der Mittelpunkt der Tafelrunde, Herzogin Anna Amalia, eine fast zweijährige Italienreise.[69]

Anhang: *Edition einer musiktheoretischen Abhandlung Anna Amalias*

Im Rahmen meiner Dissertation über die musikliebende Herzogin Anna Amalia bin ich auf eine Handschrift der Herzogin gestoßen, die umfassend verschiedene musiktheoretische Themen beinhaltet. Die Abhandlung, die keine nähere Bezeichnung trägt und nicht datiert ist, befindet sich in der Herzogin Anna Amalia Bibliothek in Weimar (Mus.

---

68 Die erste Komposition zu *Erwin und Elmire* lieferte 1775 Johann André.
69 Vgl. DREISE-BECKMANN 1998. Vgl. auch den Beitrag von Heide HOLLMER in diesem Band.

VIII:9). Dabei handelt es sich um eine Arbeit, die elementare Bereiche der Musiktheorie darlegt wie Takt-, Melodie-, Harmonie und Kontrapunktlehre, aber interessanterweise auch musikhistorische Phänomene beschreibt. Die Abhandlung fand über die Jahrhunderte hinweg keine Aufmerksamkeit, da sie keinem Autoren zugeschrieben werden konnte. Es handelt sich hierbei aber um ein wichtiges zeitgenössisches Dokument, es reflektiert, wie eine musikliebende Aristokratin sich mit musiktheoretischen, -ästhetischen und -historischen Aspekten auseinandersetzte. Daher sollen im Folgenden einige Blickpunkte aus der Handschrift zum erstenmal ediert werden.

Der Text wurde buchstabengetreu übertragen. Streichungen, Hervorhebungen oder Einschübe wurden deutlich gemacht. Die erste Zählung erfolgte direkt hintereinander, wie die Seiten im Werk vorzufinden waren. Die von der Herzogin selber vorgenommene Zählung (in eckigen Klammern) ließ sich nur auf dem Notenpapier entdecken.

Bl. 7 [-]

Von der Melodie/ Ihren Eigenschaften u Charackter, u von der Modulation der Melodie/

|a| Was ist Melodie? Ein jeder Natürlicher Mensch, der sich in einem ruhigen glücklichen zustand, oder so befindet, daß er mit seinem/ zustand zu frieden ist, wird von innern oder äußern antrieben gereitzet, das vergnügen, so er dadurch empfindet durch gewiße/ laute oder Töne Theils zu erkenen zu geben u Theils zu vermehren. Dieser ausgus der Empfindungen durch Töne, in so ferne/ sie eine Harmonische folge haben, nenen wir Gesang oder Melodie. Auch der Vogel Sing[t] wen ihm die neue Erwachende Natur, / der Frühling, alles was zu seinen unterhalte u vergnügen gereicht [*nicht lesbar*] darbietet, u schweigt hingegen beym Regen Winter us.w./ Es ist daher wohl nicht zu leugnen daß das vergnügen die Erste ursache des Gesangs sey u daß der Gesang mit recht die Sprache der fröhlichkeit u des vergnügens genenet werden kan. Aber auch das misvergnügen reitzte den Menschen zur äußerung deßelben/ u daher enstand der traurige Gesang. Beyde, sowohl der Fröhliche als traurige Gesang haben den zweck eines angenehmen/ interresse für die Empfindung des vergnügens der Menschen es ist daher [die *gestrichen*] eine Haupt regle für den Componisten seinen Gesang so viel interresse zu geben als möglich ist. Diesen zweck zu erreichen müßen die Töne auf angenehme harmonische/ art hinter ein ander verbunden werden. Diese verbindung aber kan auf verschiedene weise geschehen. Man kan die/ Töne secunden — Terzine — quarten — quinten

— Sechsten weise durch vermischte interfallen u.s. w. verbinden./ In so fern nun eine reihe Töne Secunden weise verbunden, Melodie ist; so ist jede Tonleiter an u für sich auch schon Melodie, u man erhält daher eben so vielerley Melodien als es Tonleiter giebt. [*Durchgestichenes*] Ferner geben die Tonleitern, die Bewegungen, die/ Tact art, die Ton arten, [*Durchgestichenes*] worinen Melodien componiert werden, die verschiedenen Tact gliedern, die Rhytmen, die verschiedenen/ perioden u cadenzen u. d. g: der Melodie so verschiedenen mannigfaltigkeit als es Melodien giebt

Bl. 7' [-]

| b | Was bezeignet ihr Carackter ? Es [könten] daher zwo Melodien nicht die nähnliche seyn so wie kein Subjekt in der welt so volkomen/ mit den andern übereinstimet daß man sagen könne; beyde sind das nähnliche; u es entstehen aus diesn verschiedenheiten aus der/ Empfindung der frölichkeit, Traurigkeit, u deren verschiedenen graden so viele Caracktere als es verschiedene Melodien giebt; die beyden/ haupt Caracktere aber, nähnlich frölichkeit u Traurigkeit bezeignen uns die beyden Tonarten <u>dur</u> u <u>Moll</u>./

[...]

Bl. 53 [-]

<u>Von der Modulation der Alten</u>

Die Alten haben Sechs Ton Arten davon wurde die Erste [die *eingefügt*] Jonische genant, abs a/

Die zweyte: die Dorische. abs b/

Die Dritte die Phrygische abs c/

Die vierte die Lydische abs d/

Die fünfte die Mixolidische abs e/

Die Sechste die Aeolische Tonleiter genant abs f/

Die Ton Art H wurde verworffen, weil die quinte F darinnen nicht consonniret und also bey der schluß cadenz nicht zubrauchen/ war. Den sie hatten in den Tonleitern kein Fis wie wir; aber sie vermischten und versetzen die interfallen ihrer tonleitern/ u ihre Ton arten manchmahl so unter einander daß wegen einer daher entstehenden großen Terz u, s.w. auch wohl/ ein Fis, gis, cis, u. d. g. vorkomen konte./ Diese Ton arten wurden auf zweyerley arten behandelt. Die Erste, die ihren anfang auf der Tonica nahm, u worinn/ der Haupt accort der Harmonische vierklang abs g/ war, nanten sie die Authendische Tonleiter. Und eine andere, die ihren/ anfang auf der unter quarte oder ober quinte hatte, u worinen der Haupt accort aus den [*Durchgestrichenes*] quartsechstenaccorte/ bestunde abs h/ nanten sie die Plagalische Tonleiter. Ander werts nanten sie auch die Erste; die Harmonische— u die/ zwote die Arithmetische Tonart. Hier von schreiben Zarlino da Chioggia[70] in seinem Instituzione' Armoniche..u / Zaccarina Tevo[71] in seinen Musico Testore (oder Musikalischen Weber) verschiedenes lesens würdiges.

Bl. 53' [-]

Durch diese zwo arten von behandlung [*Durchgestrichenes*] entstunden in allem zwölf Ton arten./ Gesezt nun sie hätten Harmonie gehabt u damit in diesen Ton arten Moduliren wollen; so hätten sie in der/ Jonischen Ton art in die Seccunde, Terz, quarte, quinte, u sechste — in der Dorischen, in die Secunde, Terz, quart, quinte u Septime/ in der Phrygischen, in die Secunde, Terz, quart, sechste, u Septime — in der Lydischen, in die Secunde, Terz, quinte,/ sechste, u septime — in der Mixolidischen, in die Secunde, quarte, quinte, sechste, u Septime, — u in der Aeolischen/ in der Terz, quarte, quinte, sechste, u Septime Moduliren, u darinnen cadenziren müßen./ Der unterschied also zwischen unserer u der Modulation der Alten bestünde demnach darinnen, daß in unsern/ Dur Ton arten die Septime, in unsern Moll Ton arten aber allemahl die Secunde derjenige Ton ist, in welchen/ wesendlich wegen der falschen quinte nicht Moduliret werden kan: bey den Alten aber were es der Ton/ B den wir H nenen, u welcher in der Jonischen Ton art die Septime — in der Dorischen die Sechste — in der/ Phrygischen die quinte, — in der Lydischen die quarte — in der Mixolidischen die Terz — u in der Aeolischen Ton/ art die Secunde vorstelt, gewesen. Hat dieses seyen richtigkeit, so hat aller dings durch diese art Modulirung/ u durch [*Durchgestrichenes*] die verschiedenen interfallen dieser Tonarten für sich jede Ton arten der Alten ihren eigenthümlichen/ Carackter bekomen, welcher von dieser oder jenen Nation, durch welche die Ton arten ihre Nahmen/ erhalten haben, vorzüglich geliebet wurden So liebten die Dorier vorzüglich diejenigen Ton Stücke welche/ in der Ton leiter D. C. F. G. a. h. e. d. componiret wahren Die Phrygirer vorzüglich das was in der Tonleiter/ E. F. G. A H. C. D. E. componiret wahr u s. w. Wen man nun annimt daß sie in diesen Tonarten mit/ lauter consonanzen vortgeschritten sind, so muß allerdings ihre Musik eine sehr verschiedene würckung gegen die/ unsriege gethan haben. Wen sie aber wie einige Griegische Schriftsteller berichten, eine enHarmonische Tonleiter/ gehabt haben, welcher der jüngere Olimpus ein Phrygirer von

---

70 Zarlino, Gioseffo (vor dem 22.4.1517 in Chioggia bis 4.2.1590 in Venedig).
71 Tevo, Zaccaria (16.3.1651 in Piove di Sacco (Padua) bis zwischen 1709 und 1712 (?) in Treviso).

Geburt erfunden haben soll und in ihren Tonleitern/ überhaupt sich
doch auch Septimen u Secunden befunden haben, die in der zusamen
setzung der Töne Dissoniren,/ so müßen in ihrer Harmonie auch Dis-
sonirende accorte vorgekomen seyn; es sey den daß die Gromatischen/
u enHarmonischen Töne, so wie die Septimen — u Secunden accorten
nebst ihren versetzungen nur in durchgehen

Bl. 55 [-]

gebrauch worden wahren, welcher meinung Kirnberger ganz zug-
ethan zu seyn scheinet. Wen wir nun in unserer/ Heutigen Musick
wircklich Dissonanzen haben, in alle Töne ausweichen u auch die Alte
Modulation mit beybehalten;/ so folgent daß unsere Compostion in
dieser rücksicht mehr mannigfaltigkeit haben muß als wohl die/ Composition der alten gehabt haben mach./

Unter dem Nahmen der Alten Musick verstehet man eigendlich die
Musick der Alten Griechen u Latainer bis / auf das Eilfte jahrhundert
ums jahr 1024 da Guido Arretino[72] ein Benedictiner Mönch u Musick
Director/ seines Closters zu Pomposa im Ferrarischen die vielfältige
Musick erfand. Das meiste was wir von/ muthmaßungen u nachrichten
von der Musick der Alten auf gestosen ist stehet in Marpurg Critischer
/ einleitung in die Geschichte u lehrsatz der Alten u Neuen Musick,
welche 1759 in Berlin bey Gottlieb / August Lange heraus gekomen ist;
oder auch in Doctor Carl Burnies abhandlung über die Musick / der
Alten, die Eschenburg aus dem Englischen übersetzethat und welche
mit anmerckung angeleitet,/ zu Leipzig in Schwickerschen verlag 1781
erschien ist

[...]

Bl. 63 [-]

<u>Wie Endeckte man die Tonleitern ?</u>

Das Ohr, als der einzige Musikalische richter, in so fern es richtig
gebaut u Organisiret ist, hat die / Menschen die untersich verwendten-
töne gelehrt ehe sie noch auf ihre Aritmetische verhältniße/ verfielen.
Die leichteste art einem angehenden TonKünstler diese verwandschaft
begreiflich/ zu machen, wird daher sein, den weg einzuschlagen, der
vermuhtlich den Ersten Musickern/ diese Erfahrungen gelehrt hat. Sie
fanden, beym anschlagen zwar gleich gespanter/ sich volkomen ähnlichen Seiten, beym anblasn zweyer, in maße, länge u dicke sich ähnlicher
rohre, / nähmlichen Ton; u da sie in rücksicht seiner hohe und tiefe kei-

---

72 Guido von Arezzo (vor 1000 bis 1050). Durch seinen Aufenthalt in der Kloster-
schule zu Arezzo erhielt er den Namen Guido Aretinus.

nen unterschied fanden, so schloßen/ sie daraus daß diese Seiten einer-
ley klang fülten u volkomen übereinstimment waren./ Die Erste Erfahrung lehrte sie daher den Einklang als die wirckung zwoer sich volkomen ähnlich/ und auch gleich gespanten Seiten. Alleine so wie sie die
eine dieser Seiten, oder daß einer dieser/ rohre verlängerten oder verkürzten; so wie sie in rücksicht ihrer stärcke oder maße eine veränderung trafen, u diese ähnlichkeit der Cörper sich verlohr: so bemerckten
sie auch ein/ unterschied der würckung in absicht des Tones.

Bl. 65 [-]

Den längern u dickern Cörper mit gleicher kraft in bewegungen gesezt, geben ihnen tiefe — kürzere u dünere/ Cörpern im nähmlichen fall
hingegen höhere töne. Unter diesen verschiedenen Tönen neuen Tönen
klangen/ einige besser andere schlechter in der zusammenstimmung mit
dem einklang; jenun, die am besten/ klangen, hiesen sie Consonirende,
oder mitklingende, die andern Dissonnirende oder falsch klingende Tö-
ne/ in rücksicht des einklanges. Nach vielen versuchen fanden sie, daß
die helfte einer Seite, mit gleicher/ Kraft als ihr Ganzes gespant, nähmlichen Ton höher herführbrachte, und da sich bey der zusamen Stim-
mung/ fand daß beyde Töne sich volkomen vereinigten u glichsam zusamen geschmolzen schienen; so schloßen/ sie daraus, daß diese erhöte
nähmliche Ton nach dem einklange der übereinstimmenste Ton seye./
Durch diesen versuch kamen sie zur kentniß der Octave, deren verhältniß sie in dem verhältniße der/ zahlen ½ — 1 fanden. Sie überzeugten
sich durch ähnliche Erfahrungen, daß, so lange sie besagtes/ verhältnis
gebrauchten, sie keinen andern als einen erhöten oder vertieften einklang erhalten könten,/ u wagten daher den dritten versuch durch ein
führung der zahl 3. das ist; sie verkürzten die Sayten um/ ein dritt theil,
u da sie solche mit gleicher kraft wie den einklang spanten, so erhielten
sie einen/ Ton, der in betracht unser jetzigen Systems der quinte entsprach, u sich zwar nicht so rein wie/ die octave zu samenstimte, demnach aber so wohl mit dem Einklange als seiner erhöhung volk-
omen/vortrug, u die wirckung des Einklanges nicht zerstörte; sie
fanden daher das verhältnis der quinte/ gegen die Octave in dem
verhältniße der zahlen 2 – 3. Bey einem vierten versuch nahmen sie den/
vierten Theil der Sayte weg u erhielten einen Ton der unserer quarte
enspricht. Er schien ungleich/ weniger Harmonisch als die beyden andern, doch aber [noch *eingefügt*] imer erträglich genug um das gefühl
des/ Einklanges nicht ganz zu zerstöhren; Sie fanden daher das verhältniße der quinte in dem verhältniß/ 3 – 4. Bey einem fünften versuche
nahmen sie ein fünftheil von der Seyte hinweg u endeckten/ einen Ton,

der der reinen oder großen Terze entsprach, u welcher beßer mit dem einklang als der/ vorige, doch aber minder Harmonisch als die Quinte sich mit ihm verhielte; das verhältniße der zahlen/ [*Durchgestrichenes*] 4 – 5 gab ihnen daher die Terz des einklanges, bey den sechsten versuch nahmen sie 1/6 der Sayte weg/ u entdeckten den Ton, der unserer kleinen Terz entsprach, u wegen seiner geringen abweigungen von dem/ vorhin endeckten Ton sich nicht minder gut mit dem Einklang zu vertragen schien./ Allein ihre folgenden versuche wolten nicht mehr gelingen. Das weg-genomene 7^{tel} 8^{tel} 9^{tel} der Seyte gebahr ihn/ mißlingende Töne, unter welchen ihnen besonders der lezte am meisten aufviel; und wie konte das anders/ seyn, da sie durch diesen versuch weder mehr noch weniger als die Secunde des Tones erhielten. Sie blieben/ also bey diesen erfahrungen stehen u versuchten nun wie diese verschiedenen Seyten zusammengestimt auf ihr/ Ohr wircken würden; der erste versuch mißlang.

Bl. 65' [-]

Den da sie den/

Einklang — 1

Die octave — 1/2

die quinte — 2/3

die quarte — 3/4

u endlich die Terz — 4/5 zusammen anschlugen, endeckten sie den grösten mißlaut./ Sie versuchten vergebens die Octave, den Einklang, die Terz, u quinte weg zu nehmen, der mißlaut blieb./ Da sie aber die quarte aufhoben, fanden sie die Töne Harmonisch oder Consonnirend u rein zusamen Stimend./ Die Erfahrung lehrte sie also nicht allein den Harmonischen Drey — u vierklang, sondern auch daß die quart/ gegen beyde Dissonnire. Indeßen geriethen sie auf den Gedancken, daß da die quart alleine mit dem Einklange/ angeschlagen, kein übellaut sey, es müße noch einen dritten Tongeben, der mit beyden einen dreyklang/ ausmache; sie betrachteten demnach die Verhältniße des Erstgefundenen dreyklanges, u da sie war nahmen/ daß ihre quarte sich zur Octave des Einklanges eben so verhielte wie der Einklang zur quinte, (den 3/4 / verhält sich zu ½ wie 1 — 2/3) so suchten sie ein verhältniß zur quarte, das sich wiedie Terz zum einklange/ daß ist wie 4/5 zu 1 verhielte, und dieses verhältniße fanden sie in dem [*Durchgestrichenes*] 3/5 der Seyte; den 4/5 verhalten/ sich zu [*Durchgestrichenes*] 3/5 wie 1 zu 4/5. Durch diese operation fanden sie den Ton den wir 6ten nennen u der/ wircklich mit der quarte u octave nähmlichen Dreyklang stimmet, wie jener der auf dem Einklang, den/ wir hinfort zum unterschied den <u>Grundton</u>

nennen werden, seynen sitz hat sie hatten demnach/ mittels dieser
zweyen Dreyklänge folgende Töne auf gefunden, als;/ [Skizze]

Bl. 67 [-]

Da sie ihre Endeckungen näher betrachteten, so fanden sie, se hätten
auf den Grundtone zwo wohlaute/ zusamen Stimmungen, nähmlich ein
mahl seine Terz- quinten- u das andermahl sein quart sechsten/Drey-
klang; auf der quinte fanden sie bey genauer erwegungen der verhältniße, eben diesen/ 6/4 Dreyklang, der aus der 5, 8, u erhöhten 3 bestand, sie kamen also billig auf den Gedancken/ daß wen sie dieser
quinte die Erste gefundenen verhältnisse auf den GrundTon beyfügten,
u ihr/ eine Terz u quinte [*Durchgestrichenes*] zugäben, solche ebenfals
zu zweyerley zusamenstimmungen Harmoniren/ müße. Da sie nun zu
der quinte ein verhältnis auf suchten, daß sich zu ihr, wie sie selbst
zum/ GrundTon verhielte, daß ist wie 2/3 — 1. So fand sich daß solches
4/9 waren, das ist die 9 oder tiefer/ die Secunde des GrundTones; Auf
die nähmliche weise suchten sie das verhältniße der Terz, u fanden,/ daß
sich 8/15 zu [*Durchgestrichenes*] zwey 2/3 verhielten wie 4/5 zu 1. So
fanden sie auch nach dieser art die Septime/ des Grund Tones, u da sie
jetz die quinte, Septime, u None zusamen anschlugen, diesen Dreyklang
den beyden andern Dreyklängen so wohl in [*Durchgestrichenes*] ihrer
würckung als in ihren verhältnißen vollkomen/ ähnlich. Nun hatten sie
nachfolgende Töne, das ist die die wir die Natürliche, oder Diatonische/
Tonleiter nennen endeckt. Sie bestand aus folgenden Tönen, / [Skizze]/

Wollten sie nun die octave jeder dieser Töne dazu finden, so durften
sie nur die sämtlichen verhältniße/ um die helfte verringern u sagen; wie
sich verhält/

Der GrundTon	Secunde	Terz	quarte	quinte	Segste	Septime
1	8/9	4/5	¾	2/3	8/5	8/15

So verhalten sich ihre Oktaven / 1/2 / 4/9 2/5 3/8 1/3 3/10 4/15 eben so
ihre/ Doppeloctaven / 1/4 / 2/9 1/5 3/16 1/6 3/20 2/15 u. s. w./

Bl. 67' [-]

Nach dem sie also den ganzen umfang der Diatonische Tonleiter gefunden hatten, war war natürlicher/ als daß sie die sämtlich darinnen
liegende wohlklänge auf suchten; Die ErsteEndeckung, diese auf dem/
wege fanden, war, daß jeder Ton mit dem ihm am nächsten liegenden
Dissonire, u daß diese/ Dissonnanz auf höre sobald sie statt Decunden
Terzen zusammen stimten; Diese Endeckung lehrte/ sie also, daß wohlklänge von Terzen zusammen gesetz würden durch eine einzige Secun-

de aber/ zu übel Klängen werden könten. Untersuchten sie nun den
Grund davon so schien er bloß in/ den Secunden verhältniß der Septime
gegen die octave, welche, auch nicht mit angeschlagen/ bekandter masen
demnach imer mit klingend vor zu liegen. Indiese Erfahrung leitete sie/
so mit, daß sie auch in dem mislaut der Secunde die Ursache aller meh-
rerern und wenigern/ consonnirenden accorten fanden. Das ist, sie sahen, daß jemehr sich ein Ton von dem verhältnis/ der reinen Terz oder
der reinen quinte entfernte, jemehr verlohr er auch von seinen mit klin-
genden/ Eigenschaft; sie fanden daher die quarte weniger wohllautend
als die Terz, weil sie sowohl gegen/ die Terz als quinte das verhältniß
einer Secunden hat, Die Segte beßer klingend als jene, weil sie bloß gegen die quinte das Secunden verhältniß hat, die Septime hingegen nur
um ein geringes/ beßer klinget als die Secunde, weil sie nichts als umge-
kehrte Secunde ist, u bloß durch ihr verhältnis/ der reinen Terz gegen
die quinte erträglich wird. Sie fanden diese Erfahrung, je tiefer sie in die
Lehre/ der Accorde eindrungen, bestätiget; den sie bemercktenbald, daß
einige — drey — oder vierKlänge nebst ihre verdoppelungen/ beßer als
andere lauteten, u da waren dan imer diejenigen die wohl Klingensten,
in welchen verhältniße/ der reinen quinte u Terz am oftesten wiederho-
let waren.

Generation der Dreyklänge:

Der reinste: 1. 3. 5. —

Mindern rein 1. 3^b. 5 weil hier die Verhältniße der reinen Terz und
quinte alteriret sind; da aber zwischen/ der Terz u quinte das verhältnis
der reinen Terz eintritt so wird der mislaut erträglich, doch/ imer wegen der mangelden reinen Terz gegen den grund Ton fühlbar./

Bl. 69 [-]

Am mindesten rein: 1. 3.^{b} 5.^{b} weil hier die reine quinte u Terz gänz-
lich verschwunden, u an ihre stellen eine kleine/ Terz u quinte welge
quinte gegen ein ander auch das verhältnis der kleinen Terz hat, getre-
ten sind. (Von diesen/ dreyklängen nenen wir die beyden Ersten conss-
sonirende dreyklänge, u den letzen einen Dissonnirenden dreyklang; /
oder auch den ersten: den harten Harmonischen — den zweyten: den
weichen Harmonischen— u den dritten:/ den mangelhaften dreyklang.
Füget man zu diesen dreyklängn noch die Octave vom grund Tone hinzu,/ so werden es dadurch vierklänge)

Eine andere art von Dissonirenden vierklängen die wir Septime accorde nenen fanden sie, in dem sie über die/ dreyklänge noch eine Terz
stimten; u da sie kleine u grose Terzen darüber setzen konten, so wurden daher/ diese vierklänge auch mehr oder weniger übel klingend. Sie

wurden dabey zwahr, daß, jemehr das/ verhältnis der Septime zur octave tritt, jemehr die Dissonanz fühlbahr wurde./ Sie fanden also auf die Diatonische Tonleiter folgenden dreyerley Septime accorde, abs:

1. 3. 5. $7.^b$ am <u>mindesten</u> Dissonnant/ weil hier die 7ten der reinen Tert/ u quinte beygefüget ist/

1. 3. 5. 7. <u>Mehr</u> dissonirent, weil das verhältniß der Septime näher an der 8^{tve} stehet.

1. $3.^b$ 5^b. $7.^b$ Am <u>meisten</u> Dissonant weil die Septime / hier über den mangelhaften dreyklang/ gesetz worden ist./

und wurden natürlich gewahr daß es kleine u große quinten, kleine u große Septime, so wie kleine u große Terzen gebe. Die Beschäftigung nun nach denen gefundenen verhältnißen der Diatonischen Ton/ leiter, jeden Ton eine grose u kleine Tert u. s. w. anzu weisen, gebehr ihnen die/ <u>Gromatische Tonleiter/</u>

<u>c</u>, cis, <u>d</u>, dis, <u>e</u>, <u>f</u>, fis, g, gis, <u>a</u>, <u>b</u>, <u>h</u>, <u>c</u>. Bey genauer untersuchung dieser Tonleiter wurden sie/ den mangeln einer kleinen Terz zu c u F gewahr; sie suchten daher nach arithmetischen verhältnißen./ nach die Töne, die unserm es, u as entsprachen, u erhielten dadurch folgende/

Bl. 69' [-]

<u>Enharmonische Tonleiter/</u>

c, cis, d, dis,es f, Fis, g, gis, as, a, b, h, c. Die vierte Beschäftigung auch allen diesen nun gefundenen Tönen wiederum große u kleine Terzen anzuweisen, gebahr ihnen noch die Töne, welche unseren eis, his, des, fes,doppel, eis, doppel., dis, doppel Fis, doppel, gis, ces, u. s. m. entsprachen, u nun hatten sie/ alle brauchbahren Töne u Ton leiter gefunden./

Bärbel Raschke[*]

Anna Amalia von Sachsen-Weimar-Eisenach – Buchbesitz, Lektüre und Geselligkeit

Die historische Forschung jüngeren Datums hat protestantische Höfe im Alten Reich des Zeitalters der Aufklärung dezidiert als wissenschafts- und literaturfreundliche Höfe charakterisiert.[1] Die Stellung des Buchs und der Umgang mit Literatur an diesen Höfen ist jedoch von der historischen Leserforschung bisher nie systematisch untersucht worden. Hingegen existieren eine große Zahl von Einzelarbeiten zum mäzenatischen Wirken und zur Lektüre einzelner FürstInnen, wobei sich gerade regionalhistorisch verankerte, monographische Arbeiten in einer recht beliebigen Aufzählung einzelner von FürstInnen gelesener Werke erschöpfen.[2] Dabei bieten deren Nachlässe für die Untersuchung der Rolle von Buch und Lektüre am absolutistischen Hof im Zeitalter der Aufklärung außerordentlich reiches und in sich geschlossenes Quellenmaterial, um zentralen Fragestellungen der historischen Leserforschung nachzugehen.[3] Es können hier nämlich aufgrund der meist sorgfältigen Überlieferung in den Hausarchiven mehrere Quellengruppen komplex ausgewertet werden. Dazu gehören Kataloge der Privatbibliotheken, Quellenmaterial im Umfeld der Bibliotheken in Form von Schatullrechnungsbelegen sowie Zeugnisse zur Lektüre in Gestalt von Lektürenotizen oder Äußerungen in Korrespondenzen. Am Beispiel dieser Quellengruppen im Nachlaß von Anna Amalia von Sachsen-Weimar-Eisenach soll im folgenden die Ergiebigkeit einer solchen komplexen

---

[*] Dieser Beitrag ist Teil einer Habilitationsschrift zu deutschen Fürstinnen in der europäischen Aufklärung, die von der VW-Stiftung gefördert wird.

1 Vgl. BAUER 1993, S. 70–77.

2 Vgl. die neueren Monographien zu Anna Amalia von Sachsen-Weimar-Eisenach von SALENTIN 1996 und WERNER 1996.

3 Vgl. JÄGER 1987, besonders S. 493f. der Fragenkatalog, auf dem die vorliegende Darstellung beruht.

Betrachtung demonstriert werden. Zusammenfassend sollen die Analyseergebnisse in den Kontext der Geselligkeitskonzeption Anna Amalias gestellt werden. Im Hintergrund der Darstellung werden vergleichende Verweise auf die Nachlässe anderer deutscher Fürstinnen integriert, so daß sich der Umriß eines Gesamtbildes zu Buchbesitz und Lektüre protestantischer Fürstinnen zur Zeit der Aufklärung abzeichnet.

Privatbibliothek und Bibliotheksprofil

Die materielle Basis für Lektüre im höfischen Bereich ist durch zeitgenössische Bibliothekskataloge fürstlicher Privatbibliotheken und oftmals noch vorhandene, entsprechende Bestände dokumentiert. Fürstliche Privatbibliotheken werden in der neuzeitlichen Hoftheorie erstmals in der Fortsetzung des *Oeconomus prudens* von Franciscus Philippus Florinus erwähnt.

> [...] Was das erste anbelanget/nehmlich die Ergötzlichkeiten des Gemüths und des Verstandes/so sind hier vornehmlich wohleingerichtete Bibliothequen zu betrachen/welche zu des gantzen Landes Nutzen angeleget sind/ vorinne vornehmlich auf rare Codices und Manuscripta gesehen wird/deßgleichen auf solche kostbare Wercke/die ein Privatus nicht anschaffen kann. [...] Neben der grossen Bibliothec pfleget ein Printz eine Hand-Bibliothec zu haben [...].[4]

Privatbibliotheken erweitern somit die traditionelle Sammeltätigkeit protestantischer Fürsten[5] und dokumentieren, überliefert in handge-

---

4   Francisci Philippi Florini Oeconomus prudens et legalis continuatis. Oder Grosser Herren Stands Und Adelicher Haus-Vatter, bestehend In Fünf Büchern, Nürnberg/Frankfurt und Leipzig 1719, S. 128.

5   Vgl. Veit Ludwig SECKENDORFF, Teutscher Fürsten-Stat [...]. Frankfurt a.M. 1660, S. 436f.: „[...] So dienet auch nicht wenig zu Fürstl. Ergetzung/so wol auch zu grossem Nutz eine Fürstl. Bibliothec oder Bücher Vorrath in allen Facultäten/alte Schrifften/Gemählde/Müntzen/und dergleichen/darüber richtiger Catalogus verfertigt und ein Bibliothecarius bestellet wird. [...] Item eine Fürstl. Kunstkammer von allerhand sonderbahren und kostbahren Manufacturen und natürlichen Dingen [...]." – Die Fortsetzung des Florinus (wie Anm. 4), S. 128f. nennt neben der Bibliothek als weitere Sammlungen die Antiquitätenkammer, das Naturalienkabinett, Gemälde-, Kupferstich-, Majolika- und Porzellansammlung, die Stallgalerie sowie die Rüst- und Schatzkammer.

schriebenen Katalogen, die große Bedeutung des Buchs als soziales Prestigeobjekt.

Der meist innerhalb weniger Jahrzehnte erworbene, umfangreiche Buchbesitz deutscher protestantischer Fürstinnen allerdings ist insofern bemerkenswert, als die zeitgenössische Hoftheorie zwar eine Kabinettsbibliothek für den Fürsten, nicht aber für die weiblichen Mitglieder des Hauses vorsah. Die Überlieferung belegt jedoch eindeutig, daß Buchbesitz im Verlauf des 18. Jahrhunderts offenbar zu einem wichtigen Statussymbol, ja zu einem Charakteristikum des weiblichen Kulturbereichs am Hof wurde. Nicht nur ein neuartiges Porträtgenre, das die Fürstin als Lesende darstellt,[6] sondern vor allem der Umfang ihrer Privatbibliotheken spricht für sich. Caroline von Pfalz-Zweibrücken-Birkenfeld besaß ca. 3800 Bände,[7] Philippine Charlotte von Braunschweig-Lüneburg etwa 4000 Bände,[8] die Angaben für die Bibliothek der Wilhelmine von Bayreuth schwanken zwischen 4135 und 4226 Bänden,[9] Luise Dorothea von Sachsen-Gotha besaß 3567,[10] Karoline von Hessen-Darmstadt etwa 5900 Bände.[11]

Anna Amalia hat ihre Privatbibliothek spätestens seit der Eheschließung mit Ernst August Constantin von Sachsen-Weimar-Eisenach 1756 aufgebaut. Ob eigener Buchbesitz aus den Jahren in Braunschweig-Wolfenbüttel existierte, bleibt Vermutung. Die Büchersammlung ist in einem handgeschriebenen „Catalogue raisonné de la Bibliotheque de son Altesse serenissime madame Anne Amelie Princesse de la maison de Brunsvik et Duchesse douariere de Weimar, et Eisenac etc." erfaßt.[12] Der Privatbibliothekar der Herzogin-Mutter, Christian Joseph Jagemann, der 1775 in ihren Dienst kam, verzeichnete 1762 Titel. Der tatsächliche Bestand hingegen war wesentlich größer. Ein Blick auf die Schatullrechnungsbelege, die Nachweise von Einzelerwerbungen, Lieferlisten verschiedener Buchhändler und Auktionslisten enthalten, zeigen, daß der Katalog schon ab 1776 nicht korrekt geführt wurde. Die Erwerbungen nach dem Tode Jagemanns 1804 sind ohnehin nur über

---

6 Das Porträtgenre geht auf das von Maurice Quentin de LaTour gemalte Portrait der Madame de Pompadour zurück.
7 BRÄUNING-OKTAVIO 1970.
8 MÜNCH 1987, S. 66–71.
9 AMTMANN 1941, S. 42–50.
10 Forschungs- und Landesbibliothek Gotha (= FLBG), Chart. B 1234.
11 BRÄUNING-OKTAVIO 1966.
12 Herzogin Anna Amalia Bibliothek Weimar, Loc. A, Nr. 2.

diese Quellen zu ermitteln.[13] So kann der Gesamtbestand der Privatbibliothek Anna Amalias auf rund 2000 Titel, das sind etwa 5000 Bände, geschätzt werden. Damit gehörte diese Bibliothek wie die anderer protestantischer Fürstinnen des 18. Jahrhunderts zu den Privatbibliotheken mittlerer Größe.[14]

Daß die Weimarer Fürstin ihren Buchbesitz als eine repräsentative Sammlung begriff, zeigt die sorgfältige, einheitliche, zeremoniellen Normen entsprechende Buchbindung. Während ihre Bücher, die sie als Fürst-Gattin und zur Zeit der Regentinnenschaft erwarb, in braunes Kalbsleder gebunden und mit ihren gekrönten Initialen als Supralibros versehen sind, besteht der Bestand nach 1775 aus Halblederbänden, auf welche in Gold die Anfangsbuchstaben ihres Namens geprägt wurden.[15] Repräsentationszwecke erfüllte auch die von Zeitgenossen beschriebene, optisch wirkungsvolle Aufstellung ihrer Bücher und die Ausgestaltung des Bibliotheksraumes:

> [...] Die Bibliothek der verwittibten Frau Herzogin von Weimar, Anna Amalia, welche ein grosses viereckiges Zimmer einnimt, zeigt beym ersten Anblick von dem feinen Geschmack dieser erhabenen Freundin der Musen. Die Bücherrepositorien sind mit schöner Symmetrie an den vier Wänden aufgeführt, himmelblau angestrichen, und mit stark vergoldeten und wohlangebrachten Architekturstücken in korinthischer Ordnung ausgeschmückt. Der hervorragende vergoldete Kranz der Repositorien ist mit kleinen Statuen und Büsten besetzt. [...][16]

Die Privatbibliothek Anna Amalias ist in ihrem Kern, dies ist den seit 1774 erhaltenen Lieferlisten der Buchhändler zu entnehmen,[17] durch ein schnelles Reagieren auf die Angebote des zeitgenössischen europäischen Buchmarktes entstanden. Die Buchhandelsverbindungen reichten vom

---

13 Die Schatullrechnungen und Belege sind im Bestand des Thüringischen Hauptstaatsarchivs Weimar (= ThHStAW).

14 Vgl. die Kategorien bei BECKMANN 1988, S. 14.

15 Luise Dorothea ließ ihre Bücher mit den goldenen Initialen LD prägen; Wilhelmine von Bayreuth wählte einheitliche Einbände und das goldene Supralibros FSW mit der Königskrone (AMTMANN 1941, S. 49)

16 Friedrich Karl Gottlob HIRSCHING, *Versuch einer Beschreibung sehenswürdiger Bibliotheken Teutschlands nach alphabetischer Ordnung der Städte*, Bd. 1, Erlangen 1786, S. 224ff.

17 Die Schatullen vor 1774 sind nicht mehr vorhanden. Sie wurden bis März 1775 von Hieronimus Dietrich Berendis, ab April 1775 von Johann August Ludecus geführt.

ortsansässigen Hofbuchhändler Karl Ludolf Hoffmann als Hauptliefe-
ranten über Gothaer, Leipziger, Berliner Buchhändler bis hin nach Basel,
nach Lausanne und zum französischen (Paris, Straßburg) und italienischen Buchmarkt (Florenz, Mailand). Aufgrund der sorgfältig geführten
Schatullen kann der finanzielle Aufwand für die Büchererwerbungen
Anna Amalias in einmaliger Weise nachgezeichnet werden.[18] Bei jährlichen Gesamtausgaben von durchschnittlich 20.700 Talern wurden ca.
183 Taler auf den Kauf von Büchern verwendet.[19] Dabei handelt es sich
in überwiegendem Maße um Ausgaben für Neuerscheinungen. Die Kosten für die Erwerbungen auf den nachweisbaren 21 Auktionen zwischen 1774 und 1807 sind mit durchschnittlich 19 Talern verschwindend gering, ebenso die für private Einzelankäufe. Mit der genannten
Summe von 183 Talern konnten jährlich um die 100 Titel erworben
werden. Der Anteil der Ausgaben für Bücher am Gesamthaushalt war
damit relativ niedrig. Bücher waren, verglichen mit anderen Schatullausgaben, ein preisgünstiges Sammelobjekt.

Das exzessive, auf den ersten Blick wahllos erscheinende Reagieren
auf das Angebot des europäischen Buchmarktes macht die Privatbibliotheken protestantischer deutscher Fürstinnen im 18. Jahrhundert zu relativ gleichartigen, repräsentativen Sammlungen europäischer Aufklä-
rungsliteratur. Es gibt jedoch zahlreiche Indizien dafür, daß diese
Bibliotheken nicht nur repräsentativen Zwecken, sondern auch individuell spezifischen Informations- und Bildungsinteressen dienten. Äuße-
res Anzeichen dafür, daß auch der Nutzungsaspekt eine Rolle spielte,
ist die Ablösung des barocken Aufstellungsprinzips nach Buchgröße
durch eine systematische Aufstellung. Für die Privatbibliothek Anna
Amalias ist die Aufstellung nach Klassen, dem verbreiteten System des
Buchhändlers Gabriel Martin entsprechend, bezeugt:

[...] Auf ieder Ecksäule stehet von unten hinan, bey idem Fache eine römische Zahl, und unter der obersten Corniche teutsche Zahlen, eine Spanne
weit von einander entfernt, welche durch die ganze Bibliothek fortlaufen,

---

18 Eine brauchbare Quellenlage bieten auch die Schatullen der Gothaer Herzogin
    Luise Dorothea, die der anderen Fürstinnen sind nicht erhalten.
19 Die geringsten Summen wurden während der Italienreise 1788 bis 1790 ausgege-
    ben (1789: 18 Taler), die höchsten Summen nach dem Erhalt der Erbschaft ihrer
    Mutter Philippine Charlotte von Braunschweig-Lüneburg (1806: 399 Taler). Die
    Ausgaben Luise Dorotheas von Sachsen-Gotha für Bücher lagen durchschnitt-
    lich bei 330 Talern bei Gesamtausgaben in Höhe von 15.000 Talern.

und dazu dienen, daß man die Bücher in iedem Fache leicht finden kann.
Dieses geschiehet auf die nemliche Art, wie man auf Landcharten durch die
gegebenen Grade der Breite und Länge die Lage eines Orts entdeckt. Im
Katalogo stehen z. B. bey einem Buche die Zahlen VI.40. so bedeutet die
Zahl VI. das Fach, worin das Buch stehet, und die Zahl 40 zeigt von oben-
herab auf das Ende die Spannen weiten Raums, in welchem es zu finden ist.
[...] Die Bücher selbst sind durchaus englisch gebunden, und nach den ver-
schiedenen Klassen der Litteratur eingetheilt.[...][20]

Der Aufbau einer von der Hofbibliothek unabhängigen Privatbibliothek bot die Möglichkeit, ein den eigenen Sammlungs- und Leseinteres-
sen entsprechendes Bibliotheksprofil zu realisieren und war damit eine
wesentliche Grundlage eigenständigen kulturellen Handelns der Fürstinnen.[21] Die Ermittlung von Erwerbungsschwerpunkten bzw. des
Profils einer Privatbibliothek erfordert allerdings eine aufwendige Analyse des Quellenmaterials im Umfeld der Bibliothek, was im Falle Anna

---

20 HIRSCHING (wie Anm. 16), S.224ff. Innerhalb der Klassen wird wohl nach
    Format gestellt worden sein, wie es für die anderen Fürstinnenbibliotheken be-
    schrieben wird, vgl. AMTMANN 1941, S. 47 f., BRÄUNING-OKTAVIO 1966, Sp.
    730 u. 733, und für die Bibliothek der Gothaer Fürstin (wie Anm. 10), page VI et
    VII: [...] „La Bibliotheque remplit six Armoires, marquées des six premieres
    Lettres de l'Alphabeth. Les in Folio et les in Quarto sont placé tout de Suite et
    forment le premier Rang de dessous. Les in Octavo et les in Douze sont disposés
    de sorte, que les Livres de la premiere Classe occupent l'Armoire A, et ceux de la
    Seconde l'Armoire B. tandis que les Armoires C et D renferment les Ouvrages
    de la troisieme, et les Armoires E et F ceux de la quatrieme Classe. Les Manus-
    crits ont trouvé leur Place au Seconde Rang de l'Armoire F. à commencer d'en
    bas et les Estampes, desseins et Cartes geographiques ont été mis à la Suite des
    Manuscrits. [...]"
21 Daß die Privatbibliotheken in ihrer Erwerbspraxis tatsächlich weitgehend auto-
    nom waren, belegt ein Schreiben des Gothaer Hofbibliothekars Julius Carl
    Schläger an Friedrich III. im März 1746, in dem er aus ökonomischen Gründen
    die Parallelerwerbungen kritisiert; vgl. Thüringisches Staatsarchiv Gotha (=
    ThStAG), Geheimes Archiv II II XXXIX 11, Bl 45· „[...] Dieser Serenissimi
    höchstem interesse zu widerlaufende Sache könnte, zum mercklichen Nutzen
    des öffentlichen Bücherschatzes, abgeholfen werden, wenn Ihro Hochfürstliche
    Durchlauchten die grosse Gnade hätten mir von Höchstderoselben Handbiblio-
    thec, deren Beschaffenheit und jedesmahligen Zuwachs unterrichten zu lassen.
    [...]". Offensichtlich mußten auch Mitglieder der fürstlichen Familie schriftlich
    um Ausleihe eines Buchs aus der Hofbibliothek zunächst beim regierenden
    Herzog ersuchen. Ein solcher Ausleihvorgang ist in Gotha für den Prinzen
    Ernst am 25. Februar 1769 dokumentiert; vgl. FLBG, Chart. A 1353.

Amalias anhand der oben erwähnten Belege zu den Schatullrechnungen in einmaliger Weise möglich ist.[22]

Die Weimarer Fürstin hat im Zusammenhang mit ihrer Italienreise 1788 bis 1790 gezielt und langfristig eine der umfangreichsten Italienbibliotheken deutscher Fürstinnen im 18. Jahrhundert aufgebaut.[23] Sie nutzte die Kenntnisse ihrer Privatbibliothekare Jagemann und Carl Ludwig Fernow, beides ausgewiesene Italienspezialisten, die zudem direkte Verbindungen zum italienischen Buchhandel hatten. So gelangte über das berühmte Buchhaus Cambiagi in Florenz ein beträchtlicher Teil an Italienliteratur, vor allem Werke italienischer Aufklärer, in ihre Bibliothek. Der Italienbestand wurde auf Auktionen gezielt ergänzt. Die zehn vorhandenen Spezifikationen weisen aus, daß vorwiegend ältere Italientitel und Rarissima ersteigert worden sind. Zudem zeigen zahlreiche Einzelbelege in den Schatullrechnungen, daß Anna Amalia selbst bei verschiedenen Privatpersonen direkt Italientitel kaufte. Die Italienbibliothek diente sowohl der Vorbereitung ihrer Reise als auch deren Nachbereitung. Dieser Spezialbestand beeinflußte Anna Amalias Aktivitäten in Tiefurt, das unter ihrer Leitung zu einem „Italien in Germanien"[24] gestaltet werden sollte, und spielte bei der Ausarbeitung ihrer *Briefe über Italien*[25] eine Rolle. Am Beispiel dieses Erwerbungsschwerpunktes für die Bibliothek Anna Amalias ist erkennbar, daß die privaten Büchersammlungen deutscher protestantischer Fürstinnen neben repräsentativen Zielen auch Bildungszwecken dienten.

---

22 Für die Bibliothek Wilhelmine von Bayreuths ist als Erwerbungsschwerpunkt historische Literatur, insbesondere Memoiren und Literatur zur Antike, verbürgt, für Luise Dorothea von Sachsen-Gotha die Bevorzugung philosophischer Literatur und für Karoline von Hessen-Darmstadt philosophischer und schöner Literatur.

23 Vgl. zu folgendem RASCHKE 2000. Zur Italienreise vgl. auch den Beitrag von Heide HOLLMER in diesem Band.

24 Der Text eines nicht aufgeführten Theaterstücks auf Anna Amalia bezeichnet dieses Bemühen als ihr besonderes Verdienst in der Weimarer Hofkultur; ThHStAW HA A XVIII 148: „[...] Si je disois qu'aux talens d'uranie/elle joint l'art de faire des heureux,/que les talens, le génie/sont embellis par ses soins génereux./vous diriez, c'est la Princesse Amalie!/je la connais, je la connais!/ée c'est ici tout comme en Italie/ou tous les coeurs se croijoient ses sujet. [...]." Vgl. allgemein zum Italienkult in Tiefurt SEIFERT 1995.

25 Anna Amalia, „Briefe über Italien", gedruckt: ANNA AMALIA 1999.

Fürstinnenbibliotheken und zeitgenössische Theorien zu weiblicher Lektüre

Bevor von der tatsächlichen Nutzung der Privatbibliothek die Rede ist, sollen an dieser Stelle einige generelle genderspezifische Probleme in bezug auf Bibliotheksstruktur und Lektüre erwähnt werden.

Die Struktur der Fürstinnenbibliotheken widerspiegelt insofern eine genderspezifische Erwerbungspraxis, als der Anteil an meist lateinischer juristischer und medizinischer Literatur sowie an Militaria verschwindend gering ist. Diese Werke gehörten traditionell in die Hofbibliothek oder die Kabinettsbibliothek des Fürsten, da sie das Männern vorbehaltene öffentliche Wirken tangierten und lateinische Sprachkenntnisse für Fürstinnen nicht vorgesehen waren. Allerdings erwarben einige Fürstinnen wichtige Neuerscheinungen dieser Klassen in französischer oder deutscher Sprache. Dahinter stand das Bedürfnis, dem enzyklopädischen Charakter ihrer Bibliothek zu entsprechen oder, bei medizinischer Literatur der Fachgebiete Frauen- und Kinderheilkunde, ein geschlechterspezifisches Interesse. In Hinblick auf die übrigen Literaturklassen ist festzustellen, daß sich die Erwerbungspraxis der Fürstinnen in jeder Hinsicht über die restriktiven Lektürebestimmungen, die im Zusammenhang mit Erziehungskonzeptionen für Mädchen auch in den Schriften zur Prinzessinnenerziehung zu finden sind, hinwegsetze. Quantitative Hochrechnungen zu ihren Privatbibliotheken zeigen, daß die Klasse *théologie* den kleinsten Umfang hat, gefolgt von etwa doppelt so vielen Titeln *philosophie*. An dritter Stelle steht die Klasse *histoire* mit etwa der dreifachen Zahl von Titeln. Absoluter Spitzenreiter sind die *belles lettres* mit rund fünfmal so vielen Werken wie die *théologie*.[26]

Die Theorien zur Normierung von Bildung und Leseverhalten für Fürstinnen, die im 18. Jahrhundert aus den Hoftheorien ausgekoppelt wurden,[27] versuchten im Grunde eine Quadratur des Kreises. Um die

---

26　Luise Dorothea von Sachsen-Gotha besaß in der Klasse théologie 387 Bände, in der Klasse philosophie 508 Bände, 1144 in der Klasse histoire und 1489 Bände in der Klasse belles lettres. Karoline von Hessen-Darmstadt besaß 142 Titel zur Theologie, 226 Titel zur Philosophie, 495 Titel zu Geschichte und 1298 in der Klasse belles lettres

27　Marie Josephine DeLescun Madame de MONBART, *De l'éducation d'une princesse,* Berlin 1781, und Juliane Herzogin von GIOVANE, *Lettres sur l'éducation des princesses,* Wien 1791. Das Werk von Joachim de la CHETARDY, *Instruction pour une jeune princesse, ou l'Idée d'une honnête femme,* das zwischen 1685 und 1754 mehrfach aufgelegt wurde, weist eher einen starken Bezug zur honnêteté-

Problematik sichtbar zu machen, wird im folgenden aus der Schrift *De l'éducation d'une princesse* von Marie Josephine de Monbart zitiert. Das Werk der am preußischen Hof lebenden Monbart faßt Tendenzen der wenigen überlieferten Erziehungsinstruktionen für Prinzessinnen verschiedener protestantischer Kleinhöfe zusammen und greift zugleich die wichtigsten Grundgedanken neuzeitlicher Erziehungsschriften besonders für Mädchen auf.[28] Insofern ist die 1781 erschienene Abhandlung der Entwurf einer Idealvorstellung zur Prinzessinnenerziehung im 18. Jahrhundert. Monbart macht deutlich, daß einerseits Bildung und Lektüre als ein Wert auch für die Frauen des Hochadels, als unabdingbarer Teil einer „bonne éducation" angesehen werden müssen:

> [...] Si l'Education des filles est trop généralement négligée & si de cette espèce d'oubli, où on les laisse, proviennent les plus grands abus, combien plus condamnable devient cette négligence quand elle tombe sur une Princesse, qui sera peut-être la destinée de tout un peuple? [...][29]

Prinzessinnen sollen, so Monbart, im Grunde über ähnliches Wissen wie Prinzen verfügen, gekoppelt mit sogenannten typischen weiblichen Eigenschaften wie *modéstie, bienséance* und *douceur*.[30] Das hat zur Folge, daß Prinzessinnenerziehung und -bildung im Verlauf des 18. Jahrhunderts in zunehmendem Maße an den Wissensfond der Aufklärung gebunden wird. Indiz dafür ist, daß zu den traditionell für eine gebildete Fürstin verwendeten barocken Metaphern *Minerva, Semiramis, Saba, Urania* der Ausdruck *princesse philosophe* oder *princesse éclairée* hinzutritt.[31] Andererseits werden von Monbart einschränkende Bedingungen

---

Literatur auf, die für den höfischen Bereich adaptiert wurde und bis ins 18. Jahrhundert hinein wirksam war.

28 Eine prägende Wirkung auf die Prinzessinnenerziehung ging von John Locke „The Educational Writings" (1693) und François de Salignac de la Motte de Fénelon „De l'éducation des filles" (1683) aus.

29 MONBART (wie Anm. 27), S. 3.

30 MONBART (wie Anm. 27), S. 12: „[...] Ce que je dis ici d'un prince peut également s'appliquer à une princesse; puisque, dans tout ce qui est devoir d'état, elle doit être instruite de même [...]."

31 Solche barocken Metaphern werden in Bezug auf Anna Amalia von ihrem Bruder Friedrich August von Braunschweig-Oels in seinem *Portrait de ma soeur Amélie* (ThHStAW HA A XVIII 8a, Bl. 1 und 2) und von Christoph Martin Wieland im Brief an Anna Amalia vom 13.4.1772 (WBW, Bd. IV/1, Nr. 469) verwendet. Vgl. zur Gesamtproblematik der barocken Metapher BAUMGÄRTEL 1997. Als „princesse éclairée" oder „princesse philosophe" werden beispielsweise Karoline von Hessen-Darmstadt von Melchior Grimm, Luise Dorothea von Sachsen-Gotha von

für den Wissenserwerb und die Wissensanwendung festgeschrieben. Die
Einschränkungen beim Wissenserwerb betreffen vor allem zwei Klassen,
philosophische Schriften und belles lettres, speziell hier Romane und Lie-
besdichtungen. Es sind eben die Klassen, welche in den Privatbibliotheken
der Fürstinnen überaus reichlich vertreten sind. Monbart zufolge verlange
Philosophie gelehrte Studien und halte die Fürstin von ihren wirtschaftli-
chen Aufgaben sowie denen als Gattin und Mutter ab:

> [...] J'ai dit moi-même, & je ne crains pas de le répéter, qu'une femme ne
> doit point être scavante, parceque science suppose étude, & par conséquent,
> que la femme qui veut être lettrée, perd dans son cabinet un temps qu'elle
> vole au soin de son mènage, à l'éducation de ses enfants, à l'amusement de
> son mari. [...][32]

Romane weckten dem Stand der Fürstin unangemessene Passionen:

> [...] l'amour, cette grande & unique affaire de notre sexe, n'est rien pour une
> Princesse: l'état lui choisit un epoux, sa gloire lui défend d'en aimer un au-
> tre, voilà tout ce qu'elle doit savoir de l'amour, point de romans, point de
> vers tendres; rien de ce qui peut énerver l'ame ou amollir le courage. [...][33]

Die entscheidende Einschränkung für Fürstinnen liegt jedoch in der Re-
striktion für die Wissensanwendung. Monbart fordert, daß ihr Wissen
passiv bleibe und nur im Falle der Notwendigkeit, bei Regentinnenschaft, aktiviert werden solle – gleiches Wissen wie ein Prinz, aber „[...]
avec une seule modification, c'est de lui bien persuader qu'elle ne doit
faire usage de ses connoissances & des instructions que l'on est obligé
de lui donner, que dans le cas où les circonstances l'appelleroient au
gouvernement. [...]"[34] Das Abdrängen weiblicher aufgeklärter Bildung
aus dem öffentlichen Bereich des Hofes findet auch in der Tabuisierung
öffentlichen Schreibens bzw. Publizierens eine Entsprechung, was mit

---

Voltaire und Maria Antonia von Sachsen von Friedrich II. von Preußen in den
Korrepondenzen bezeichnet. Im Gegensatz zum Begriff „prince éclairée" ist die
zeitgenössische Konnotation dieses Ausdrucks in der Forschung noch nicht beschrieben worden.

32 MONBART (wie Anm. 27), S. 19 f.
33 MONBART (wie Anm. 27), S. 125.
34 MONBART (wie Anm. 27), S. 12.

weitreichenden Konsequenzen für literarisches Schaffen von den Fürstinnen verinnerlicht wurde.[35]

Die produktive Folge der Ambiguität weiblicher Bildungs- und Lektüretheorie ist, daß durch die Koppelung der Prinzessinnenerziehung an Bildungstheorien der Aufklärung ein enormes, an Frauen gebundenes Bildungspotential im höfischen Bereich entstand. Dieser Wissensreichtum konnte sich aktiv in der semiöffentlichen Sphäre des höfischen Kulturlebens entfalten, das heißt konkret, in den Medien Korrespondenz oder Konversation. Hier kommt den Fürstinnen, wie im folgenden zu zeigen sein wird, eine wichtige Rolle im höfischen Kulturleben im Zeitalter der Aufklärung zu.

Lektüre im Umkreis der Fürstinnen

Der beeindruckende Buchbesitz deutscher protestantischer Fürstinnen wirft die Frage nach der realen Nutzung der Bibliothek auf. Als Beleg tatsächlicher Lektüre wurden bisher in monographischen Arbeiten zu einzelnen Fürstinnen meist Hinweise aus deren Korrespondenzen ausgewertet. Es fehlt jedoch die systematische Auswertung einer zweiten Quellengruppe, der in allen Fürstinnennachlässen reichlich vorhandenen Lektürenotizen,[36] sowie die Verbindung zu zentralen Fragen der historischen Leserforschung. Im folgenden soll erstmals eine Systematisierung der Lektürenotizen am Beispiel des außerordentlich umfangreichen Materials im Nachlaß Anna

---

35 MONBART (wie Anm. 27), S. 21. Die ausdrückliche Formulierung der Fürstinnen, ihre Schriften nicht gedruckt sehen zu wollen, ist häufig zu finden; z.B. Wilhelmine von Bayreuth in Bezug auf ihre Memoiren *Ceci ne doit pas être imprimé*; Luise Dorothea von Sachsen-Gotha im tagebuchartigen Fürstenspiegel für ihren Sohn Ernst unter dem 7.2.1762 (Thüringische Staatsarchiv Gotha, Geheimes Archiv E III 20a) auf die Vermutung, daß sie den Text drucken lassen werde: „[...] sachès donc mon bon Ernest que c'est precicement la vanitè et la crainte du ridicule qui y mettra un eternel obstacle. [...]" Auch die Bitte bzw. die Forderung, Briefe oder andere Schriften zu verbrennen, ist hier einzuordnen, bis hin zu den extremen, fast den gesamten schriftlichen Nachlaß betreffenden Festlegungen Karolines von Hessen-Darmstadt am 27.6.1763 (Hessisches Staatsarchiv Darmstadt (= HessStAD) D 4, Nr. 558/4) sowie in ihrem Testament vom 27.1.1774 (HessStAD D 4, Nr. 555/6).

36 Für Wilhelmine von Bayreuth vgl. Geheimes Staatsarchiv Preußischer Kulturbesitz Berlin Dahlem, BHP Rep. 46 W 26 (153 Blatt); für Luise Dorothea von Sachsen-Gotha vgl. ThStAG, Geheimes Archiv E XIIIa 28 (213 Blatt); für Karoline von Hessen-Darmstadt vgl. HessStAD D 4, Nr. 558/3 und D 4, Nr. 558/4 (beides unpaginiert).

Amalias gegeben und Thesen zur ihrer Funktion aufgestellt werden. Die
Lektürenotizen Anna Amalias sind in mehreren Konvoluten in der Nach-
laßrubrik Sammlungen erfaßt.[37] Das ungemein disparate Material wird
hier zunächst nach folgenden Kriterien beschrieben: Überlieferungsform,
Umfang, Handschrift, Datierung, interne Struktur.

Überliefert sind die Notizen auf losen Blättern, auf Lagen, in Heften
und in einem Buch mit dem Supralibros Anna Amalias.[38] Der Umfang
der Lektürenotizen reicht vom Satzfragment, über die Kopie einzelner
Abschnitte oder Kapitel bis hin zur Kopie ganzer Werke. Die Quelle,
vor allem die der kürzeren Lektürenotizen, ist in den meisten Fällen
nicht angegeben. Die Mehrzahl der Notizen stammt von Anna Amalias
Hand. Die Datierung ist außerordentlich schwierig. Es ist anzunehmen,
daß sie, ausgehend vom Erscheinungsdatum der am umfangreichsten
exzerpierten Werke und der Notizen zur Französischen Revolution,[39]
bis auf wenige Ausnahmen vorwiegend aus der Zeit nach der Italienreise, zwischen 1790 und dem Beginn des 19. Jahrhunderts stammen.[40] Für
die Interpretation dieser Notizen hinsichtlich ihrer Funktion ist deren
interne Struktur bedeutsam. Formal sind die einzelnen Auszüge durch

---

37 Im folgenden werden vor allem ThHStAW HA A XVIII 130, ThHStAW HA A
    XVIII 142a, ThHStAW HA A XVIII 150a und ThHStAW HA A XVIII 150b
    berücksichtigt, Konvolute, die allein schon mehr als 600 Blatt umfassen.
38 ThHStAW HA A XVIII 140. Ein solches Buch mit eigenem Supralibros für
    Lektürenotizen besaß auch Karoline von Hessen Darmstadt; HessStAD D 4,
    Nr. 558/3.
39 Es handelt sich dabei um folgende Werke, die in der Privatbibliothek Anna
    Amalias vorhanden sind: Edmund BURKE, *Betrachtungen über die französische
    Revolution*. Nach dem Englischen des Herrn Burke neu-bearbeitet mit einer
    Einleitung, Anmerkungen, politischen Abhandlungen, und einem critischen
    Verzeichniß der in England über diese Revolution erschienenen Schriften von
    Friedrich Gentz. In Zwei Theilen, Berlin 1793; Johann Gottfried HERDER, *Zer-
    streute Blätter*. Sechste Sammlung, Gotha 1797; Johann Gottfried HERDER,
    Funken aus der Asche eine Todten, in: *Briefe zu Beförderung der Humanität* 9.
    Sammlung, Riga 1797; Johann Gottfried HERDER, *Kalligone*. Vom Angenehmen
    und Schönen, Leipzig 1800; JEAN PAUL, *Hesperus, oder 45 Hundsposttage*. Eine
    Biographie, Berlin 1795; JEAN PAUL, *Blumen- Frucht- und Dornenstücke* oder
    Ehestand, Tod und Hochzeit des Armenadvokaten F. St. Siebenkäs im Reichs-
    marktflecken Kuhschnappel, Berlin 1796/ 1797; JEAN PAUL, *Palingenesien*,
    Leipzig und Gera 1798.
40 Das fast vollständige Fehlen von nachgelassenen Notizen aus den Jahren zuvor
    läßt auf zwei Vernichtungen schließen, eine im Zusammenhang mit dem Schloß-
    brand 1774 bzw. dem Umzug ins Wittumspalais nach Beendigung der Regentin-
    nenschaft, die andere vor ihrer Italienreise im Zusammenhang mit der Nieder-
    schrift ihres ersten Testaments am 5.8.1788 (ThHStAW A 835, Bl. 3).

einen Querstrich voneinander getrennt, auch wenn sie inhaltlich miteinander verbunden sind oder aus ein und demselben Werk stammen. Der Querstrich markiert oftmals nur das Exzerpieren einer anderen Passage oder Seite. Die umfangreicheren Auszüge weisen im Vergleich zu den Lektürenotizen anderer Fürstinnen Besonderheiten in der internen Struktur auf. Neben in sich geschlossenen längeren Exzerpten, die bei einem Vergleich mit der Ausgaben aus ihrer Privatbibliothek mit dem gedruckten Text identisch sind, gibt es Abschriften, die aus den entsprechenden Ausgaben selektiv exzerpiert wurden. Anna Amalia verschmolz offenbar die für sie wesentlichen Passagen eines Werkes zu einer neuen, in sich geschlossenen Texteinheit.[41] Eine einmalige Besonderheit im Vergleich zu den Lektürenotizen anderer Fürstinnen ist das doppelte Vorhandensein identischer Exzerpte.[42]

Die intensive Form des Umgangs mit Literatur in Gestalt von Lektürenotizen wirft die Frage nach ihrer Funktion in der Lesekultur der Höfe auf. Folgende vier Funktionen lassen sich ableiten.

1. Die Abschrift kompletter Werke diente dem Informations- und Lesebedürfnis der Fürstin und ihres Umfeldes. Die Abschriften sind in diesem Sinne als Ergänzungen zum eigenen Buchbestand zu betrachten. Es handelt sich dabei um Werke, die klandestin auf dem europäischen Buchmarkt kursierten, noch nicht im Druck vorlagen oder Seltenheitswert besaßen. Dazu gehören im Nachlaß Anna Amalias unter anderem die 1765 anonym erschienenen *Matinées du Rois de Prusse*.[43] Quelle für diese Abschrift ist die *Correspondence littéraire* von Melchior Grimm, die er von Paris aus an ausgewählte Fürstenhöfe schickte. Der Weimarer

---

41 Charakteristisch dafür sind u.a. die Winckelmann-Exzerpte ThHStAW HA A XVIII 130, Bl. 1-5. Nach einem Vergleich der deutschsprachigen Notizen mit der Wiener Ausgabe der *Geschichte der Kunst des Alterthums* aus dem Jahre 1776 ist zu vermuten, daß es sich bei diesen Notizen zugleich um Übersetzungsversuche nach der französischen Ausgabe *Histoire de l'art chez les anciens*, Amsterdam 1766 aus Anna Amalias Privatbesitz handelt.

42 Identisch, bis auf geringfügige Abweichungen sind folgende Exzerpte: 1. zu Burke (ThHStAW HA A XVIII 130, Bl. 8–10 und ThHStAW HA A XVIII 150a, Bl. 12–16); 2. zu Herder (ThHStAW HA A XVIII 130, Bl. 6–7 und ThHStAW HA A XVIII 150a, Bl. 17); 3. zu Winckelmann (ThHStAW HA A XVIII 130, Bl. 3 und ThHStAW HA A XVIII 140, Bl. 29); 4. zum französischen Nationalcharakter (ThHStAW HA A XVIII 150a, Bl. 16 und Bl. 78); 5. zu Rousseau (ThHStAW HA A XVIII 150b, Bl. 302 und Bl. 311); 6. zum Problem Frauen, Bildung, Alter (ThHStAW HA A XVIII 150b, Bl. 301–302 und Bl. 31–312).

43 ThHStAW HA A XVIII 143.

Hof gehörte nicht zu den Empfängern der *Correspondence*,[44] so daß die
Kopie von fünf der insgesamt sieben satirischen Kapitel auf die Person,
Regierungsgrundsätze und politische Praxis Friedrichs II. von Preußen
mit hoher Wahrscheinlichkeit auf dem nach Gotha gesandten Exemplar
beruht.[45] Zu den Abschriften kompletter Werke gehört ebenso das klan-
destine, ungedruckte Werk von Denis Diderot, *Jacques le Fataliste*, das
auf gleichem Wege wie die *Matinées* in den Besitz Anna Amalias gelangte.[46] Die Quelle für die Kopie der anonymen galanten Erzählung *Le
soulier* ist nicht zu ermitteln,[47] wohl aber Johann Heinrich Merck als
Vermittler der beiden, nur in sehr geringer Zahl gedruckten Werke von
Franz Hemsterhuis *Lettre sur les désirs*[48] und *Simon, ou les facultés de
l'âme*.[49]

2. Die zweite Funktion von Lektürenotizen läßt sich aus der auffäl-
ligen inhaltlichen Kohärenz der Exzerpte zu jeweils einem bestimmten
Thema ableiten und als eine im weitesten Sinne bekenntnishafte bezeichnen. Mit der Lektüre fremder Werke wurden offensichtlich identifikatorische Prozesse in Gang gesetzt, so daß anhand solcher Lektürenotizen Rückschlüsse auf die Positionen der Fürstinnen zu bestimmten
Themenkreisen gezogen werden können. Die Auswertung der Lektürenotizen unter diesem Gesichtspunkt ist um so naheliegender, als Fürstinnen, wenn überhaupt, nur fragmentarische Äußerungen in Briefen
oder Manuskripten zu diesen Problemkreisen hinterlassen haben. Das

---

44 Vgl. HessStAD D 4, Nr. 562/4, Bl. 21f., Melchior Grimm an Karoline v. Hes-
    sen-Darmstadt am 15.7.1766 über seine Adressatenauswahl: „[...] Ce n'est pas
    Sans beaucoup de peine que je refuse cette Société de Brunswic qui me donne
    une marque d'estime en me demandant la correspondance littéraire que votre
    Altesse honore de Ses regard: on doit toujours être flatté de contribuer à
    l'amusement instructif et décent de ceux qui aiment les arts et les lettres; mais je
    me suis fait depuis longtems une loi de ne donner cette correspondance qu'à des
    Princes, et plusieurs bonnes raisons m'obligent de m'y tenir. [...]"
45 Der Gothaer Hof erhielt am 1.1.1765 die *Matinées* ein bis fünf, am 1.4.1765 die
    sechste und siebte *Matinée* (FLBG, Chart. B 1138 f, Bl. 5–12, Bl. 75–91). Damit
    verfügt Gotha über die vollständige Ausgabe, die sechste und siebte *Matinée* ist
    durch einen Zusendefehler Grimms sogar doppelt vorhanden. In Darmstadt
    (HessStAD D 4558/4) sind ebenso wie in Weimar lediglich die erste bis fünfte
    Matinée vorhanden.
46 ThHStAW HA A XVIII 138.
47 ThHStAW HA A XVIII 150b, Bl. 303–308.
48 ThHStAW HA A XVIII 133. Zu Merck als Quelle vgl. BRÄUNING-OKTAVIO
    1970, Sp. 1294 f., und Johann Heinrich Merck an Anna Amalia, 16.8.1785;
    ThHStAW F 1532 III, Bl. 163–164.
49 ThHStAW HA A XVIII 136.

oben erwähnte, verinnerlichte Tabu öffentlichen Schreibens,[50] fehlende zusammenhängende Zeit[51] und, damit verbunden, fehlende Übung und Tradition in der literarischen Gestaltung drängten die Fürstinnen zur Äußerung mit fremder Stimme. Anna Amalias Lektürenotizen kreisen um mehrere zentrale Themen. Aus der Fülle des überlieferten Materials lassen sich gendertheoretische, moral- und geschichtsphilosophische, ästhetische und politische Fragen als Schwerpunkte kristallisieren. Eine detaillierte inhaltliche Auswertung der Lektürenotizen Anna Amalias zu den genannten Themenkreisen würde an dieser Stelle zu weit führen, es sollen aber zumindest ihre Grundpositionenen angedeutet werden.

Die Exzerpte Anna Amalias zur Geschlechterproblematik sind von zwei Komponenten geprägt. Zum einen notiert sie Auszüge, die einem empfindsamen Liebesideal huldigen, das sinnliche Passion möglichst ausschließt[52], stattdessen Gleichklang der Seele und Übereinstimmung der Gedanken zur Grundlage hat.[53] Dieses Ideal wird als ein einmal erfahrenes und elegisch erinnertes dargestellt.[54] Hierher gehören vor allem die Notizen zum Liebesideal bei Platon[55] und Auszüge aus Jean Pauls

---

50 Vgl. Anm. 35.

51 Zahlreiche, sehr aufschlußreiche Bemerkungen dazu finden sich in dem unter Anm. 35 genannten Fürstenspiegel Luise Dorotheas von Sachsen Gotha, zum Beispiel unter dem 12.2.1762: „j'ai si peu de tems mon cher Ernest a ma disposition qu'il m'arrive cent fois par jour que l'on m'interromp dans l'ocupation que je me propose de faire. cela m'arrive surtout et le plus souvent quand je Vous ecris. mon billet d'hier le prouve. cet inconvenient est d'autant plus desagreable pour l'écriture qu'il coupe le fil de mes idées que je ne retrouve plus. [...] c'est pourquoi que je ne hazarderai jamais d'ecrire autre chose que des lettres qui exigent moins de suite que tout autre composition. [...]"

52 ThHStAW HA A XVIII 150a, Bl. 15: „Die sinlichen triebe der Liebe werden am gefährlichsten wenn sie erhöhet oder vielmehr wie es wirklich sich verhält, verkleidet werden in empfindungsvolle leidenschaften."

53 ThHStAW HA A XVIII 150a, Bl. 18: „[...] aber weder Weltheile noch Gräber, noch die zweite Welt können zwei Menschen zertrennen oder verbinden; sondern nur Gedanken scheiden und gatten die Seelen [...]"

54 ThHStAW HA A XVIII 150a, Bl. 24: „Die Menschen haben einander nicht viel mehr zu geben als Worte, und doch versagen sie diese; und in diesem kurzen Leben haben sie eine noch kürzere Liebe."; ThHStAW HA A XVIII 150b, Bl. 336: „Cet inviolable amour que je porte en mon sein,/Dont je ne parle plus, et que tout Vous atteste/Est un sentiment pour une flamme celeste/Je la nourris sans cesse, helas! et c'est en vain./ De la seduction je ne suis point l'apôtre;/Je viverai fortunè possedant vos appas;/Je serai malheureux, si Vous ne m'aimez pas/Je mourrai de douleur, si Vous aimez un autre."

55 ThHStAW HA A XVIII 150b, Bl. 334.

Palingenesie und dem *Hesperus*.[56] Korrespondierend zum nicht lebbaren Ideal ist das Männerbild Anna Amalias stark von misandrischen Tendenzen mit den Merkmalen ungezügelter Sexualtrieb, Egoismus und Ehrgeiz sowie Mißachtung von Frauen geprägt. Dies ist vor allem den umfangreichen Auszügen aus den *Liaisons dangereuses* (1782) von Pierre Ambroise François Choderlos de Laclos zu entnehmen.[57]

Die Lektürenotizen zu moralphilosophischen Fragen widerspiegeln eine überraschend intensive Auseinandersetzung mit den Positionen der französischen Materialisten, insbesondere denen von Claude-Adrien Helvétius, aus dessen Werk *De l'Esprit* sie umfangreich exzerpiert. Sie stimmt mit dessen Vorstellung überein, wonach physische Leidenschaften, Selbsterhaltungstrieb und Eigenliebe die Antriebskräfte menschlichen Handelns seien.[58] Im Unterschied zu den französischen Philosophen jedoch, begreift Anna Amalia diesen Impuls menschlichen Handelns als negativ und schlußfolgert daraus, daß die Moralvorstellung der Aufklärung mit den Komponenten Altruismus, Bescheidenheit, Ehrlichkeit, Güte des Herzens, auch der daran gebundene Freundschaftskult in der Gesellschaft nicht praktikabel und deren Bewahrung eine ausschließlich individuelle Aufgabe sei.[59]

---

56 ThHStAW HA A XVIII 150a, Bl. 18–24.

57 ThHStAW HA A XVIII 150b, Bl. 301: „Les hommes savent ils apprecier la femme quils possedent?"; ThHStAW HA A XVIII 150b, Bl. 359: „Plus on aime le plaisir, moins on aime les femmes, elles ne sont plus que des instrumens; et tout ce qu'elles ont d'aimable et de sensible, disparoît avec l'action (?) de celui qui ne cherce que des sensation; elles n'ont d'empire sur nous alors que par leurs vices ou leur dèfauts, et ne regnent que sur la foiblesse."

58 ThHStAW HA A XVIII 150b, Bl. 335: „La douleur et les plaisirs des sens font agir et penser les homes; et sont les seuls contre poids qui mouvent le monde moral."; ThHStAW HA A XVIII 150b, Bl. 337: „L'amour propre, ou l'amour de soi n'est autre chose qu'un sentiment, gravè en nous par la nature [...]"; ThHStAW HA A XVIII 150b, Bl. 340 f.: „Des Passions".

59 ThHStAW HA A XVIII 150b, Bl. 335: „On trouve dans le monde des gens indifferents a l'amitié, et ce sont ceux qui se suffisent à eux même. Accoutumes a chercher; à trouver le bonheur en eux, et d'ailleures trop èclairer pour goûter encore le plaisir d'être dupes, ils ne peuvent conserver l'heureuse ignorance de la mechancetè des homes. Ce sont souvent, moins de homes insensibles, que des homes dèsabusès."; ThHStAW HA A XVIII 150b, Bl. 337: „Mr. ... disait un jour: Je me suis reduit à trouver tous mes plaisirs en moi même, c'est a dire dans le seul exercice de mon intelligence. La Nature a mis dans le cerveau de l'home une petite glande appellèe cervelle la qu'elle fait office d'un miroir ou se represente tout bien que mal, en petit et en grand, en gros et en dètail tous les objets de l'univers."

Die ästhetischen Anschauungen Anna Amalias kreisen um folgende drei Grundgedanken: die Platonsche[60] und Winckelmannsche[61] Vorstellung von der Göttlichkeit des unendlich Schönen, um Herders spinozistische Auffassung, daß die Widerspiegelung der Künstlerschaft Gottes in der Natur den nachahmenden Künstler zu einem zweiten Schöpfer werden lasse[62] und um den Gedanken der subjektiven Determiniertheit von Geschmack, der an Empfinden gebunden und gegen eine rationalistische Ästhetik aufzuwerten sei.[63]

Die außerordentlich zahlreichen Lektürenotizen Anna Amalias zu politischen und staatsrechtlichen Fragen finden ihre komprimierteste Form in den Auszügen aus Edmund Burkes Schriften zur Französischen Revolution.[64] Der Notiz Anna Amalias, daß die Französische Revolution exemplarischer Ausdruck der von Leidenschaften getriebenen menschlichen Natur sei,[65] entspricht logisch die Anlehnung an Burkes Gedanken einer ständischen Monarchie, wo der einzelne in seinem Stande verharren und durch Erfüllung seiner Pflicht der Gesellschaft Ord-

---

60 ThHStAW HA A XVIII 150a, Bl. 15; ThHStAW HA A XVIII 150b, Bl. 309, 334, 336.
61 ThHStAW HA A XVIII 130, Bl. 1–10, und ThHStAW HA A XVIII 140, Bl. 29.
62 ThHStAW HA A XVIII 130, Bl. 6 f., und ThHStAW HA A XVIII 150a, Bl. 17.
63 ThHStAW HA A XVIII 150a, Bl. 7: „Das Vergnügen läßt sich nicht erklären. Es ist da, man fühlt es man genießt's; will man es erklären oder darüber raisonniren so verflieget es wie ein (?)schall.; Alles was der Mensch fühlt und die ganze Welt erkent braucht nie eine erklärung es trägt seine erklärung an der Stirnen; der (?) der Wahrheit ist mit unausloschlichen Buchstaben darauf geschrieben. Alle unsere Kunst, und alle unsere Philosophie solten solten (sic!) sich damit beschäftigen ein alzu flaterhaftes Gefühl zu fixiren und wie ein Flüchtling zu fesseln."; ThHStAW HA A XVIII 150a, Bl. 179: „Lessing sagt, es ist jedem vergönt seinen eigenen Geschmack zu haben; und es ist rühmlich, sich von seinem eigenen Geschmack Rechenschaft zu geben suchen." Diese Vorstellungen Anna Amalias verweisen auf Edmund BURKE, *Philosophische Untersuchungen über den Ursprung unsrer Begriffe vom Erhabnen und Schönen* (1773) und Johann Georg SULZER, *Allgemeine Theorie der Schönen Künste* (1771), in dessen Artikeln Empfindung, Schönheit, Geschmack Raphael Mengs und Johann Joachim Winckelmann zitiert werden.
64 ThHStAW HA A XVIII 150a, Bl. 12–16 und ThHStAW HA A XVIII 130, Bl. 8–10 sowie ohne Angabe der Quelle ThHStAW HA A XVIII 150a, Bl. 9–11.
65 ThHStAW HA A XVIII 150a, Bl. 16: „Je mehr ich indeß mit der Geschichte der Revolution vertraut werde, desto stärker wird die Überzeugung wieder in mir, die ich sonst imer zu haben pflegte daß der Mensch nichts ohne Leidenschaft ausrichtet, mithin, daß an jene idealische Vollkomenheit, welche wir oft in Büchern träumen, so gut als gar nicht zu dencken ist. [...]"

nung, Beständigkeit und Prosperität geben solle. Für den Herrscher bedeute dies, sich von despotisch absolutistischen Regierungsprinzipien zu verabschieden.[66]

3. Daß ein Zusammenhang zwischen Lektürenotizen und Fragmentcharakter oder Fehlen eigener Schriften existiert, belegt eine dritte Funktion von Lektürenotizen, die im Nachlaß Anna Amalias deutlich hervortritt. Zahlreiche Werkauszüge der Weimarer Fürstin lesen sich wie Vorstudien zu eigenen Entwürfen. Der Einfluß der Helvétius-, Burke- und der Herdernotizen auf die Entwürfe zu einer kulturphilosophischen Abhandlung, die am Jahrhundertende das Zeitalter der Aufklärung negativ bilanziert, ist ebenso unverkennbar, wie der der Notizen zur Geschlechterproblematik auf Anna Amalias fragmentarische Studie über die Geschlechter, in der Egoismus, Ehrgeiz und Ruhmessucht ausschließlich an Männer gebunden und weibliche Existenz zum Hort von Humanität stilisiert wird. Darauf wird weiter unten einzugehen sein.

4. Eine vierte Funktion der Lektürenotizen ist an Konversation und Geselligkeit gebunden. Vor allem die zahlreichen sentenzartigen Lektürenotizen, Bonmots und Anekdoten[67] könnten ein Reservoir für höfische Konversation gewesen sein, dem Modell des in Anna Amalias Bibliothek vorhandenen, zweibändigen *Dictionnaire d'anecdotes, de traits singuliers et caractérstiques, historiettes, bon mots, naivetés, aillies, reparties ingenieuses etc.* (1767) folgend. Die meisten Fragen werfen allerdings die besonderen, in anderen Fürstinnennachlässen nicht zu findenden Lektürenotizen Anna Amalias auf: die in konstant zweifacher Ausführung vorhandenen Notizen. Dabei handelt es sich um die oben schon erwähnten Exzerpte aus Burkes *Schriften*, aus Herders *Briefen zu Beförderung der Humanität*, die Auszüge aus Winckelmanns *Geschich-*

---

66 ThHStAW HA A XVIII 150b, Bl. 343: „Les plus grand dèfauts dans le gouvernement viennent de ceux du prince, quand les rois veulent que tout se fasse(par eux?) prennent aucun moyen, ni aucun conseil que de leur autorité.“; vgl. auch ThHStAW HA A XVIII 150a, Bl. 22 und den umfangreichen Auszug *Discours du Cardinal de Retz Coadjuteur lors de la Fronde en France aus den Memoires d'Anne de Gonzague, princesse palatine* (ThHStAW HA A XVIII 150b, Bl. 351–345), wo das englische Modell einer in ihrer Macht eingeschränkten Monarchie favorisiert wird.

67 Besonders ThHStAW HA A XVIII 150b, Bl. 310–313, Bl. 359. Anna Amalia notiert beispielsweise Bl. 310 den Satz de Broglies „Le public, le pulic, dit-il! combien faut-il de sots pour faire un public.“ und die Anekdote, daß König Stanislaus die Mätresse seines Kanzlers, Madame de Bassompiere, verführen wollte und auf deren Ablehnung erwiderte: „Je me tais [...] mon Chancelier Vous dira le reste.“

te der Kunst des Altertums, um Betrachtungen zur Französischen Nation und zum französischen Nationalcharakter, Rousseau-Zitate sowie die Choderlos de Laclos-Exzerpte zum Thema Frauen, Altern und Bildung, Aktivität von Frauen.[68] Wäre denkbar, daß eins der Exzerpte zur Abschrift und Verteilung gegeben wurde, das zweite in den Händen Anna Amalias blieb? In dieser Form könnten diese Lektürenotizen Gesprächsgrundlage bei geselligen Zusammenkünften im Umkreis Anna Amalias gewesen sein.

Betrachtet man die unterschiedlichen Funktionen von Lektürenotizen im Zusammenhang mit Äußerungen zur Lesekultur in den Korrespondenzen der Fürstinnen, so ergibt die Zusammenschau beider Quellengruppen ein recht genaues Bild davon, welche Lektüremethoden existierten, mit welcher Intensität im weiblichen Kulturbereich des Hofes gelesen wurde, welche Lektüreformen existierten und welche Personen daran beteiligt waren.

Zunächst einmal belegen die Dokumente, daß Lektüre eine eigenständige Beschäftigung war, die nur noch selten parallel zu einer anderen Tätigkeit stattfand.[69] Die Lektüremethoden sind außerordentlich variabel. Die in den Korrespondenzen der Fürstinnen genannten, lassen sich zu drei Gruppen zusammenfassen.

1. Intensive Lektüreformen: Dazu gehören die wiederholte Lektüre eines Werkes *(lire et relire)* bis zum Auswendiglernen, das Lesen des fremdsprachigen Originals und der deutschen Übersetzung, die von Notizen oder Anstreichungen begleitete Lektüre und, als Sonderform, das Übersetzen fremdsprachiger Texte.
2. Extensive Lektüre: Einige Werke werden überflogen *(parcourir)* oder es werden gleichzeitig mehrere Bücher gelesen.
3. Informatives Lesen: Auf Befehl der Fürstin wurden Zusammenfassungen einzelner Werke oder Auszüge angefertigt oder in Briefbeilagen von Korrespondenten mitgeteilt.

Es existieren zwei Lektüreformen nebeneinander. Zum einen das einsame Lesen, das sich oftmals über den gesamten Tag erstreckte. Es wird von den Fürstinnen als eine mindere Qualität, als Ersatz für feh-

---

68 Vgl. Anm. 42.
69 Florinus (wie Anm. 4), S. 31 spricht noch vom Umgang mit gelehrten Leuten bei der Tafel; ein einziger Nachweis von Lektüre als Nebenbeschäftigung (Hess-StAD D4, Nr. 562/4) findet sich im Brief Karolines v. Hessen-Darmstadt an Maximilian Grafen Nesselrode-Ehreshofen am 23.12.1761: „[...] j'ai relu Oedipe de Voltaire avanthier pendant ma toilette [...]."

lende Geselligkeit betrachtet.[70] Diesem einsamen Lesen lassen sich vor allem zwei der oben erwähnten Funktionen von Lektürenotizen zuordnen, die Lektürenotizen, die Bekenntnischarakter tragen und die, welche als Vorarbeiten zu eigenen Schriften angesehen werden können. Die offenbar bevorzugte Form der Lektüre war die des geselligen Lesens, wofür ein festgelegter, begrenzter Zeitfonds vorgesehen war und dem sich die erste und vierte Funktion von Lektürenotizen zuordnen ließe. Das an Oralität gebundene, gesellige Lesen konnte alternierendes Vorlesen in einem Zirkel sein, war Mitteilung und Gespräch zu individueller Lektüre im geselligen Kreis oder das Gespräch über ein in diesem Kreis kursierendes Buch. An dieser geselligen Lektüre waren die Fürstin und ihr Hofstaat, oft die Prinzenerzieher und die Kinder, Gäste am Hof (Bildungseliten adliger und bürgerlicher Herkunft) beteiligt. Diese um ihre Person konzentrierte Lektüreform ist von den Fürstinnen sowohl als Ausdruck persönlicher Hochschätzung als auch als Beweis einer gelungenen Form von Kulturpolitik betrachtet worden.[71] Das Streben nach geselliger Lektüre und Konversation ist damit kein besonderes Merkmal des Musenhofs einer fürstlichen Witwe wie es Anna Amalia war, sondern generell dem weiblichen Kulturbereich des neuzeitlichen

---

70 Klagen über fehlende Geselligkeit sind besonders zahlreich bei Wilhelmine von Bayreuth und Karoline von Hessen-Darmstadt nachzulesen, z. B.: Wilhelme v. Bayreuth an Friedrich II. v. Preußen, Mitte Februar 1737, in: VOLZ 1924–26, Bd. 1, S. 347: „[...] Euer Kreis muß reizend sein. Gott, wie glücklich wäre ich, daran teilzunehmen! Ich glaube, dort herrscht das goldene Zeitalter. In Dingen der Philosophie bin ich nicht so glücklich wie Du. Ich vergesse das wenige, was ich davon gelesen habe; denn hier habe ich niemanden, mit dem ich reden könnte, außer unserem Arzte, der sehr gelehrt und ein feiner Kopf ist. [...]“. Karoline v. Hessen Darmstadt an Wilhelmine Charlotte v. Zuckmantel, 2.7.1749; WALTHER 1877, Bd. 2, Nr. 2: „[...] Le fond de ma lecture est toujours du solide, il faut de la nourriture à l'esprit et d'autant plus, quand on n'est pas à même de profiter par la conversation [...]“

71 An dieser Stelle wären die intensiven Bemühungen der Fürstinnen, in Europa bekannte, literarisch-künstlerische Eliten an ihren Hof zu ziehen, einzuordnen, deren Teilnahme an Geselligkeit um die Fürstin herum in den Korrespondenzen eine zentrale Rolle spielt. Für die Gothaerin sind die Bemühungen um Christian Wolff, Voltaire, Rousseau, für die Bayreutherin die um die Madame de Graffigny und den Marquis d'Adhémar zu erwähnen. Anna Amalia, die in ihrer Regentinnenzeit durch die Berufung Wielands die Basis für solche anspruchsvolle Geselligkeit gelegt hat, kann als Witwe daran anknüpfen. Die Grundlage dafür ist die Absprache mit Carl August, daß sie als Witwe in der Residenz wohnen bleiben könne und sich nicht, wie üblich, auf den im Heiratsvertrag festgelegten Witwensitz zurückziehen solle; vgl. dazu Carl August an Anna Amalia 16.3.1775; BERGMANN 1938, Nr. 16.

protestantischen Hofes eigen. Hier war der Ort, wo weibliches Bildungspotential legal in semiöffentlicher Konversation zur Geltung kommen konnte.

Lektüre und Geselligkeit

Ihre vollkommenste Form fand gesellige Lektüre in den von Fürstinnen gegründeten und organisierten androgynen Zirkeln. Ob dies gelang, war neben persönlichem Engagement auch von den finanziellen Möglichkeiten, Bildungseliten an den Kleinhof zu binden, und von einer entsprechenden Kulturpolitik abhängig. Beispiele für tatsächlich arbeitende und über längere Zeit existierenden Zirkel um die Fürstin herum bieten der Gothaer Hof, wo Luise Dorothea 1739 den *Ordre des Hermites de bonne humeur* gründete, der nachweisbar bis August 1758 arbeitete,[72] sowie in Weimar die Tafelrunde und der Tiefurter Kreis Anna Amalias. Für beide Geselligkeitsformen ist charakteristisch, daß die Fürstinnen ein paritätisches Verhältnis beider Geschlechter anstrebten. Die Zirkel wurden vom Gedanken freier Meinungsäußerung und Egalität aller Mitglieder innerhalb dieser Gesellschaft getragen und sahen aktive Beteiligung an Geselligkeit von Männern und Frauen vor. Sind diese Prinzipien höfischer Geselligkeit für den Gothaer Hof in den Ordensstatuten schriftlich fixiert, so lassen sich entsprechende Vorstellungen Anna Amalias nur mühsam aus dem schriftlichen Nachlaß erschließen. Verkompliziert wird eine solche Rekonstruktion dadurch, daß das Geselligkeitsideal Anna Amalias nur aus Entwürfen rekonstruierbar ist, die Ende der neunziger Jahre entstanden und ihre tiefe Enttäuschung über das Mißlingen ihrer Geselligkeitskonzeption ausdrücken. Als Textkonvolut können folgende Nachlaßteile herangezogen werden: ein *Märchen*,[73] der Aufsatz über die Geschlechter[74] und die Entwürfe zur kulturphilosophischen Abhandlung.[75] Sie stellen auf drei unterschiedlichen Abstraktionsstufen die Auseinandersetzung Anna Amalias mit dem Problem Geselligkeit dar.

---

72 RASCHKE 1995.
73 Gedruckt: ANNA AMALIA 1932.
74 ThHStAW HA A XVIII 128, Bl. 4–5.
75 In komprimiertester Form ihn ThHStAW HA A XVIII 128, Bl. 1; ThHStAW HA A XVIII 142 a, Bl. 28, 37–39 und ThHStAW HA A XVIII 150a, Bl. 3, 36–68.

Nur leicht verschlüsselt werden im *Märchen* die konkreten Probleme höfischer Geselligkeit im Weimar der neunziger Jahre widerspiegelt. Im *Märchen* beschreibt Anna Amalia eine Stadt in Nubien und ein nahegelegenes Dorf, wo sich jeweils um einen Mann voller Verstand eine charakteristische Form von Geselligkeit herausbildet. Der Mann in der Stadt ist durch Schmeichler und Bewunderer aufgeblasen, stolz und selbstverliebt geworden. Sein *Cabinet von schönsten Schilderungen* und seine *Naturalien-Sammlung* präsentiert er allen aus der Ferne Anreisenden „als ein Kenner und Gelehrter; er hatte die besondere Gabe, sich fremde Urteile und Kenntnisse zuzueignen." Niemand wagt ihm, dem „Stolz der ganzen Stadt", zu widersprechen. Im Gegensatz dazu teilt der Mann aus dem Dorf, der „Weise", sein Wissen „andern, die ihn hören wollten, umsonst" mit. „Er hatte ein paar gute Freunde, die ihn verstunden und er sie, die in seinen Erholungsstunden ihn besuchten, oder er sie, wo sie sich einander mitteilten, was sie für Entdeckungen in der Natur gemacht hätten." Das Märchen endet damit, daß der Weise aus dem Dorf einen vom Mann aus der Stadt hochgepriesenen Edelstein, das Glanzstück seiner Sammlung, als falsch entlarvt und dafür seinen Beinamen „Weiser" bis ans Lebensende beibehalten wird.

Deutlich erkennbar ist in diesem Märchen die positive Beschreibung des von Anna Amalia geschätzten, gleichberechtigten geselligen Lebens im Gegensatz zur dominierenden, auf angemaßter Autorität beruhenden, passive Zuhörer und Zuschauer hervorrufenden Geselligkeit. Sie beschreibt damit einen Ablösungsprozeß, der mit der 1791 von Goethe ins Leben gerufenen Freitagsgesellschaft, für die Anna Amalia im Wittumspalais die Räumlichkeiten stellte, sichtbar wurden. Anstelle eines gleichberechtigten Dilletantismus drängten sich fachliche Kompetenz und Wissenschaftlichkeit, verbunden mit einem starken Autoritätsanspruch in den Vordergrund.[76] Dieser Professionalisierung konnten insbesondere Frauen nicht genügen. Ihre bislang gleichberechtigte Teilnahme an der oralen Hofkultur war gefährdet.

Für Anna Amalia stellt sich dieser Umstrukturierungs- und Abdrängungsprozeß unweigerlich auch als ein Geschlechterkonflikt dar. Hier setzen die Gedankengänge ihrer kurzen Abhandlung über die Geschlechter an. Der Geschlechterkonflikt wird von Anna Amalia zunächst als ein Konflikt auf sexueller Ebene dargestellt, zwischen Liebe, Empfindung und altruistischer Fürsorge der Frauen einerseits und ungestümer Genußsucht und die Frau mißachtendem, tierischem Vergnü-

---

76 Vgl. SEIFERT 1994 und den Beitrag von Joachim BERGER in diesem Band.

gungsdrang der Männer andererseits. Diese Auffassung ist in den Ein-
gangsworten „Die Weiber lieben, Männer haben nur Begierde" kompri-
miert. Im zweiten Teil der Abhandlung stellt Anna Amalia die Konsequenzen dieses Konflikts auf das gesellige und gesellschaftliche Leben
mit dem auch im *Märchen* verwendeten Vokabular dar. Das an Stolz
und Selbstsucht gebundene Verhalten der Männer zerstöre Tugend,
Menschlichkeit und „das Band des Geselschaftigen lebens". Frauen sei-
en die Trägerinnen von Sittlichkeit, Vernunft und Humanität und somit
als Teil und Korrektiv der Gesellschaft unentbehrlich.

> Die Natur [...] setzte das Weib an der seite des Mannes seine Roheit zu mil-
> dern, ihn mit Vernunft und liebe in den schranken der Menschheit zu leiten.
> Die Geringschätzung des weiblichen Geschlechts ist der Gipfel zu der Un-
> sittlichkeit. Gegenseitige Hochachtung muß unter beyden Geschlechtern
> existieren [...].

Die Überlegungen Anna Amalias sind, das zeigen auch die oben erwähnten Lektürenotizen, in der Geschlechterdebatte des 18. Jahrhunderts
verwurzelt.[77] Anna Amalias Geschlechterkonzeption ist nicht in den radikalen Gleichheitsforderungen in der Tradition eines Poullain de la Barre,
Caffiaux oder Puisieux verankert, sondern in der sich seit Mitte des 18.
Jahrhunderts herauskristallisierenden Vorstellung von Gleichheit der Geschlechter in der Differenz. Solche komplementäre Geschlechterauffas-
sung wurde unter anderem von Anne Thérèse de Lambert und Antoine-
Léonard Thomas vertreten, deren Werke sich in der Privatbibliothek
Anna Amalias befanden. Wichtigste Quelle für die misandrischen Tendenzen in der Abhandlung der Weimarer Fürstin scheint hingegen das
1796 in Lausanne erschienene Werk von Anne-Louise Germaine de Staël
De l'influence des passion sur le bonheur des individu et des nation zu
sein. Es ist eine weitgehende Übereinstimmung in der Geschlechteran-
thropologie feststellbar, die auf der Übertragung der Helvétiusschen
Egoismustheorie auf das männliche Geschlecht beruht. Den Männern
werden von Madame de Staël die negativ verstandenen „passions" zugeordnet. Dazu gehören „l'ambi-tion, l'amour de la gloire" und „la vanité",
Eigenschaften, die sich allesamt aus dem öffentlichen Wirken der Männer
ergeben. Frauen hingegen zeichne einzig und allein Liebe aus. „L'amour
est la seule passion des femmes", verstanden wohlgemerkt als „passion de
l'âme". In Hinblick auf die gesellschaftliche Stellung der Geschlechter

---

77 Vgl. STEINBRÜGGE 1992.

zueinander jedoch unterscheidet sich Anna Amalias Entwurf von der Schrift der Madame de Staël. Letztere leitet aus der schwachen Natur der Frauen und den sozialen Verhältnissen eine Subordination der Frauen ab und betrachtet diesen Zustand als unveränderbaren status quo.[78] Deshalb bindet sie weibliches Wirken in der zunehmend von Egoismus und Konkurrenzdenken beherrschten Männergesellschaft im Ausgang des 18. Jahrhunderts dezidiert an die Familiensphäre und an uneigennützige Liebe.[79] Anna Amalia hingegen, die als ehemalige Regentin männlichen Regenten ebenbürtig war[80] und die im höfischen Bereich tradierte Vorstellung der *femme forte* kennt,[81] folgt der Staëlschen bürgerlichen Ideologie nicht mit aller Konsequenz. Ihre Abhandlung ist zumindest der Versuch, das Ideal einer in ihrem Sozialbereich bislang möglichen gleichberechtigten Teilnahme von Frauen an der semiöffentlichen Kultur des Hofes zu erinnern und als zivilisatorische Aufgabe zu betrachten. Der Schlußsatz der Abhandlung Anna Amalias lautet: „Giebt es keine Achtung mehr so fällt der Mann in seiner Roheit zurück, wird Selbst-Süchtig und reißet die Tugend aus ihrer Angel."

Allerdings scheint der Desillusionierungsprozeß angesichts der tatsächlichen Umstrukturierung Weimarer Geselligkeit um die Jahrhundertwende, das allmähliche Abdrängen des Witwenhofs aus der professionell organisierten Beschäftigung mit Wissenschaften und Kunst bei Anna Amalia letztlich überhand zu nehmen.[82] Auf einer dritten Ebene der Verallgemeinerung, in den geschichts- und kulturphilosophischen Betrachtungen zum Jahrhundert der Aufklärung, deutet sich sehr vorsichtig die außerordentlich tiefgründige Schlußfolgerung an, daß Frauen aus dem Prozeß der Aufklärung ausgeschlossen, ja daß die Aufklärung ein gegen die Frauen gerichteter Prozeß sei. In den etwa 45, mit zahlreichen Streichungen versehenen Entwürfen charakterisiert Anna Amalia ihr Jahrhundert als das Jahrhundert „falscher Cultur u Aufklärung"[83].

---

78 STAEL DE HOLSTEIN, De l'influence des passion sur le bonheur des individus et des nation, Lausanne 1796, S. 128: [„...] l'insurmontable faiblesse de sa nature et de sa situation dans l'ordre social, l'a placée dans une dépendance de tous les jours dont un génie immortel ne pourrait encore la sauver [   ]"

79 Ebd., S. 177: „[...] Il reste des devoirs, il reste des enfans, il reste aux ères ce sentiment sublime dont la jouissance est dans ce qu'il donne, et l'espoir dans ses bienfaits. [...]"

80 Vgl. Florinus (wie Anm. 4), S. 71; MONBART (wie Anm. 27), S. 9 f. und Troisième partie.

81 Vgl. Anm. 30.

82 Vgl. hierzu den Beitrag von Joachim BERGER in diesem Band.

83 ThHStAW HA A XVIII 150a, Bl. 52.

Es sei durch den Untergang von Tugend, Ehre, Gutheit, Wohlwollen, Sittlichkeit, die „gänzliche umstürzung der ideen und Grundsätze, selbst eine Verworrenheit der Sprachen" gekennzeichnet [84]. Unter dem Deckmantel dieser Werte seien Leidenschaft, Egoismus und Eitelkeit treibende Kräfte.[85] Sie führten zu Zerstörung, ja zur Selbstzerstörung der Menschheit.[86] Der Fortschrittsgedanke der Aufklärung wird so ad absurdum geführt. Daß Anna Amalia das so charakterisierte Jahrhundert der Aufklärung als Jahrhundert der Männer sieht, zeigt eine interessante, einmalig auftauchende Streichung, wo von ihr anstelle des Wortes „Menschen" das Wort „Männer" eingesetzt wird.[87] Während in den gleichzeitig entstandenen Säkularbilanzen männlicher Autoren, auch in den negativen urteilenden, Menschheit und deren männlicher Teil selbstverständlich zusammenfallen, ist in Anna Amalias Text der zaghafte Versuch einer weiblichen Sicht auf das Aufklärungsjahrhundert spürbar.

Bleibt abschließend zu erwähnen, daß der von Anna Amalia von Sachsen-Weimar-Eisenach erlebte und reflektierte Prozeß des Abdrängens weiblichen Bildungspotentials, die Auflösung androgyner Geselligkeit im höfischen Kulturbereich ein Prozeß ist, den die moderne Sozietätenforschung bestätigt.[88]

---

84 ThHStAW HA A XVIII 150a, Bl. 3.

85 ThHStAW HA A XVIII 150a, Bl. 37: „[...] Die Eitelkeit ist die Uhrheberin der misverstandenen und gemisbrauchten Cultur. [...]"; ThHStAW HA A XVIII 150a, Bl. 38: „[...] die jetzige Litteratur bestehet nur in Leidenschaften u Egoismus. [...]"

86 ThHStAW HA A XVIII 150a, Bl. 37: „[...] die Menschen sind wie ein AmeisenHaufen [...] sind sie zu einer gewissen Höhe gekomen so werden sie wie böse Buben die den Ameisenhaufen suchen zu zerstören so werden auch die Menschen entweder durch phisische, durch moralische, oder Politick zerstört. [...]"

87 ThHStAW HA A XVIII 150a, Bl. 75. Interessant in diesem Zusammenhang, dem letztlich mißlungenen Versuch einer weiblichen Perspektive auf ein Thema, ist auch ein Vergleich eines der wenigen überlieferten Entwürfe zu den *Briefen aus Italien* (ThHStAW HA A XVIII 142a, Bl. 33–34) mit der Endfassung (Druck: ANNA AMALIA 1999).

88 Vgl. EBRECHT 1989 und KREISKY 1995.

Heide Hollmer

„Ohne Künstler kann man nicht leben weder in Süden noch Norden"[1] – Herzogin Anna Amalias Kunstwahrnehmung und Kunstförderung während der Italienreise (1788–1790)

> „ich finde mich hier ganz Seelig, und
> wünsche mir Keine andere existenz,
> ich werde schwanger von
> so vielen Schönen und herrlichen"[2]

Anna Amalias Reise in „das Land, wo die Zitronen blühn", war zweifellos durch Goethes Italienerlebnis stimuliert, durch dessen Selbststilisierung zum wieder- bzw. neugeborenen Künstler unter arkadischem Himmel, im Land der schönen (antiken) Künste als dem Gegenpol zum unsinnlich-prosaischen Norden. Die beiläufige Notiz in der „Italienischen Reise", wonach das Mittelmeerland „in dem geistreichen und kunstliebenden Kreise unserer Herzogin Amalie [...] jederzeit als das neue Jerusalem wahrer Gebildeter betrachtet wurde und ein lebhaftes Streben dahin [...] sich immer in Herz und Sinn erhielt",[3] scheint diese Initiationsfunktion Goethes freilich ex post relativieren zu wollen. Gerade weil die Tour der Ex-Regentin ein „kühnes Unternehmen"[4] war (im Hinblick auf das allgemeine Reiserisiko, aber auch in fiskalischer Hinsicht), hatte der prominente Rom-Liebhaber als Hauptschuldiger für die Caprice der abgedankten Regentin geradestehen müssen:

---

1   Johann Wolfgang v. Goethe an Anna Amalia, 14.12.1789; in: HARNACK 1890, S. 202.
2   Anna Amalia an Johann Wolfgang v. Goethe, 5.11.1788; in: HARNACK 1890, S. 95.
3   GOETHE 1993, S. 459.
4   Anna Amalia an Johann Heinrich Merck, Januar 1788; in: WAGNER 1838, S. 272f.

ich wollte [...], es wär mit dem Geheimen Rat anders, als es ist, denn daß er wiederkäm, wollte ich nicht, weil er Feinde hier hat und er immer hier mißvergnügt ist, und doch möchte ich gern bei ihm sein. *Man gibt es ihm schuld, daß die Herzogin Mutter nach Italien geht*, und das verdenkt man ihm sehr.[5]

Tatsächlich dürften Goethes briefliche Zeugnisse seiner glücklichen Existenz unter südlichem Himmel zumindest den letzten Ausschlag für das herzogliche Reiseprojekt gegeben haben, das sich in seiner Konzeption dennoch substanziell von Goethes Italientour unterscheidet.

I. *Anna Amalias Reise zur Kunst*

Der Impuls, Italien zu erkunden und zu erleben, war in erster Linie eine naheliegende Konsequenz aus der weimarischen Italo- bzw. Graecophilie. Die inhaltliche Trendwende – die Abkehr vom philosophischen Rationalismus Frankreichs und vom politischen Sensualismus Englands – deckte sich mit der Etablierung neuartiger Perzeptionsweisen der Kunst: an die Stelle der literarischen Vermittlung rückte die Autopsie, die Bevorzugung von Empirie und Authentizität gegenüber der medialen Multiplikation bzw. Reproduktion. Künstlern wie Gelehrten, Bildungsbürgern wie Therapiebedürftigen erschien Italien (und Griechenland in Italien) als legitimer Nachfolger der Antike, als Kunst- und Natur-Oase, als pauschale Glücksverheißung für klimatisch wie künstlerisch benachteiligte Nordlichter. Die eigene Erfahrung, das persönliche Erleben vor Ort, gehörte obligatorisch zu diesem Paradigmenwechsel.

Nachhaltig sprengte Johann Wolfgang von Goethes Reise die bislang dominierenden deutschen Italien-Interessen und zugleich das bis dato gültige Muster der Italien-Wahrnehmung. Ökonomen, (künftige) Diplomaten und Politiker, Gläubige und Bildende Künstler waren ebenso wie bürgerliche Intellektuelle aus utilitaristischen Gründen in den Süden gezogen: ihnen war an der Erweiterung ihrer Märkte und an der Mehrung ihres Kapitals gelegen, an der Erschließung oder Pflege politischer Kontakte, am persönlichen Seelenheil bis hin zum Ablass, am Studium erstklassiger Kunstwerke bis hin zur Findung neuer Bildmotive

---

5   Fritz v. Stein an Karl v. Stein, 14.1.1788; in: FLEISCHER 1999, S. 51. – Vgl. auch die einschlägige Aussage Johann Gottfried Herders, in: HERDER 1988, S. 163.

oder an der Ausbildung an renommierten Universitäten. Der Frankfurter Jurist Johann Caspar Goethe hatte sich eine enzyklopädische Bildungsreise gegönnt, die deutlich von den philologisch-antiquarischen Interessen der frühen Aufklärung geprägt war: sein *Viaggio per l'Italia fatto nel anno MDCCXL* war als Reise zum Buch konzipiert.[6] Der Italientourist Gotthold Ephraim Lessing, Autor der ästhetischen Grundsatzschrift *Laokoon: oder über die Grenzen der Mahlerey und Poesie* (1766), überging die berühmte Statue erstaunlicherweise in seinem Notizbuch zur italienischen Reise.[7] Er rezipierte das Schöne noch intellektuell, das Medium Buch firmierte vor der eigenen Anschauung. Johann Wolfgang von Goethes Italien-Projekt gestaltete sich ungleich sinnlicher und emotionaler; von Anfang an insistierte er auf der psychischen Regeneration und auf der Reaktivierung der künstlerischen Berufung. Seine Reise in den Süden kam einer umfassenden ,Therapie' gleich – die Remedien der beschädigten Seele hießen ,süd-licher Breitengrad', ,mildes Klima', ,antikes Vermächtnis' und ,schöne Kunst'.

Diesen Prozess der zunehmenden Ausdifferenzierung der Reisekonzepte deutscher Italientouristen schrieb die ehemalige Weimarer Regentin zügig fort. Ihre Exkursion galt weder politischen noch ökonomischen, weder religiösen noch akademischen Anliegen, sondern der Kunst, genauer: dem authentischen Kunstgenuss vor Ort. Anna Amalia erhoffte sich im Gegensatz zum sentimentalischen Kunst-Reisenden Goethe allerdings keinen schöpferischen Neubeginn, keine Metamorphose. Die ebenso kunstsinnige wie kunstliebende Fürstin war zwar enthusiastisch dem Schönen zugetan, verstand sich aber stets als Dilettantin. In erster Linie diente ihre Reise dem persönlichen Vergnügen, das ohne das Kunst-Ingrediens freilich undenkbar gewesen wäre! Sie durfte aufgrund ihrer privilegierten Stellung auf jedwede Nutzanwendung, auf jeden messbaren Profit verzichten; anders als die bürgerlichen Italienfahrer musste sie die Auszeit – trotz aller Kritik an ihrem Luxusunternehmen, für das die stattliche Summe von 65 145 Talern zu veranschlagen war, – nicht wirklich rechtfertigen und entsprechend bei der Rückkehr keinen fassbaren Ertrag der ,Italien-Therapie' präsentieren. In ihrem Fall verschmolz der bürgerliche Italienmythos des Künstlers oder Intellektuellen dennoch nicht einfach mit klassisch aristokratischer Kunstauffassung (diese Symbiose sollte später Ludwig I. von Bayern

---

6 GOETHE 1999a.
7 Vgl. LESSING 1989, S. 683–720. – Lessing hatte 1775 Anna Amalias jüngsten Bruder Maximilian Julius Leopold nach Italien begleitet.

gelingen). Anna Amalias Interesse am Schönen speiste sich nicht mehr aus dem ebenso materiellen wie symbolischen Motiv der aristokratischen Repräsentation, dem auf Masse bedachten Kaufen und Sammeln barocker bzw. spätbarocker Herrscherhäuser. Ihr ging es nicht mehr um die Funktionalisierung der Kunst zur Legitimation der eigenen Macht, sondern um die sinnliche Vertiefung ihrer privaten Kenntnisse und Fertigkeiten, um das unmittelbare Studium der Originale, um das emotionale Erleben der inspirierenden Kulturlandschaft. Bei ihrer Kunsttour war das Schöne Selbstzweck, keine Handelsware; die sentimentale Künstlerreise wandelte sich zur enthusiastischen Liebhaberreise.

Zahlreiche Indizien sprechen dafür, dass Anna Amalia ihre Seniorenresidenz zumindest partiell von der Ilm nach Rom bzw. Neapel verlagerte und das freiwillige Exil offenbar ernstlich als Dauerlösung ins Auge fasste.[8] Sie brach mit einem Hofstaat *en miniature* auf; ihr kleiner Tross war hierarchisch strukturiert, die einzelnen Mitglieder konnten je nach Bedarf unterschiedliche Aufgaben übernehmen: von repräsentativen Funktionen bis hin zur Rolle des vertrauten Gesellschafters oder Hausmusikers. Die fast 50-jährige Fürstin reiste als Person von Stand – äußerlich erkennbar am Familienwappen. Das Inkognito der „Gräfin Altstadt" diente bestenfalls der persönlichen Sicherheit während der Fahrt durch unzivilisierte Gegenden;[9] am Ziel ließ sich Anna Amalia durchaus standesbewusst als „Principessa" bzw. als „Duchessa Anna Amalia di Brunswich Wolfembuttel Luneburgo, Vedova madre di Carlo Augusto Duca di Saxe Weimar Eisenach" einführen.[10] Zu ihrem Gefolge gehörten: die Hofdame Luise von Göchhausen, die konsequent ein Reisetagebuch führte; der Kammerherr Friedrich Hildebrand von Einsiedel, seit 1776 in Anna Amalias Diensten; die Kammerfrauen Muscu-

---

8   Vgl. u.a. Carl August an Carl Ludwig v. Knebel, 15.10.1789: „Endlich habe ich ein Wort des Wiederkommens von meiner Mutter gehört" (VARNHAGEN/ MUNDT 1835–36, Bd. 1, S. 170). – Vgl. ferner HOLLMER 1999, S. 89f.

9   Mutmaßlich aber handelte es sich dabei um eine planvolle Stilisierung; denn bereits in München notiert Luise von Göchhausen, dass der Wirt die Maskierung durchschaut habe (Tagebuch der italienischen Reise der Frau verw: Herzogin Anna Amalia von Sachsen Weimar-Eisenach. geführt von deren Hofdame Luise von Göchhausen. Abreise den 15 August 1788. Rückkunft den 18 Mai 1790; eigenhändiges Manuskript; Goethe- und Schiller-Archiv Weimar; Sign. 24 (I,3), Bl. 2).

10 Vgl. u.a. *Diario ordinario*. Num. 1440. In data delli 18. Ottobre 1788, Roma 1788, S. 8.

lus und Roth; der Mediziner Wilhelm Ernst Christian Huschke; der
Koch René François Goullon; der Dolmetscher und Reiseführer Filippo
Collina, der Sohn von Goethes römischem Hauswirt. Je nach Bedarf
wurde darüber hinaus vor Ort weiteres Personal engagiert: in Rom zum
Beispiel zwei Lohnbediente, eine Garderobenfrau, ferner Lohnkutscher
und Küchenburschen.

Soweit man weiß, erhielt kein Dichter, bildender Künstler oder Wis-
senschaftler die Aufforderung, vorrangig zur Vertiefung seiner Kenntnisse und Fertigkeiten mit nach Italien zu reisen (mithin: ein klassisches
Voll-Stipendium). Zwar brach Johann Gottfried Herder in Gesellschaft
von Johann Friedrich Hugo von Dalberg fast zeitgleich nach Italien auf;
nach dem Zerwürfnis mit seinem Geldgeber konnte er sich vorübergehend sogar Anna Amalia anschließen, doch war diese Unterstützung
nur aus der Not geboren und lediglich eine (befristete) Gefälligkeit dem
finanziell klammen Generalsuperintendenten gegenüber. Die Chance,
durch die Förderung eines künstlerischen Talents mäzenatisch aktiv zu
werden (und damit nebenbei auch den enormen Aufwand moralisch
und ggf. sogar politisch zu rechtfertigen), ergriff Anna Amalia nicht.

Natürlich hätte sich der an den Tiber bzw. an den Golf von Neapel
verlagerte Miniaturhof gerne den glücklichsten Weimarer in Rom ein-
verleibt: Johann Wolfgang von Goethe. Doch dieser verstand es, sich
dem „verwegne[n] Unternehmen"[11] mit Diplomatie und Beharrlichkeit
zu entziehen, und zwar vorab, noch zur Zeit seines Italien-Aufenthalts.
Ihm graute offenbar vor dem Amt des „Reisemarschalls",[12] das seine eigenen italienischen Mystifikationen und Maskeraden zwangsläufig irri-
tiert hätte.

Selbst bei dem Engagement des Komponisten und Musiklehrers
Philipp Christoph Kayser, der die Truppe als einziger Künstler begleitete, handelte es sich nicht in erster Linie um Kunstförderung. Der Frankfurter Goethe-Freund hatte bereits einem Leipziger Kaufmann als Cice-
rone durch Italien gedient und war 1787 auf Einladung Goethes nach
Rom gekommen. Kaysers Berufung durch Anna Amalia darf generell
als Beispiel für die weimartypische Variante des Mäzenatentums gelten:
honoriert wurde der ‚Künstler' in der Regel als Inhaber eines Staatsam-
tes (Musäus als Pädagoge, Wieland und Knebel als Prinzenerzieher oder
Goethe als Minister); das jeweilige schöpferische Talent ist die Voraus-

---

11 Johann Wolfgang v. Goethe an Carl August, 17.11.1787; in: WA IV, Bd. 8,
    S. 293.
12 Johann Wolfgang v. Goethe an Carl August, 25.1.1788; in: WA IV, Bd. 8, S. 330.

setzung für die Anstellung, aber keineswegs die Honorarbasis.[13] Kayser sollte die Herzogin eben nicht vorrangig als Musiker begleiten und schon gar nicht in der Hauptsache seine eigenen Arbeiten vorantreiben (respektive seine Kenntnisse durch entsprechende Studien erweitern): als Orts-, Landes- und Sprachkundiger diente er vor allem der Sicherheit des herzoglichen Konvois und natürlich auch als geistreicher Gesprächspartner bzw. als Unterhaltungsmusiker. Möglicherweise war sich der Komponist dieser pragmatischen Konzeption weit weniger bewusst gewesen als Goethe; jedenfalls dauerte seine ,Anstellung' nur zwei Wochen, weil sich Kayser bereits in Bozen von der fürstlichen Reisegesellschaft trennte. Während Luise von Göchhausen unter dem 31. August 1788 lediglich notierte, der Musiker habe um seinen Abschied gebeten, nachdem er „die meiste Zeit bis hierher üble Laune gehabt" hatte und, „wie man sagt, keines Menschen Freund gewesen" war,[14] benannte Anna Amalia in einem Brief an Goethe auch die unangenehmen praktischen Folgen der Demission, die jede Mutmaßung ob eines etwaigen Mäzenatentums zerstreuen:

> In Regenspurg, fing seine übele laune an, ich glaubte er were über mich oder über meine *Suite* mißvergnügt, ich sprach mit ihm, er gab vor er were nicht wohl [...]. In *Inspruck* entdeckte er an Einsiedel, er könte nicht mit uns leben und er sehe und fühlte er were uns unützlich. Einsiedel stellete ihm mit Güte vor er mögte bey uns bleiben jetz da wir in ein Land kämen wo er uns hülfreich seyn könte, er aber bestand darauf [...]. Ich bin also jetz in *Collinas* Händen, mit dem ich zwar was seine Geschäfte betreffen sehr zufrieden bin, und welchen bis jetzt alle Ursache habe für einen erlichen Menschen zu halten.[15]

Johann Gottfried Herder berichtete seiner Frau Caroline unter dem 1. September 1788 ebenfalls von der überraschenden Kündigung – und ergriff unumwunden Partei für den Musiker bzw. gegen die herzogliche „Bagage".[16] Es scheint ein tiefgehendes Zerwürfnis gewesen zu sein,

---

13 KNOCHE 1999, S. 39.
14 GÖCHHAUSEN (wie Anm. 9), Bl. 4'.
15 Anna Amalia an Johann Wolfgang v. Goethe, 3.9.1788; in: HARNACK 1890, S. 86f.
16 „[...] er ist von der Reisegesellschaft zurückgeblieben, weil ers nicht länger ertragen konnte, u. das Gemälde, das er mir davon gemacht hat, hat ihn bei mir vollkommen gerechtfertigt. Es ist eine Bagage drei- u. vierfach, wie man sie sich denken kann; *er* hat nicht anders handeln können, als daß er noch vor der Grenze Italiens Reißaus nahm." (HERDER 1988, S. 77).

über dessen Motiv man letztlich nur spekulieren kann. Möglicherweise hatte Kayser (wie vor ihm etwa Jakob Michael Reinhold Lenz in Weimar) den Stellenwert der Muse, der Freiheit des bürgerlichen Künstlers, irrtümlich über den des Hofes und der hierarchischen Rangordnung gesetzt.[17] Dass an „keinem anderen Hof in Deutschland [...] bei aller streng beachteten Etikette so wenig aristokratische Berührungsangst" herrschte wie in Weimar,[18] könnte der Anlass für solche Missverständnisse gewesen sein. Anna Amalia blieb eben auch in ihrem Kunst- und Italienenthusiasmus die ehemalige Funktionsträgerin, eine Standesperson, die sich bestenfalls durch ein überdurchschnittliches Maß an Kondeszendenz auszeichnete. Johann Gottfried Herders italienische Irritationen dürften zum Teil gleichfalls auf dieses ‚Tasso-Syndrom' zurückgehen, auf die vermeinte Gleichwertigkeit des Intellektuellen mit demjenigen Aristokraten, dessen Günstling er war (in seinem Fall: Johann Friedrich Hugo Freiherr von Dalberg): „wir kommen überall nur zuletzt dazu, weil man uns brauchen kann u. weil kein andrer da ist; u. leider wir lassen uns brauchen", klagte er Caroline gegenüber.[19]

Gerade weil Kayser unterschiedliche Rollen innehatte, musste rasch ein Nachfolger engagiert werden. Bereits am 5. September 1788 schrieb Einsiedel im Auftrag der Ex-Regentin „Knebeln aus München",[20] um die Vakanz neu zu besetzen. Berufen wurde schließlich der Sänger David Heinrich Grawe (Grave) aus Weimar, der in Mailand zur herzoglichen Reisegesellschaft stieß.[21] Grawe nahm sich in Neapel das Leben – die Hintergründe der Tat bleiben im Dunkeln.[22] Den freigewordenen Platz nahm schließlich der chronisch verschuldete Maler Friedrich Bury ein: er berichtete am 22. August 1789, dass er von Anna Amalia nach Neapel eingeladen worden war und ein Logis bei Tischbein beziehen

---

17 Vgl. auch HARNACK 1890, S. 234f.
18 KNOCHE 1999, S. 39.
19 HERDER 1988, S. 163; vgl. auch S. 472.
20 D.i. mutmaßlich Maximilian von Knebel aus Ansbach, den die Reisegruppe später in Neapel getroffen hat.
21 HERDER 1988, S. 108.
22 Mehrere Quellen suggerieren, Luise von Göchhausens spöttische Zunge habe Grawes Selbstmord veranlasst: „Die Göchhausen, sagt man, sei ganz und gar in Ungnade gefallen, weil die Herzogin gemerkt, daß sie so viel an ihrer Tür horche und Grave totgeärgert hätte, ein schöner Hofdamenzug." (Sophie v. Schardt an Karl v. Stein, 5.12.1790; in: FLEISCHER 1999, S. 97). – Vgl. auch Friedrich Bury an Johann Wolfgang v. Goethe, 22.12.1789; in: RA Bd. 1, S. 163.

könnte, unter dem 22. Dezember 1789 meldete er Goethe, dass er bei der Herzogin wohnen dürfte.[23]

Die ursprüngliche Entscheidung, einen vielseitig einsetzbaren Musiker mit auf die Reise zu nehmen, darf durchaus als programmatisch gedeutet werden. Denn auch im Hinblick auf die Wertigkeit der einzelnen Kunstdisziplinen setzte Anna Amalia eigene Akzente. Ihre Aufmerksamkeit galt vorrangig allen Formen der Musik,[24] namentlich der Oper, dem Gesang und dem Tanz, sowie dem Sprechtheater. Das für Italienreisen der Goethezeit obligatorische Interesse an der bildenden Kunst stand bei ihr eher an zweiter Stelle – weshalb sie letztendlich den Aufenthalt im höfischen Neapel dem Kunststudium in Rom deutlich vorzog; marginal blieb zumindest während der Italienreise die Beschäftigung mit der „wissenschaftlich-literarische[n]" Kultur.[25] Extremer konnte der Kontrast zum Künstler Goethe kaum sein, der sich allen voran der bildenden Kunst und der Literatur (antike Texte, Fachliteratur, eigene Dichtungen) gewidmet hatte; Theater und Musik bildeten die Schlusslichter seines Kulturprogramms. Selbst die Konkurrenz zwischen Rom und Neapel entschieden die Herzoginmutter und der Dichter unterschiedlich: Auch Goethe rühmte die Schönheit der Kulturlandschaft Neapel und bewunderte deren Weltläufigkeit; dennoch zog es ihn einerseits in die eigentliche Magna Graecia, nach Sizilien, andererseits drängte es ihn zurück nach Rom. Während seine Reise in der Ewigen Stadt fokussierte, verbrachte Anna Amalia die meiste Zeit in Neapel. Die Haupt-Motivation einer Italienreise – das Studium der Kunstschätze von der griechisch-römischen Antike bis in die Gegenwart – absolvierte sie weitgehend wie eine Pflichtveranstaltung. Herder meldete jedenfalls im November 1788 stolz nach Hause, dass er sich in puncto Besichtigungstour „des Fleißes über sie rühmen" könne.[26]

Der römische oder mehr noch der neapolitanische Alltag von Anna Amalia glich in seiner Struktur dem Rentière-Dasein an der Ilm. Gepflegter Zeitvertreib und kultivierte Geselligkeit standen an erster Stelle. Oftmals protokollierte Luise von Göchhausen lediglich Whist- oder Tarockpartien einschließlich der Einsätze, Gewinne und Verluste, den

---

23 Friedrich Bury an Johann Wolfgang v. Goethe, 22.8.1789, 22.12.1789; in: RA Bd. 1, S. 159 und S. 163. – Unter dem 18.12.1788 berichtete Bury sogar von einer Einladung nach Weimar; tatsächlich begleitete er Anna Amalia auf ihrer Rückreise bis Mantua (in: HARNACK 1890, S. 112f.; vgl. auch S. 120 und S. 248).
24 Vgl. dazu die Überblicksdarstellung von DREISE-BECKMANN 1998.
25 Vgl. dagegen BAUER 1993, S. 76.
26 HERDER 1988, S. 212.

Speiseplan und die Teestunden sowie die Tischgäste, die Visiten und
Gegenbesuche, die Korrespondenzpartner und ähnliche Alltäglichkei-
ten. Dennoch dürfte es „ein bißgen Unterschied" ausgemacht haben
„zwischen dem großen Saal mit den ewig egalen Hofgesichtern nebst
den *Tarockkarten* und dem Himmel und der Erde von – / Dem Land,
wo die Zitronen blühn, /[...]/".[27] Natürlich war das Beschäftigungs- und
Unterhaltungsangebot namentlich in der glanzvollen Metropole Neapel
unendlich vielfältiger, mithin: die Auswahl deutlich größer; neben der
Erkundung der einzigartigen Kulturlandschaft galt es vor allem, am
weitaus reicheren, schillernderen Gesellschaftsleben zu partizipieren.
Friedrich Hildebrand von Einsiedel schilderte im September 1789 Herder gegenüber den neapolitanischen Tagesrhythmus mit den verschiedenen gesellschaftlichen und kulturellen Highlights:

> Zwei *Abende* der Woche füllt das Theater aus, zwei andere Abende Konzer-
> te in unserm Hause, wo sich der Kreis der Zuhörer täglich mehrt; die übri-
> gen Abende besuchen wir die sogenannten Akademien der nobili und amici
> wechselweis, und dann und wann auch eine Konversation. Die Morgen
> werden auf der Gitarre verklimpert, die Nachmittage verschlafen; Portici
> oder der Pausilipp dienen zu Spazierfahrten – und was unter dem Fittig der
> Nächte vorgeht, das soll meine Feder nicht enthüllen![28]

Die Ex-Regentin war dennoch keine Banausin. Sie reiste nicht als Igno-
rantin, um in Italien den Weimarer Alltag eins zu eins zu kopieren.
Schließlich war ihr Ziel nicht beliebig, sondern bewusst ausgewählt
worden. Die programmatische Reise zur Kunst geriet der vielseitigen
Dilettantin nie ganz aus dem Sinn. Sie absolvierte die obligatorischen
Besichtigungstouren (wenn auch nicht mit Goethes Leidenschaft und
Herders Fleiß), in der Regel unter fachkundiger Führung. In ihren Vor-
lieben und Werturteilen folgte sie weitgehend dem maßgeblich von Jo-
hann Joachim Winckelmann bestimmten und über Goethe vermittelten
Zeitgeist, der die griechische Antike zum absoluten Maßstab erklärte.

---

27 Sophie v. Schardt an Karl v. Stein, 2.7.1790; in: FLEISCHER 1999, S. 64.
28 HERDER 1988, S. 536. – Die Schlussbemerkung impliziert zwar, dass das *comme
il faut* gelegentlich gelockert wurde. Der Enthusiasmus für Giuseppe Capecelatro, den Erzbischof von Tarent, dürfte dennoch platonischer Natur gewesen
sein. Mutmaßlich handelt es sich hierbei mehr um (Italien-)Reise-Rhetorik, um
ficta, und weniger um *facta*. – Zum römischen Alltag vgl. Luise v. Göchhausen
an Johann Wolfgang v. Goethe, 1.11.1788; in: HARNACK 1890, S. 94.

Diesem Commonsense entsprechend zog Anna Amalia das antike Pantheon dem neuzeitlichen Petersdom vor und ignorierte die Staufer-denkmale in Apulien, das sie – auf Einladung von Giuseppe Capecelatro – mutmaßlich als erste Deutsche bereiste. Sie ergriff im Gelehrtenstreit um die Konkurrenz zwischen Raffael und Michelangelo die Partei des klas-sizistischen Raffael und kritisierte Michelangelos Manierismus. Dem italienischen Barock stand sie reserviert gegenüber, für die Musik der Gegenwart bemühte sie nicht selten den Dekadenz-Topos. Die in Rom und Neapel arbeitenden Zeichner und Maler inklusive deren Star Ange-lika Kauffmann konnte sie dennoch uneingeschränkt würdigen, weil diese sich – jedenfalls nach damaliger Auffassung – um eine Renaissance des antiken Schönheitsideals bemühten.

In toto setzte Anna Amalias Italienreise durchaus eigene Akzente: der neue Prototyp, deren Verschriftung Johann Gottfried Herder als „Musenreise"[29] etikettierte, hebt sich deutlich von den bekannten Rei-semodellen ab. Anna Amalia distanzierte sich – ähnlich wie der adelige Kunsttourist August von Sachsen-Gotha-Altenburg[30] – von dem ebenso universalen wie politischen Fundament der (barocken) Grand Tour, be-kannte sich zugleich aber zum fürstlichen Stand und achtete auf die ad-äquate Zusammensetzung der Reisetruppe; sie verzichtete auf den anti-quarisch-philologischen Bildungshunger des bürgerlichen Reisenden (Bei-spiel: Johann Caspar Goethe), der mit aufklärerischem Impetus Popu-larphilosophie und -wissenschaft betrieb. Beiden im späten 18. Jahr-hundert eher antiquierten Mustern ist das Bedürfnis nach Vielfalt, nach Vollständigkeit, nach Wahrnehmung des Typischen wie des Besonderen eigen: Voraussetzungen, die die Weimarer Ex-Regentin bisweilen erfüll-te, streckenweise aber ebenso souverän missachtete. Zugleich trägt An-na Amalias italienisches Abenteuer auch – äußerlich bleibende, dilettan-tische – Züge der modernen ästhetischen Studienreise (Beispiel: Johann Wolfgang von Goethe). Sie pflegte nach ihrem Vermögen ihre künstleri-schen Fertigkeiten (sie zeichnete, spielte verschiedene Instrumente, führte phasenweise ein Tagebuch und verarbeitete ihre Reiseeindrücke später in den *Briefen über Italien*), ohne je mehr als einen Amateurstatus für sich in Anspruch zu nehmen. Vor Ort studierte sie selbstverständlich die renommierten Kunstschätze, besuchte Ateliers und Sammler sowie

---

29 Johann Gottfried Herder an Anna Amalia, Anfang 1797; in: DOBBEK/ARNOLD 1982, S. 290.
30 Vgl. AUGUST VON GOTHA 1985.

Kunsthändler.[31] Zum Trendsetter wurde sie in zweifacher Hinsicht: zum einen als Initiatorin der Gitarrenmode des 19. Jahrhunderts (Anna Amalia nahm in Neapel Gitarrenunterricht, brachte neben zahlreichen Noten auch mindestens ein Instrument mit); zum anderen weil sie für sich als Dilettantin das Studium vor Ort, die autoptische Wahrnehmung des Schönen reklamierte. Die Kunstliebhaberei bildete dennoch nur den einen roten Faden ihrer kunst-enthusiastischen Studienreise, das Bedürfnis nach Geselligkeit den anderen.[32] Deshalb zog Anna Amalia den langen Aufenthalt an ausgewählten Orten – im Interesse des stilvollen Genusses – der flüchtigen Rundreise vor. Ihre Tour verstand sich schließlich auch als glanzvolle Alternative zum eher bescheidenen Leben als ‚pensionierte' Regentin in der kleinen Ilm-Residenz.

II. *Anna Amalia als Mäzenatin*

Anna Amalias Kunstförderung hat sich mutmaßlich auch während der Italienreise im Großen und Ganzen in dem in Weimar üblichen, finanziell engen Rahmen gehalten. Diese Einschätzung muss derzeit allerdings vorläufig bleiben, da die einschlägigen Quellen bisher nur rudimentär erschlossen sind. Selbst die greifbaren Einzelsegmente aus der vor- und nachitalienischen Zeit ergeben lediglich ein fragmentarisches Bild: Der Korrespondenz mit Johann Heinrich Merck beispielsweise ist zu entnehmen, dass dieser zum Teil inkognito als Marktbeobachter, Berater, Einkäufer, Tauschhändler oder Auftraggeber tätig war, und zwar gegen Honorar (wiederholt wurde vor einer Kaufentscheidung Goethes Rat eingeholt).[33] Bei den über Merck abgewickelten Anschaffungen (die vor allem um 1780, vereinzelt bis 1790 datieren) handelt es sich überwiegend um preisgünstige Kupferstiche, um Handzeichnungen und um Porzellan. Den größten Posten bilden Reproduktionen, daneben ist in den Dokumenten auch von Zeichnungen und Aquarellen die Rede. Generell überwiegen Malerei und Kunsthandwerkliches die Bildhauerei. Eher selten wurden (abgesehen vom obligatorischen Portrait) originale

---

31 Vgl. HOLLMER 1999, S. 85–103.
32 Vgl. dazu auch FRANK 1999.
33 Vgl. u.a. Johann Heinrich Merck an Anna Amalia, 24.12.1779; Johann Heinrich Merck an Carl August, 16.1.1781 bzw. 28.2.1783; in: GRÄF 1911, S. 27–29, S. 78–81, S. 173–175.

oder historische bzw. antike Werke in Auftrag gegeben oder angeschafft.

Soweit Einsiedels Abrechnungen über die Italienreise[34] eingesehen werden konnten, enthalten diese wenig konkrete Hinweise auf Kunst-Ankäufe o.ä. Im Anhang an die post festum erstellte Übersicht über „Banquier Zahlungen, und Reisegeld" findet sich lediglich ein summarischer Hinweis:

> Eine spätere Nachzahlung Anno 1801, an Herrn Heigelin, von 380 Talern und 8 Groschen, und eine etwas frühere an Madame Angelica, sind als Reiseausgaben hier nicht angesetzt; sie betreffen Zahlungen für Hrn. Bürry, und Kunstsachen.[35]

Nicht klärbar war, ob es sich bei diesen Zahlungen an Bury um eine Zuwendung, um ein Honorar oder um die Begleichung einer Kostenrechnung für Kunstkäufe handelte. Der Korrespondenz Burys mit Goethe sind einzelne Hinweise zu entnehmen, wonach die gelegentlichen Pauschalzahlungen an Zeichenaufträge geknüpft waren.[36] Exakte Abrechnungen waren jedoch nicht aufzufinden. Ebenso vage bleibt ein Posten, der in Einsiedels Schlussrechnung separat ausgewiesen ist, nämlich die Erwähnung von 50 Talern und 3 Groschen „Fracht [...] für I Kiste Kupferstiche aus Italien 1790";[37] ein Inhaltsverzeichnis für diese Sendung war nicht zu ermitteln.

Aufgrund der schwierigen Quellensituation ist eine umfassende Darstellung von Anna Amalias Kunstförderung während der Italienreise derzeit nicht möglich. Grosso modo zeichnen sich jedoch vier Varianten ihres Mäzenatentums ab:

1. Anna Amalia unterstützte Künstler bzw. Gelehrte zeitweise und eingeschränkt durch die Mitnahme auf die Reise. Eine derartige Subvention war entweder an eine dominierende kunstfremde Funktion geknüpft (etwa bei Kayser, Grawe und Bury) oder wurde lediglich befristet als Notanker gewährt (Herder); diese Spielart des ‚Reisestipendiums' be-

---

34　*Übersicht des Aufwandes, welchen die im Juni 1788 angetretene und im Juni 1790 beendigte Reise durch Italien, veranlaßt hat*; Thüringisches Hauptstaatsarchiv Weimar (= ThHStAW) HA A XVIII 158.

35　Übersicht (wie Anm. 34), Bl. 2.

36　Friedrich Bury an Johann Wolfgang v. Goethe, 21.3.1789; Bury bestätigt den Erhalt von 100 Scudi via Einsiedel, unter dem 22.12.1789 quittiert er weitere 60 Scudi; in: RA Bd. 1, S. 151 und S. 163.

37　Übersicht (wie Anm. 34), Bl. 1.

wegte sich in engen Grenzen.[38] Die euphorischen Pläne, in Weimar nach Anna Amalias Rückkehr eine Art Dependance der römischen bzw. neapolitanischen Künstlerkolonie zu errichten, wurden trotz Goethes planvoller Strategie von der Ex-Regentin nicht realisiert.[39] Bury durfte sich offenbar Hoffnung auf eine Hofmaler-Stelle machen, doch ließ sich Anna Amalia trotz Goethes sanftem Druck nicht auf ein entsprechend ernsthaftes Angebot ein:[40]

> Ich brauche Ihnen die Gute Seele [d.i. Bury] nicht weiter zu empfehlen, er verdient Ihre Gnade und Unterstützung. Lips ist nun hier, wenn Meyer (im Vertrauen sey dieß gesagt) sich von seiner Kranckheit erhohlt, die ihn nun nach Hause nötigt, gedencke ich ihn nun auch hier zu sehen; eignen Sich Ew Durchl den Bury zu, so können wir eine artige Akademie aufstellen. Ohne Künstler kann man nicht leben weder in Süden noch Norden.[41]

Auch der Plan, Angelika Kauffmann längerfristig an Weimar zu binden, blieb nur ein frommer Wunsch – gleichwohl wurde er mit viel Rhetorik gehegt.[42] Angesichts dieser hochgegriffenen Zukunftsperspektiven kann man Anna Amalias Arrangement der italienischen „Kunst-Sachen" zu einem „kleine[n] Museum" bestenfalls als Minimallösung bezeichnen;[43] auch hierbei scheint Goethe als Spiritus Rector gewirkt zu haben, der gelegentlich sogar spezielle Anschaffungswünsche formulierte.[44]

---

38 Auch Kniep erhielt von Anna Amalia die Aufforderung, „einige Reißen mit Ihr [zu] machen" (Christoph Heinrich Kniep an Johann Wolfgang v. Goethe, 27.2.1789; in: RA Bd. 1, S. 150).

39 Vgl. Anna Amalia an Johann Gottfried Herder, 12.8.1789; in: KOHUT 1909, S. 182. – Vgl. ferner: Johann Gottfried Herder an Johann Wolfgang v. Goethe, 27.12.1788, in: HERDER 1988, S. 292; Johann Wolfgang v. Goethe an Anna Amalia, 14.12.1789; in: WA IV, Bd. 9, S. 167; Christoph Martin Wieland an Anna Amalia, 13.12.1789; in: WBW, Bd. X/1, S. 290f.; Carl August an Anna Amalia, 5.1.1790; in: BERGMANN 1938, S. 99. – Fast 10 Jahre nach Anna Amalias Rückkehr aus Italien bemühte sich Bury glücklos um eine Anstellung in Weimar (vgl. HARNACK 1890, S. 249).

40 Friedrich Bury an Johann Wolfgang v. Goethe, 11.7.1789; in: RA Bd. 1, S. 156.

41 Johann Wolfgang v. Goethe an Anna Amalia, 14.12.1789; in: HARNACK 1890, S. 202.

42 Vgl. zum Beispiel Angelika Kauffmann an Johann Wolfgang v. Goethe, 1.11.1788 und 24.1.1789; in: MAIERHOFER 1999, S. 118–121 und S. 126-128.

43 Anna Amalia an Carl Ludwig v. Knebel, zit. nach: DREISE-BECKMANN 1998, S. 175.

44 Vgl. zum Beispiel Johann Wolfgang v. Goethe an Anna Amalia, 6.2.1789; in: HARNACK 1890, S. 138f.

2. In Rom und Neapel förderte Anna Amalia verschiedene Künstler in Naturalien und ideell, indem sie sie zu Tisch bat, zu Ausflügen bzw. Besichtigungstouren einlud oder weiter empfahl,[45] gelegentlich auch mit Geldgeschenken, die aber in der Regel an Gegenleistungen geknüpft waren.[46] Wiederholt notierte Luise von Göchhausen, dass einzelne Künstler zu Gast waren: u.a. Friedrich Bury, Maximilian Verschaffelt, Johann Georg Schütz, Friedrich Rehberg, Johann Heinrich Lips, Johann Heinrich Wilhelm Tischbein, Christoph Heinrich Kniep, Johann Heinrich Meyer, Jakob Philipp Hackert und Georg-Abraham Hackert. Diese, auf Portraits und Landschaften spezialisierten Zeichner und Maler präsentierten mehrfach Arbeiten von sich (meistens Skizzen und Zeichnungen) oder übernahmen Aufträge (auch für Kopien). Offenbar fanden diese „Künstlerbursche[n]"[47] vor allem über Goethe Anschluss an Anna Amalia, denn dieser versuchte von Weimar aus beharrlich, beide Parteien miteinander zu verbinden.[48] Die Maler scheinen teils für Auftragswerke, teils für angebotene oder im Auftrag Dritter angefertigte Arbeiten Honorar erhalten oder Geschenke überreicht zu haben;[49] sie waren in der Regel als Künstler ebenso gefragt wie als Gesellschafter.[50]

3. Luise von Göchhausen notierte in ihrem Reisejournal darüber hinaus zahlreiche Atelierbesuche (u.a. bei Antonio Canova und Abraham-Louis-Rodolphe Ducros, bei James Durno und Gavin Hamilton, bei Johann August Nahl, Johann Heinrich Wilhelm Tischbein oder Giovanni Volpato), meistens in Begleitung von Johann Friedrich Reiffenstein oder Aloys Hirt, wiederholt auch Besuche bei Kunstsammlern

---

45 Zum Beispiel Maximilian Verschaffelt nach Berlin; vgl. Anna Amalia an Johann Wolfgang v. Goethe, 5.11.1788; in: HARNACK 1890, S. 96.

46 So erwähnt Bury, dass Maximilian Verschaffelt auf Kosten der Herzogin mehrere Monate in Neapel verbracht habe (Friedrich Bury an Johann Wolfgang v. Goethe, 22.8.1789; in: RA Bd. 1, S. 159).

47 HERDER 1988, S. 156.

48 Vgl. auch Johann Wolfgang v. Goethe an Christoph Heinrich Kniep, 19.9.1788; Johann Wolfgang v. Goethe an Anna Amalia, 6.2.1789; Johann Georg Schütz an Johann Wolfgang v. Goethe, 4.4.1789; Johann Heinrich Meyer an Johann Wolfgang v. Goethe, 7.4.1789; in: HARNACK 1890, S. 79f., S. 139, S. 153f. und S. 150.

49 Vgl. u.a. Johann Heinrich Meyer an Johann Wolfgang v. Goethe, 7.4.1789; Johann Georg Schütz an Johann Wolfgang v. Goethe, 4.4.1789; Friedrich Bury an Johann Wolfgang v. Goethe, 22.4.1789; Johann Heinrich Meyer an Johann Wolfgang v. Goethe, 24.9.1789; in: HARNACK 1890, S. 150, S. 153f., S. 168, S. 192–194.

50 Vgl. zum Beispiel Friedrich Bury an Johann Wolfgang v. Goethe, 28.10.1788 und 22.4.1789; Johann Wolfgang v. Goethe an Anna Amalia, 17.4.1789; in: HARNACK 1890, S. 90, S. 168 und S. 165.

und Kunsthändlern (zum Beispiel bei Thomas Jenkins). Demnach war
für Künstler die Bekanntschaft mit Goethe nicht das alleinige Entreebil-
lett in den herzoglichen Kreis. Gelegentlich sind Erwerbungen verzeichnet; so heißt es nach einer Visite bei dem Aquarellisten Tito da
Roma: „Die Herz: kaufte einen Mondschein für 25 Unzen",[51] und Bury
meldete Goethe die Verlegenheit des Malers Peter Biermann, bei dem
Anna Amalia „zwey Landschaften" erstand, die eigentlich für Goethe
bestimmt waren.[52] Nachweisbar sind ferner Besuche bei verschiedenen
Kunsthandwerkern, die ebenfalls zu Einkäufen führten; genannt werden u.a. Fächer, Urnen und Vasen, Kameen, (sizilianische) Münzen,
Statuetten (Reproduktionen). Auch hier scheint die preisgünstige kleine
Form – Kupferstiche, Handzeichnungen – bzw. das Duplikat[53] domi-
niert zu haben; ein Großteil der Veduten, Miniaturen, Skizzen und Sti-
che wurde als Gebrauchskunst speziell für Italientouristen angefertigt,
die die Höhepunkte ihrer Reise mit einschlägigen Bilddokumenten illu-
strieren wollten.

4. Eine weitere Form der Gunstbezeigung kam vor allem einer in-
ternational hochgeschätzten Malerin zugute: der berühmten Schweize-
rin Angelika Kauffmann, der Anna Amalia gesessen hat. Ihr Porträt der
Herzogin Anna Amalia ist verschollen; im Römischen Haus hängt eine
von Josef Rolletschek 1928 angefertigte Kopie. Offenbar wurde die Arbeit während Anna Amalias Rückreise nach Weimar gesandt; aus den
zugänglichen Quellen geht jedoch nicht hervor, ob und gegebenenfalls
in welcher Höhe bzw. durch wen es honoriert wurde.[54] Zeichnen bzw.
malen lassen hat sich Anna Amalia u.a. von Rehberg, Meyer, Tischbein
(Tischbeins *Bildnis der Herzogin in Pompeji* hängt im Goethe-Natio-
nalmuseum in Weimar; es wurde noch in Neapel von Tischbein selbst
im Auftrag von Heigelin kopiert[55]) sowie von dem böhmischen Künstler Johann Riedel und von Anna oder Celeste Coltellini. Geplant waren
auch Sitzungen bei Christopher Deramm, dem norwegischen Maler, der

51 GÖCHHAUSEN (wie Anm. 9), Bl. 50'.
52 Friedrich Bury an Johann Wolfgang v. Goethe, 11.12.1788; in: HARNACK 1890,
    S. 112.
53 So ließ Anna Amalia zum Beispiel über Johann Heinrich Meyer und Friedrich
    Bury die Kopie einer *Pietà* von Annibale Carracci kaufen; vgl. Angelika Kauff-
    mann an Johann Heinrich Meyer, 6.6.1793; in: MAIERHOFER 1999, S. 147f. und
    S. 225.
54 Vgl. Anna Amalia an Angelika Kauffmann, 25.6.1790; Angelika Kauffmann an
    Anna Amalia, 31.7.1790; in: MAIERHOFER 1999, S. 222 und S. 140f.
55 Vgl. MAISAK 1998, S. 84 und S. 86f.

1789 in Neapel starb. Es profitierten also bei den Porträtisten keineswegs nur die Goethe-Freunde von der Weimarer Ex-Regentin, „die der ganzen deutschen Nation ihre Ehre wieder in Rom (auf) festen Fuß" setzte.[56]

Ob an diese Sitzungen jeweils auch Kaufoptionen geknüpft waren, war nicht zu ermitteln: handelte es sich dabei um honorierte Auftragswerke oder um bloße Gunstbezeigungen, die dem Renommee der Maler förderlich waren? Erfüllte Anna Amalia lediglich die Rolle einer Popularisatorin, die die einzelnen Arbeiten anschließend als Geschenk erwartete?[57] Falls es sich tatsächlich um Ankäufe handelte, bezahlte die Ex-Regentin dann den reellen Marktpreis, oder honorierte sie die Künstler pauschal nach Gutdünken? Makro- und Mikrostrukturen des Kunstmarktes im ausgehenden 18. Jahrhundert müssen bislang als nur unzureichend erschlossen gelten. Form und Umfang der Kunstförderung durch die deutschen Höfe im 18. Jahrhundert sind in ihrer Komplexität ebenso wenig erforscht wie die Kunstmarkt-Gesetze und -Modalitäten der Zeit, sodass eine gerechte Bewertung der insgesamt eher bescheidenen Aktivitäten schwer möglich ist. Überdies fehlt ein Überblick über das konkrete Investitionsverhalten bzw. die spezifische Kulturpolitik von Anna Amalia und Carl August während ihrer jeweiligen Regierungszeit. Vor allem aber ist ein Großteil der Quellen nicht oder nur oberflächlich ausgewertet.

Die Leitfrage, ob es sich im Falle Anna Amalias um ein „außergewöhnliches Hofkonzept"[58] gehandelt habe, lässt sich demnach bestenfalls vorläufig beantworten. Volker Bauer lokalisiert den Musenhof vorzugsweise in protestantischen, politisch eher einflusslosen, wirtschaftlich schwachen Fürstentümern, häufig in „Nebenhöfen", und kürt Weimar zum „Musenhof *par excellence*".[59] Anna Amalias Witwenhof

---

56 Johann Georg Schütz an Johann Wolfgang v. Goethe, 4.4.1789; in: HARNACK 1890, S. 154.

57 Selbst über die üblichen Preise liegen nur eingeschränkte Informationen vor. Lt. Angelika Kauffmanns Preisliste von 1788 kostete ein Ganzkörper-Portrait in Lebensgröße „220. sequins", eine Teil-Darstellung „120. sequins", eine Büste/ein Kopf ohne Hände „40. sequins" (vgl. BAUMGÄRTEL 1990, S. 268). – Einem Briefvertrag Goethes mit Kniep sind die Preise für dessen Zeichnungen zu entnehmen; Johann Wolfgang v. Goethe an Christoph Heinrich Kniep, Februar 1789; in: HARNACK 1890, S. 136.

58 BUSCH-SALMEN/SALMEN/MICHEL 1998, S. VII.

59 BAUER 1993, S. 75f. – Vgl. zum Beispiel Sophie von Schardts ironische Beschreibung des „verwitweten Hof[s]": „[...] die Herzogin Mutter versammelt um sich die Weisen Griechenlands und die gelehrten Frauen des Landes. Die Frau

(im Wittumspalais oder in Tiefurt), der zeitweise nach Italien verlagert wurde, entspricht diesen Vorgaben nicht minder als beispielsweise jener Augusts von Sachsen-Gotha-Altenburg. Der von Volker Bauer postulierte Vorrang der Wortkultur, die Ausrichtung auf „wissenschaftlich-literarische Ziele",[60] wird jedoch der kulturellen Vielfalt Weimars nicht gerecht und überschätzt nebenbei Anna Amalias deutsche Sprach- und Stilkompetenz erheblich. Schließlich klammert die Festschreibung des Hofes als Forum für „nicht autonome" Wissenschafts-, Kunst- und Literaturproduktion,[61] das bürgerliche Gelehrte und Künstler in neuartiger Weise am höfischen Leben partizipieren lasse, einen erheblichen Teil der weimarischen Kunstproduktion aus – jenen nämlich, der sich unzweifelhaft nicht als Kasualdichtung beschreiben lässt, aber zugleich die kulturgeschichtliche Sonderstellung des Weimarer Hofes wesentlich legitimiert.

Anna Amalias musische Tafelrunden changieren zwischen unterhaltsam-geselligem Salondiskurs bzw. anspruchsvoller Beschäftigungstherapie einerseits und ernsthaften Werkstattgesprächen andererseits. Sie sind natürlich „Ort einer Ersatzhandlung" und ein Profilierungsinstrument;[62] nicht selten aber übernehmen die selbst in verschiedenen Künsten dilettierenden Teilnehmer neben dem Part des enthusiastischen Adressaten zugleich die Rolle des kritischen Testpublikums, einer Art Vor-Öffentlichkeit (d.h. sie werden ebenfalls funktionalisiert). Signifikant ist für den Kreis um die Weimarer Ex-Regentin in jedem Fall das Interesse an den unterschiedlichen Disziplinen, die Begeisterung für eine moderne, emotionalistische, autoptische Kunstrezeption und schließlich für die nationalen Künstler. Das in toto bescheidene Mäzenatentum gleicht gerade aufgrund seines eng bemessenen finanziellen Spielraums den bürgerlich-großstädtischen Salons; die Bescheidenheit erklärt sich mit fiskalischen Gründen und mit egoistischen Motiven, denn vor der selbstlosen Kunstförderung rangierten stets die persönlichen (künstlerischen) Neigungen Anna Amalias. Summa summarum

---

von Berlepsch ist darunter die ausgezeichnete, weil sie einen ganzen Band ihrer Werke hat drucken lassen. Die Frau von Kalben hat, seitdem sie eine kleine Tochter hat, würklich eine andre Stimmung, sie ist eine häusliche Frau worden und sagt, sie sei viel glücklicher in dieser Stimmung als in der Schwärmerei, worin sie sonst lebte. [...] Diese zwei Frauen sind bei den *Soupés attiques* der Herzogin" (FLEISCHER 1999, S. 96f.).

60 BAUER 1993, S. 76.
61 BAUER 1993, S. 73.
62 BAUER 1993, S. 76.

sollte jedoch der künstlerische Dilettantismus, der die Weimarer Hofkultur wesentlich auszeichnet, nicht überbewertet werden:

> Sie führen, was die Imhoff eine vornehme Existenz nennt, das heißt, sie
> zeichnen, sie spielen Gitarre, sie lesen Reisebeschreibungen [...]. Indes, daß
> unsereins eine gemeinere Lebensweise führt, das heißt mit Reiten, Tanzen,
> Drehen, Punsch trinken, Tee trinken, Konsequenzen spielen, auch das be-
> liebte Jägerspiel, Schlittenfahren, auf spanischen Butterbröten *Declarations*
> schreiben oder lesen, Lachen, ohne zu wissen warum pp. die Zeit vertreibt,
> wobei gar kein gelehrter Geist sich eben zu uns gesellt.[63]

---

63 Sophie v. Schardt an Karl v. Stein; 7.2.1791; in: FLEISCHER 1999, S. 109.

Joachim Berger

„Tieffurth" oder „Tibur"? Herzogin Anna Amalias Rückzug auf ihren ‚Musensitz'

In der zweiten Hälfte des 19. Jahrhunderts wurde das Bild der Herzogin Anna Amalia (1739–1807) als „Begründerin des Weimarischen Musenhofs" geformt. Darin flossen unterschiedliche Stränge vorwissenschaftlicher Wertungen ein: Im Bemühen, die angenomme Weltbedeutung Weimars für ihre Dynastie in Anspruch zu nehmen, förderten Großherzog Carl Alexander (1818–1901, reg. seit 1853) und seine Gemahlin Sophie (1824–97) die in Literatur-, ‚Kultur'- und Landesgeschichte entstehende ‚Musenhof'-Legende. Dabei ist es unerheblich, ob ihre Glorifizierung des „Goldenen Alters" und die Vereinnahmung der Weimarer Hochkultur um 1800 für die eigene Dynastie kompensatorisch und epigonenhaft gewesen ist, oder ob sie fürstliches Mäzenatentum unter den veränderten Bedingungen des 19. Jahrhunderts eigenständig und erfolgreich fortführten.[1] In beiden Varianten wird vorausgesetzt, daß die künstlerischen und wissenschaftlichen Leistungen in Weimar und Jena um 1800 die Früchte der zielstrebigen und planmäßigen Politik *eines* toleranten und die Standesschranken überwindenden Hofes gewesen seien. Diese Zielrichtung deckte sich mit den Wunschprojektionen bürgerlicher Autoren, die, beginnend mit Wilhelm Wachsmuth 1844, im föderativ organisierten Heiligen Römischen Reich einen hochkulturellen Mittelpunkt mit entsprechenden Identifikationsfiguren suchten: Erst die Förderung von Kunst und Wissenschaft durch die freisinnige Herzogin Anna Amalia und ihren großmütigen Sohn Carl August habe Hofleuten, Gelehrten und Künstlern jenen politikfreien Raum verschafft, aus dem sich Weimar zu einem hochkulturellen Zentrum Europas emporgeschwungen habe. Das Bild war zudem persön-

---

1 PÖTHE 1998, hier S. 59, argumentiert, daß es in Weimar „– wenigstens von Anna Amalia bis Carl Alexander – eine Kontinuität im ideellen und materiellen Engagement fürstlicher Persönlichkeiten für Kunst und Kultur" gegeben habe.

lich harmonisierend: Die Konflikte zwischen Herder und Goethe, aber auch innerhalb der herzoglichen Familie wurden hauptsächlich vor dem Hintergrund von Anna Amalias ‚ausgleichenden Wesen‘ geschildert. Die „Herzoginmutter" bot sich dabei als Integrationsfigur an, als Begründerin, Mittelpunkt und Impulsgeberin ihres ‚Musenhofs‘.[2]

Die Umrisse des hier verkürzt dargestellten Bildes wurden im wesentlichen schon von Goethe in seinem von den Kanzeln des Herzogtums verlesenen Nachruf auf die Herzogin (1807) vorgezeichnet. Über ihre Regentschaft (1759–1775) urteilt er:

> Ein ganz anderer Geist war über Hof und Stadt gekommen. Bedeutende Fremde von Stand, Gelehrte, Künstler, wirkten besuchend oder bleibend. Der Gebrauch einer großen Bibliothek wurde frey gegeben, ein gutes Theater unterhalten und die neue Generation zur Ausbildung des Geistes veranlaßt. Man untersuchte den Zustand der Akademie Jena.

Auch seine Bewertung der Zeit nach 1775 bestimmt unser heutiges Bild Anna Amalias wie dasjenige des ‚klassischen‘ Weimar überhaupt:

> Das ruhige Bewußtsein ihre Pflicht getan, das was ihr oblag geleistet zu haben, begleitete sie zu einem stillen, mit Neigung gewählten Privatleben, wo sie sich von Kunst und Wissenschaft, so wie von der schönen Natur ihres ländlichen Aufenthaltes umgeben, glücklich fühlte. Sie gefiel sich im Umgang geistreicher Personen, und freute sich Verhältnisse dieser Art anzuknüpfen, zu erhalten und nützlich zu machen; ja es ist kein bedeutender Nahme von Weimar ausgegangen, der nicht in ihrem Kreise früher oder später gewirkt hätte.[3]

---

2   Vgl. für frühe Interpretationen mit diesem Tenor beispielsweise WACHSMUTH 1844; BEAULIEU-MARCONNAY 1874; WEIZSÄCKER 1892, BORNHAK 1892, BODE 1908. Nachklänge in fast allen neueren Arbeiten, z.B. ANDREAS 1953, bes. S. 299. Bei SENGLE 1993, der die ‚Freundschaft‘ zwischen Goethe und Herzog Carl August kritisch beleuchtet, erscheint Anna Amalia ebenfalls als „stärkste Stütze des stets bedrohten Friedens von Weimar" (S. 251). Vgl. zur ‚Musenhof‘-Legende kritisch: HUSCHKE 1998, S. 401; LAUCHNER 1997, hier S. 287–289.

3   Vgl. [Johann Wolfgang v. GOETHE] Zum feyerlichen Andenken der Durchlauchtigsten Fürstin und Frau Anna Amalia verwitweten Herzogin zu Sachsen-Weimar und Eisenach, geborenen Herzogin von Braunschweig und Lüneburg [1807], gedruckt in: WAHL 1994b, Zitat S. 119f. Vgl. hierzu den Beitrag von Angela BORCHERT in diesem Band.

Goethes Nachruf diente der in den Anfängen stehenden Editionsphilologie und den Darstellungen zum Weimarer Hof als Beleg und interpretativer Rahmen.[4] Anna Amalias ,Lebensschicksal' war scheinbar eindeutig bestimmt. Wie die ,Musenhof'-Legende im weiteren Verlauf des 19. und 20. Jahrhunderts fortgeschrieben wurde, ist an anderer Stelle dargestellt worden.[5] Festzuhalten bleibt, daß auch die neueren Arbeiten, die sich ausdrücklich von der Legende absetzen wollen, an diesem Lebensplan der Herzogin festhalten. Modern gewendet lebt diese teleologische und intentionalistische Deutung fort: „Anna Amalia sieht eine Lücke", heißt die einleitende Abteilung der ständigen Ausstellung des Goethe-Nationalmuseums, und sie füllt diese, indem sie ihr „außergewöhnliches Hofkonzept" in die Tat umsetzt.[6]

Aufgrund ihres Mäzenatentums werden Anna Amalia und Carl August für eine Konzentration von Kunst und Wissenschaft in Weimar-Jena verantwortlich gemacht, die sie weder planen noch auslösen konnten, und die darüber hinaus erst als historisches Konstrukt der 200jährigen Rezeptionsgeschichte faßbar wird. Es ist heute ein Gemeinplatz, daß in Weimar und Jena um 1800 im Vergleich zu anderen Residenz- und Universitätsstädten Deutschlands besondere künstlerisch-wissenschaftliche Konstellationen bestanden – für die politisch-gesellschaftlichen wurde dies neuerdings vehement zurückgewiesen.[7] Die Herzogin Anna Amalia zur „Begründerin des Weimarer Musenhofes" oder gar

---

4 Die wichtigsten, meist biographischen Arbeiten zu Anna Amalias ,Musenhof': ARNDT 1872; BEAULIEU-MARCONNAY 1874; WEIZSÄCKER 1892; BORNHAK 1892; EGGELING 1896; GERARD 1902; BODE 1908; HEUSCHELE 1949. Davon sind Bode und Beaulieu-Marconnay vor allem wegen umfangreicher Quellenwiedergaben weiterhin als Materialgrube zu benutzen. Problemscharf, wenn auch in den Wertungen überholt, das Charakterbild bei MENTZ 1936, S. 41–47. – Noch heute wirkt Goethes Nekrolog bis in Formulierungen hinein: „Kein Dichter von Rang dieser Epoche, der sich nicht vorübergehend oder für immer dort [= in Weimar] niedergelassen hätte. Es ist Anna Amalias Verdienst, diese Entwicklung angeregt zu haben." SALENTIN 1996, S. 62.

5 Ausführlich zur historiographischen Überhöhung von Anna Amalias ,Musenhof' im 19. und 20. Jahrhundert: BERGER 2001.

6 BUSCH-SALMEN/SALMEN/MICHEL 1998, S. 15. Für moderne Varianten der „Musenhof-Legende" vgl. auch KÜHN-STILLMARK 1994; SEIFERT 1994; SEIFERT 1995; SALENTIN 1996. Vgl. aber die eingehende, kritische Besprechung des Tagungsbandes über Anna Amalia (RAABE 1994) durch JURANEK 1996. WERNER 1996 will nicht durchweg wissenschaftlichen Ansprüchen genügen. Kritisch zur älteren Literatur zu Anna Amalias Jugend in Braunschweig, die sich allein ihr autobiographisches Fragment stützte, SCHEEL 1994 und HENKEL/OTTE 1995.

7 Vgl. WILSON 1999.

zur „Wegbereiterin der Weimarer Klassik" zu stilisieren[8], ist bereits wegen der damit verbundenen Reduktion auf ein Einzelphänomen – die Förderung von Literatur – fraglich. Noch schwieriger läßt sich die Bedeutung dieser einen Person für die Entstehung der Gesamtkonfiguration „Weimar-Jena" bestimmen. Denn wenn diese eine Kumulation von Synergieeffekten, das „produktive Zusammenwirken verschiedenster Kräfte"[9] darstellt, dann ist der Anteil einer Person an diesem Ergebnis schwer meßbar. Was der Verleger und Unternehmer Friedrich Justin Bertuch, der Dichter und Staatsminister Johann Wolfgang von Goethe oder die Herzogin Anna Amalia bewußt gestaltet oder unbewußt bewirkt haben, deckt sich immer nur teilweise mit dem, was als Gesamtkonfiguration „Weimar-Jena um 1800" beschrieben und erklärt werden kann. Aus der Sicht einer historischen Kulturwissenschaft, die sich dem Verhältnis zwischen sozialen Beziehungen bzw. Normen und ihrer (v.a. sprachlichen) Vermittlung widmet, wirken Attribute ‚historischer Größe' ohnehin als anachronistisches Relikt einer identifikatorischen Geschichtsschreibung.

Da die fehlende Machtkonzentration und politische Zentralisierung im Alten Reich heute nicht mehr pauschal negativ eingeschätzt wird[10], ist die Versuchung groß, die Wertungen des 19. Jahrhunderts einfach umzukehren – den Weimarer Hof zum Paradebeispiel für die Hochkulturleistungen zu erklären, die auf dem Boden des dezentral organisierten Alten Reiches in den Einzelstaaten gediehen. Dies führt in die Irre. Die Sonderstellung der Literatur der ‚Weimarer Klassik' würde aus den höfischen Rahmenbedingungen abgeleitet und in einem Zirkelschluß wiederum auf deren Bedeutung übertragen. Hof und Herzogtum Weimar würden weiter aus der „höfischen Gesellschaft des Reiches" isoliert. Weimar bliebe – als „Finalchiffre des deutschen Musenhofs"[11] – ein ‚Sonderfall'. Im Gegenzug zu behaupten, daß es am Weimarer Hof in dieser Zeit keine nennenswerten Ausprägungen von Kunstliebhaberei, Geselligkeit und Mäzenatentum gegeben habe, hieße freilich, das Kind mit dem Bade auszuschütten. Um den angemessenen Platz des Herzogtums und damit auch des Hofs der Herzogin Anna Amalia innerhalb der höfischen Gesellschaft des Reiches zu bestimmen, muß auf verklärende

---

8 So die Untertitel von BORNHAK 1892 bzw. SALENTIN 1996.
9 So das Forschungsprogramm des Sonderforschungsbereichs 482 „Ereignis Weimar-Jena. Kultur um 1800", abrufbar unter http://www.uni-jena.de/ereignis.
10 Die Neubewertung des Alten Reiches pronociert bei SCHMIDT 1999.
11 BERNS 1993, Zitat S. 10. Ähnlich BAUER 1993, S. 76.

oder abwertende Folien verzichtet werden – Goethes wirkungsmächtiger Nekrolog steht an der Schnittstelle zwischen nachträglicher Legendenbildung und zeitgenössischer Tradition.

In diesem Beitrag sollen die Differenzen zwischen der Praxis und den zeitgenössischen Idealen von Geselligkeit, Mäzenatentum und Kunstliebhaberei an Anna Amalias Hof zwischen 1775 und 1807 aufgezeigt werden. Als Voraussetzung dafür wäre es wünschenswert, alle Behauptungen der ‚Musenhof'-Legende, wie sie in den Biographien und sonstigen Publikationen über Anna Amalia und ihren Hof kursieren, ausführlich und systematisch zu widerlegen. Dies ist im Rahmen dieses Aufsatzes nicht möglich. In den ersten Abschnitten werden daher drei Elemente der historiographischen Überhöhung, die bereits für die zeitgenössische Stilisierung des Hofs zentral waren, thesenhaft bzw. anhand von einschlägigen Gegenbeispielen zurechtgerückt.[12] Es soll gezeigt werden, daß sich (I.) Geselligkeit und Kunstliebhaberei am ‚Musen-hof' Anna Amalias in wesentlichen Phasen nicht im politikfreien Raum bewegten, und daß (II.) die Intentionen und Wirkungen ihres Mäzenatentums sowie damit verbundene Geselligkeitskonzepte in der Forschung überschätzt wurden. Anschließend wird (III.) genauer darauf eingegangen, wie sich die Freiräume der Herzogin als kunstliebhabender Gesellschafterin in den Jahren 1790 bis 1807 verengten. Diese verengten Freiräume werden (IV.) mit den Sinnkonstruktionen kontrastiert, die Anna Amalia und ihre Zeitgenossen ihrer Tätigkeit als Gesellschafterin, Kunstliebhaberin und Mäzenin verliehen, d.h. als Fürstin, die die Rahmenbedingungen der Geselligkeit und der künstlerischen Betätigung an ihrem Hof mitgestaltete. Mit diesen Sinnkonstruktionen wurde die Praxis von Geselligkeit, Kunstliebhaberei und Kunstförderung am Hof Anna Amalias überhöht. Dabei klafften Idealisierung und Realität phasenweise beträchtlich auseinander. Die ‚Musensitz'-Vision wurde zur ‚Ideologie', womit hier vulgärmarxistisch ein „falsches Bewußtsein" der Realität bezeichnet wird.[13] Am Ende ihres Lebens wurde der Herzogin diese

---

12 Systematische Darlegungen zu Anna Amalias Rollen als Kunstliebhaberin sowie als Gesellschafterin und Mäzenin wird meine Jenaer Dissertation zu *„Anna Amalia von Weimar (1739–1807). Denk- und Handlungsräume einer ‚aufgeklärten' Herzogin"* enthalten.

13 Werner BECKER, Art. Ideologie, in: SEIFFERT/RADNITZKY 1994, S. 144–150. Die Marx'schen anthropologischen Vorannahmen und die Dichothomie von gesellschaftlich-ökonomischem Unterbau und weltanschaulichem Überbau sind in dieser Verwendung des Ideologie-Begriffs freilich nicht enthalten – ‚Ideologie' wird hier nicht als *„notwendig* falsches Bewußtsein" verstanden.

Diskrepanz selbst bewußt. Abschließend soll (V.) gefragt werden, inwieweit die spätere historiographische ‚Musenhof'-Legende an die zeitgenössischen Stilisierungen des ‚Musensitzes' anknüpfte, die von der
Herzogin und ihrem engeren Hofstaat selbst ausgingen.

I. „eine sorgenfreyere Abtheilung des Lebens": *Der ‚Musenhof' als politikfreier Raum?*

Goethe behauptet in seinem Nekrolog, daß sich Anna Amalia nach
1775 in ihrem „mit Neigung gewählten Privatleben, wo sie sich von
Kunst und Wissenschaft, so wie von der schönen Natur ihres ländlichen
Aufenthaltes umgeben, glücklich fühlte". Sie habe nach Abgabe der Re-
gentschaft „eine sorgenfreyere Abtheilung des Lebens" angetreten.[14] Die
Forschung entwickelte diese Vorstellung weiter: In allen Arbeiten zu
Anna Amalia wird der Eindruck erweckt, daß ihr ‚Musenhof' nicht nur
ein weitgehend sorgen- und konfliktfreier, sondern auch ein *politikfreier Raum* gewesen sei. Dieses Vakuum habe erst die so folgenreichen
Ausprägungen von Geselligkeit, Mäzenatentum und Kunstliebhaberei
ermöglicht.[15]
   Bei der Frage nach dem Politischen am ‚Musenhof' ist zwischen
Handlungs- und Denkräumen zu unterscheiden: Daß die ehemalige Regentin nach 1775 nicht nur ihre zentrale Funktion als Regentin, sondern
auch rapide ihren informellen politischen Einfluß innerhalb des Regie-
rungsapparats verlor, ist zwar noch nicht systematisch dargelegt worden,
aber zu vermuten. In Angelegenheiten der innerterritorialen Staatsverwaltung oder gar der Reichspolitik äußerte die Herzogsmutter keinen gestal-
tenden Anspruch mehr; wenn sie sich in die Landespolitik ‚einmischte',
dann trat sie meist als Fürsprecherin einzelner Bittsteller oder ihrer
Günstlinge auf. Politisch abstinent war sie dennoch nicht: Obgleich die
Beschäftigung mit Musik, Literatur, bildender und Gartenkunst über-
wog, waren politische Gedanken und Diskussionen aus dem ‚Denk-
raum' ihres Hofs nicht zu verbannen. Spätestens seit dem ersten Koalitionskrieg gegen Frankreich seit 1792 interessierte sich Anna Amalia

---

14 GOETHE (wie Anm. 3).
15 Auf Einzelnachweise wird für die unter (I.) und (II.) behandelten Allgemein-
    plätze der Forschung verzichtet. Vgl. generell die in Anm. 4 u. 6 genannte Lite-
    ratur.

geradezu lebhaft für das politische Zeitgeschehen. Der Krieg betraf sie
familiär: Ihr Bruder Friedrich August sowie ihre beiden Söhne Carl August
und Constantin nahmen als Offiziere im preußischen Heer (letzterer
als kursächsischer Volontär) am Feldzug teil; ihr ältester Bruder
Herzog Carl Wilhelm Ferdinand von Braunschweig-Wolfenbüttel war
sogar preußischer Oberbefehlshaber. Noch bevor Constantin im September
1793 im Feldlager bei Saarbrücken an der Ruhr starb, hatte Anna
Amalia ihr negatives Urteil über die Revolution einer- und den Krieg
Preußens und Österreichs andererseits gefällt. Hatte sie die französische
Revolution, die während ihres Neapelaufenthalts ausbrach, zunächst
abwartend, teilweise spielerisch-ironisch kommentiert, zeigte sie nun
Entsetzen über den ‚terreur' und die Hinrichtung des Königs. Im Gegenzug
verurteilte sie schon 1792 die preußisch-österreichische „Campagne"
in Frankreich als „mauvaise et perilleuse entreprise". Auch das
Manifest Carl Wilhelm Ferdinands an die Pariser Bevölkerung kritisierte
Amalia gegenüber Friedrich August.[16] Von Constantin, Carl August
und dessen Sekretär Philipp Weyland wurde sie beständig über die erfolglose
Kriegsführung informiert; obwohl Weyland seinen Herzog ins
beste Licht zu rücken bemüht war, konnte er die Niederlage Ende 1793
kaum verschleiern.[17]

Nach dem Ausscheiden Sachsen-Weimar-Eisenachs aus dem Reichskrieg
gegen Frankreich 1796 entpolitisierten sich die Gespräche bei
der Herzogin keineswegs. Der Hof Anna Amalias war im eigentlichen
Jahrzehnt des ‚klassischen Weimar' bis 1805 weder von innenpolitischer
Grabesruhe noch von Abstinenz in reichs- und europapolitischen Fragen
gekennzeichnet. Unruhen an der Universität Jena waren auch in
in Tiefurt ein Thema. Beispielsweise mußte Anna Amalia 1795 Johann
Gottfried Herder bei Herzog Carl August vor Anschuldigungen verteidigen,
daß er in ihrem Kreis die Partei der Studenten ergriffen habe.
Im Jahrzehnt nach 1794 wurde die Herzogsmutter jährlich mit Dutzenden
französischer und vor allem deutscher Emigranten aus den von
Frankreich annektierten linksrheinischen Gebieten des Reichs um Un-

---

16 Anna Amalia an ihren Bruder Friedrich August v. Braunschweig-Oels, Tiefurt
    12.8.1792; Thüringisches Hauptstaatsarchiv Weimar (= ThHStAW) HA B
    Braunschweig 487, Bl. 15.
17 Die Briefe von Philipp Weyland an Anna Amalia aus den Jahren 1792–93 in:
    ThHStAW HA A XVIII 111.

terstützung angegangen.[18] Dadurch war sie gezwungen, sich anhand menschlicher Einzelfälle mit den Problemen der territorialen Integrität des Reiches und der Abschaffung ständischer Privilegien zu beschäftigen. Die Anwesenheit der französischen Emigrierten in Weimar begrüßte sie nicht pauschal, obwohl sie sie großzügig unterstützte. Unter den französischen und englischen Einflüssen auf die Weimarer Gesellschaft sah sie das ständeübergreifende Ethos der „Alte[n] teu[t]sche[n] Redlichkeit" verschwinden. Parallell dazu dokumentieren die Bücheranschaffungen ihr konstantes und lebhaftes Interesse an den aktuellen Vorgängen und ihr Bemühen, dies auch durch historisch-politische Darstellungen zu untermauern. Auf Landkarten verfolgte sie den Krieg sowie die historischen und aktuellen Grenzverschiebungen zwischen Frankreich und dem Reich. Außer durch Literatur und Publizistik wurde Anna Amalia weiterhin von ihren Korrespondenzpartnern und Günstlingen mit Nachrichten versorgt. Lagen ihre primären, familiär bedingten Loyalitäten bei den Häusern Braunschweig und Preußen, so geriet ihr dabei das Schicksal des restlichen Reiches nicht aus dem Blick.[19]

Im Dritten und Vierten Koalitionskrieg gegen Napoleon seit 1805 sah Anna Amalia die alte Ordnung endgültig zerbrechen. Die älteren Biographien erwähnen ihr Leiden daran durchaus, zitieren aus den Briefen allerdings nur allgemein kulturpessimistische, letztlich unpolitische Endzeitstimmungspassagen. Doch Amalia kommentierte auch einzelne militärische Schritte gegen Napoleon, wobei sie beispielsweise über die undurchsichtige Haltung ihres Sohnes nach der Schlacht von Jena im Oktober 1806 deutliche Worte fand. Die drohende ‚Auflösung der preußischen Monarchie' erschien ihr dabei als Ausdruck des „malheur de toute l'Allemagne". Das Alte Reich, dessen Rechtsordnung ihr als weiblicher Obervormünderin und Landesregentin einst ermöglicht hatte, in einer begrenzten Übergangsphase ein Herzogtum zu regieren, war Geschichte. Mit Schrecken verfolgte sie, daß sich Napoleon anschickte, das Haus Braunschweig zu entthronen. Zahlreiche Briefe der Herzogin

---

18 Vgl. Anna Amalia an Carl August, Tiefurt 28.7.1795; BERGMANN 1938, Nr. 163 mit Kommentar S. 203f. – Schatullrechnung 1794, ThHStAW 994 u. 997, Belege Nr. 1164–1173; Schatullrechnung 1776, ThHStAW A 1005, Nr. 890; sowie die Schatullrechnungen der Jahre 1795 bis 1802; ThHStAW A 1006–1028, jeweils unter „Geschenke u. Verehrungen".

19 Anna Amalia an Christoph v. Benckendorff, Weimar 29.10.1798; ThHStAW HA A XVIII 1b, Bl. 22. Vgl. MARTENS 1987, S. 45.

belegen, daß von einem unpolitischen ‚Musenhof' Anna Amalias nach 1790 nicht die Rede sein kann.[20]

II. *Anna Amalia als Mäzenin*

Die Forschung ist sich einig, daß Anna Amalia Künstler und Gelehrte durch gezieltes Mäzenatentum mit überregionaler Wirkung gefördert habe. Als Beleg werden neben Gästen am Hof meist ihre Korrespondenzpartner aufgeführt. Kurze oder ausgedehnte Briefwechsel führte die Herzogin beispielsweise mit Carl August Böttiger, Friedrich Bury, Johann Friedrich Hugo von Dalberg, Carl Ditters von Dittersdorf, Johannes Daniel Falk, Christian Garve, Johann Isaac Gerning, Johann Wolfgang von Goethe, Friedrich Melchior Grimm, Johann Gottfried Herder, August Wilhelm Iffland, Christian Joseph Jagemann, Angelica Kauffmann, Carl Ludwig von Knebel, August von Kotzebue, Johann Friedrich Kranz, Sophie von La Roche, Johann Christian Majer, Johann Heinrich Merck, Johann Heinrich Meyer, Jean Joseph Mounier, Adam Friedrich Oeser, Jean Paul Friedrich Richter, Johann Gottfried Seume, Germaine de Staël, Johann Heinrich Wilhelm Tischbein, Maximilian von Verschaffelt, Jean Baptiste Gaspard d'Ansse de Villoison, Christian Felix Weiße, Christoph Martin Wieland und Johann Georg Wille. Die Gelehrten und Künstler, die sie während des Italienaufenthalts kennenlernte, sind hier sogar weitgehend ausgeklammert. Diese noch lückenhafte Aufzählung beeindruckt zunächst. Über die Intensität der Beziehungen und vor allem das Ausmaß und die Formen, in denen Anna Amalia diese Personen förderte, sagt die Namensreihe freilich nichts aus.[21]

Als herausragendste Tat Anna Amalias als Mäzenin gilt die Berufung Christoph Martin Wielands (1772) zum Lehrer ihrer Söhne. „Von diesem Augenblick an wurde Weimar zum Kunst- und Musenhof schlechthin, zum Anziehungspunkt für die literarische interessierte Welt." Darüber hinaus wissen die Darstellungen zum ‚Musenhof' allerdings keine ähnlich bedeutenden mäzenatischen Leistungen der Herzogin zu nennen. Meist wird eine fragwürdige kausale Kette der Berufungen von Wieland

---

20 Anna Amalia an Maria Pawlowna, Weimar 3.12.1806; ThHStAW HA A XVIII 92, Bl. 48f.
21 Der Briefwechsel Anna Amalias wird in der in Anm. 12 genannten Arbeit nach Themen und Adressaten ausführlich analysiert.

über den Erzieher Constantins, Carl Ludwig von Knebel, zu Goethe, der wiederum Herder nach Weimar holte, und schließlich zu Schiller geknüpft. Dadurch erscheint die Anwesenheit und gegenseitige Befruchtung der ‚großen Vier' in Weimar und damit die literarische Bedeutung der Residenz um 1800 als letztlich von Anna Amalia initiierter Prozeß.[22]

Die Auswirkungen von Anna Amalias Mäzenatentum, das heißt die Unterstützung von Künstlern und Gelehrten an und außerhalb ihres Hofs, lassen sich allerdings quantitativ und qualitativ schwer messen. Da die Herzogin, immer um Abwechslung bemüht, besonders auf neue musikalische Talente ein wachsames Auge hatte, konnte in der Tat kaum ein Künstler, ob er medioker war oder später bedeutend wurde, Weimar verlassen, ohne sich bei ihr vorzustellen. Die Sentenz Goethes – „es ist kein bedeutender Nahme von Weimar ausgegangen, der nicht in ihrem Kreise früher oder später gewirkt hätte"[23] – sagt über die ‚bedeutenden Namen' und deren Wirkungen, die von Weimar *ausgegangen* seien, nichts aus; die Personen, die Goethe eventuell im Auge hatte, werden erst nachträglich im Licht der Metapher „Weimar" für bedeutend erklärt. Es führt überdies nicht weit, das Mäzenatentum Anna Amalias an heutigen, zum Teil kanongebundenen Maßstäben der jeweiligen Disziplin zu messen, die sich den durch die Herzogin geförderten Künsten und Künstlern widmet (Literatur-, Musik-, Theater- und Kunstwissenschaft bzw. -geschichte), d.h. an Kritierien ästhetischer Innovation und Vollkommenheit. Wer diese Kriterien anlegt, wird z.B. die Gunst der Herzogin für den Lustspieldichter August von Kotzebue enttäuschend finden. Entsprechend wichtig ist es, daß nachfolgende Forschungen ihre eigenen künstlerisch-ästhetischen und gesellschaftlich-geselligen Ziele bei der Förderung von Künstlern und Gelehrten herausarbeiten. An den vielfältigen erfolgreichen und gescheiterten Patronageversuchen der Herzogin, die hier im einzelnen nicht dargestellt werden können, zeichnet sich ab, daß sie den Wunsch zurückstellte, qualitätsvolle Künstler außenwirksam und prestigeträchtig zu fördern – ob bewußt oder reflexartig wegen begrenzter Ressourcen. Anna Amalia beschränkte sich offensichtlich darauf, sich im geselligen Kreis möglichst gehaltvoll unterhalten und sich zu ihrem eigenen praktischen Dilettieren möglichst kundig anleiten zu lassen – ob aus bewußtem Verzicht oder mangelndem Ehrgeiz, läßt sich noch nicht sagen. Um es

---

22 SALENTIN 1996, S. 78.
23 GOETHE (wie Anm. 3).

zuzuspitzen: Daß sich ihr Witwensitz ausgerechnet in der Residenz befand, die bis heute als ein Zentrum zumindest der deutschen Literatur um 1800 angesehen wird, läßt sich nicht auf intentionales Mäzenatentum der Herzogin zurückführen. Anna Amalia hätte sich für ihre Neigungen auch in anderen lutherischen Residenzen ein Betätigungsfeld gesucht und es gefunden – in Karlsruhe, Darmstadt, Braunschweig, Schwerin, Bayreuth, Gotha oder anderen Städten.

Ein weiterer, das Mäzenatentum betreffender Aspekt der ‚Musenhof'-Legende ist die Annahme, daß die Blüte der Universität Jena um 1800 wesentlich auf die fürstliche Unterstützung dieser Institution und ihrer Lehrenden zurückgeht. Die Wirkung der unter Anna Amalias Regentschaft seit 1766 durchgeführten Universitätsvisitation läßt sich momentan allenfalls hinsichtlich der Studentenfrequenz verfolgen. Daß sie einzelne Gelehrte aus Jena individuell förderte, ist damit nicht gesagt. An ihren Witwenhof nach 1775 bildet sich die Besonderheit des „Ereignisraumes", die „Doppelstadt Weimar-Jena"[24], jedenfalls nicht ab. Professoren der Universität Jena waren zwar gelegentlich anwesend, doch für die Geselligkeit an ihrem Hof war dies im Gegensatz zu musikalischen Darbietungen keineswegs konstitutiv. Die Kontakte blieben punktuell. Daß an den wenigen Sitzungen des „Weimarer Gelehrtenvereins" im Wittumspalais (Herbst 1791 bis März 1792) auch Jenaer Professoren teilnahmen, ist eine Ausnahme. Die Vorlesungen des Wiener Phrenologen Franz Gall in den Jenaer Rosensälen besuchte sie 1805 erst auf die Bitten zweier Professoren der Universität. Diese baten, wie ihre Hofchargen berichten, Anna Amalia um „ihre Gegenwart und ihre Louisd'or, um dort eine Subscription für Gall zu Stande zu bringen"; „die Herzogin, immer gut und hülfreich, genehmiget es, reist mit ihrem kleinen Gefolge nach Jena", nachdem sie Gall eigentlich schon im kleinen exklusiven Zirkel in Tiefurt gehört hatte.[25] Eichstaedts akademische Gedächtnisrede, in der er hervorhob, wie gern sie sich in der Gesellschaft von Professoren aufzuhalten und sich mit ihnen auszutauschen

---

24 Schon 1798 war dem 24-jährigen Briten George Butler Weimar-Jena als ‚doppelter' „Musensitz" geläufig. GUTHKE 1998, S. 20. Zur Universitätsvisitation nach 1767 vgl. WAHL 1994a.
25 Luise v. Göchhausen an Carl August Böttiger, Tiefurt 11.8.1805; BÖTTIGER 1838, Bd. 2, S. 253 (Zitat). Friedrich Hildebrand v. Einsiedel an Carl August Böttiger, Weimar 29.7.1805; Sächsische Landesbibliothek – Staats- und Universitätsbibliothek Dresden (= SLUB DD), Mscr. Dresd. h 37, 4° Bd. 46, Nr. 13.

pflegte, zieht Begegnungen aus mehreren Jahrzehnten zusammen.[26] Ob diese Kontakte im Vergleich zu denen anderer Fürstinnen dennoch bemerkenswert intensiv waren, steht noch zu untersuchen.

Hinsichtlich der Praxis von Geselligkeit und Kunstliebhaberei wird in der Forschung häufig der Eindruck erweckt, als habe Anna Amalia einen Kreis um sich versammelt, der von einer ‚Seelen- oder Geistesverwandtschaft' geprägt war.[27] Bei Anna Amalias Patronageverhalten wurde jedoch übersehen, daß ihre personellen Beziehungen den gewöhnlichen höfischen Mechanismen von Gunsterweis und Gunstentzug gehorchten. Indem sie beides flexibel einsetzte, konnte die Herzogin individuelles Verhalten steuern – „Gnade und Ungnade, Huld und Huldenzug gilt es als Institutionen zu sehen". Gunstbezeigungen mußten strukturell unberechenbar sein, um zu wirken. Das Geschenk war am Hof ein „Machtmittel ersten Ranges".[28] „Launenhaft" zu sein, wie Anna Amalia zugeschrieben wird, bedeutete Autorität zu wahren. Die Hofchargen des engeren Hofs waren dem Gunstsystem in besonderem Maße unterworfen. Ämterbesetzung war selbstverständlich die hervorragendste Form eines Gunstbeweises. Luise von Göchhausen hielt sich jahrelang unbesoldet als adlige Gesellschafterin an Anna Amalias Hofstaat auf, bevor sie 1783 nach dem Ausscheiden Charlotta von Steins die Stelle als Hofdame erhielt. Nach dem Italienaufenthalt entzog ihr die Herzogin wegen eines tiefgreifenden Zerwürfnisses zeitweise die Gunst. Goethe versuchte Henriette von Knebel als Nachfolgerin zu lancieren, woraufhin Anna Amalia Göchhausen jedoch nach außen hin wieder ihre Gunst erwies, um die Einmischung des Geheimen Rats abzuwehren.[29]

---

26 Vgl. BIEDRZYNSKI 1999, S. 589; BÖTTIGER 1998, S. 47–66. Heinrich Carl Abraham EICHSTAEDT, Memoria augustae principis ac dominae Anna Amaliae [...] Caroli Augusti gloriose ac feliciter regnantis matris in A.D. VI Junii MDCCCVII religiosa panegyri celebranda indicitur, in: EICHSTAEDT 1850, S. 145–167, hier S. 156: *quam lubenter AMALIA versari cum Professoribus soleret, ut vel consultos de rebus litterariis discendi caussa audiret, vel ipsi consuleret, cum iisque eruditos sermones super variis argumentis familiariter conferret.* Unkritisch übernommen bei WAHL 1994a, S. 95 (dt. Übers.); WERNER 1996, S. 68f.

27 Am ausführlichsten bei BODE 1908, Bd. 2, und BODE 1918.

28 Zu den idealtypischen Funktionsmechanismen (Hierarchie, Gunst, Ausrichtung auf Herrscher) eines Hofes vgl. WINTERLING 1997b, SELZER/EWERT 1997, S. 12 u. passim; zu Huldentzug und Geschenk PARAVICINI 1995 (Zitate S. 28 u. 19).

29 Charakterliche Zuschreibungen Anna Amalias als „launenhaft" z.B. bei MENTZ 1936, S. 44. – Schatullrechnung 1783; ThHStAW A 950, Nr. 99–102. Johann Wolfgang v. Goethe an Carl Ludwig v. Knebel, Weimar 17.10.1790; WA IV, Bd. 9,

Die Mechanismen, Gunst zu gewähren und zu entziehen, betrafen alle diejenigen, die Anna Amalia persönlich in den Hofdienst berief oder zumindest für einige Zeit am Hof halten wollte. Dies verspürte beispielsweise Christoph Martin Wieland im Wettkampf um die Gunst Anna Amalias in der Endphase ihrer Regentschaft, als sie um ihre bröckelnde Autorität kämpfte. Im Juni 1773 klagte er Prinzenerzieher Graf Görtz sein Leid über den schlechten „humeur" der Regentin: „Oh mein Gott, bester Graf, sie haben mir nur zu wenig von der Frau gesagt." Dahinter stand der Vorwurf, daß ihm Görtz, der seine Berufung nach Weimar als Prinzenlehrer eingefädelt hatte, die Funktions- und Anpassungsmechanismen am Hof unterschlagen habe. Obgleich sich Wieland in der „Geschichte des Agathon" (1766/67) „der alten hofpessimistischen Muster" bedient hatte, fehlte dem vormaligen Kanzleidirektor der Reichsstadt Biberach und Professor der Universität Erfurt 1773 noch die lebensweltliche Erfahrung am Hof.[30] Die Hofchargen wie Göchhausen oder Einsiedel sowie die auf ihre anhaltende Gunst angewiesenen Pensionsempfänger wie Wieland oder Knebel orientierten sich auch an den *künstlerischen* Neigungen ihrer Dienstdame. Auswärtige Künstler waren schon allein wegen materieller Zuwendungen daran interessiert, sich auf Anna Amalias Geschmack und Interessen auszurichten – dieser normale Vorgang der höfischen Gunstbezeigung betraf also ebenso das Mäzenatentum.[31]

III. *Freiräume der fürstlichen Gesellschafterin Anna Amalia*

Bei Abgabe der Regentschaft 1775 war offen, ob Anna Amalia sich auf die ihr automatisch zukommende Rolle als Mittelpunkt ihrer eigenen Hofhaltung beschränken oder eine zentrale Stellung als Gesellschafterin am Weimarer Gesamt-Hof – die Summe seiner Hofhaltungen – anstreben würde. Eine wichtige Weichenstellung bedeutete, daß die Herzogsmutter ihren Witwensitz nicht etwa, wie allgemein üblich, abseits der Residenz in Eisenach oder in Allstedt nahm, dem eigentlich dafür vorgesehenen Wittumsschloß. Sie blieb in Weimar und residierte im so-

---

30 Wielands Klage wird übermittelt von Johann Eustach v. Schlitz gen. Görtz an seine Frau Caroline, [Weimar] 4.6.1773; MENTZ 1929, S. 413. – „Agathon": MARTENS 1987, S. 40f.
31 Die Patronage- und Klientelverhältnisse der Herzogin können hier nicht systematisch dargelegt werden; vgl. Anm. 12.

genannten „Palais". Offensichtlich wollte sie nicht auf die Ressourcen
verzichten, die die Nähe des regierenden Hofs bot: Persönlichkeiten
und Institutionen, die Geselligkeit und Kunstliebhaberei an ihrem Witwenhof befruchten konnten.[32]

Neben dem Palais in der Stadt erhielt die nunmehr „Herzoginmutter" genannte Fürstin Schloß Ettersburg als Sommersitz. Anna Amalia
begann, den Park nach ihren Vorstellungen umzugestalten: Sie ließ Al-
leen und Baumgruppen anpflanzen, eine Einsiedelei und eine Rasenhüt-
te errichten sowie eine Nische und eine Eisgrube anlegen. Ettersburg
sollte vorzeigbar sein. Es diente nicht generell dem Rückzug der Herzogsmutter aus der Residenz auf ihre eigene Hofhaltung. Ob der repräsentative Festsaal im zweiten Obergeschoß von Anna Amalia entsprechend genutzt wurde, ist zwar momentan nur zu vermuten. Der große
Saal des westlichen Seitenflügels im Alten Schloß wurde jedenfalls
schon 1776 für Theatervorstellungen hergerichtet. Bei den Aufführungen des Liebhaberttheaters herrschte großer Verkehr aus der Stadt und
zum Teil auch aus Ettersburg, indem Dorfbewohner als Helfer eingebun-
den wurden. So spielten laut Wieland bei der Aufführung von Goethes
„Jahrmarktsfest von Plundersweiler" im Oktober 1778 „Der halbe Hof
und ein guter Theil der Stadt" mit. Wieland trennte also, wie die meisten
Höflinge, in dieser Zeit nicht zwischen den einzelnen Hofhaltungen. Anna Amalia kehrte ihre Kunstliebhaberei (Komponieren und Schauspielern) offensiv nach außen und verlangte, daß sich Personen des regierenden Hofs nach ihren Fähigkeiten beteiligten. Carl Augusts Kammerherr Siegmund von Seckendorff beispielsweise avancierte zum musikalischen Leiter des Liebhabertheaters. Dessen Mitwirkende und Zuschauer
verbanden somit den regierenden und den Witwenhof. Das Liebhabertheater in Ettersburg (und Tiefurt) machte Anna Amalia in den ersten
Jahren nach ihrer Regentschaft (1776–82) zum dilettierenden und geselligen Mittelpunkt eines Gesamt-Hofs. Eine konservative Gruppierung
im Hofstaat der Herzogin Luise mit deren Oberhofmeisterin Wilhelmine Elisabeth Eleonore von Giannini an der Spitze entzog sich diesen
Aktivitäten freilich nach Kräften.[33]

---

32 Zu Hofhaltungen fürstlicher Witwen vgl. LÖWENSTEIN 1993.
33 Christoph Martin Wieland an Johann Heinrich Merck, Weimar [Mitte Oktober
    1778]; WBW, Bd. VII/1, Nr. 128. Der Entscheidungsprozeß für (und 1781 ge-
    gen) Schloß Ettersburg als Sommersitz Anna Amalias ist, soweit ersichtlich,
    nicht dokumentiert. Zum Liebhabertheater vgl. SICHARDT 1957 u. RANDALL
    1995, S. 115–215. Zur konservativen Fraktion der Hofgesellschaft, die Anna
    Amalias Kunstliebhaberei und Geselligkeit beargwöhnte, vgl. ANDREAS 1943.

Doch nicht nur die primär ästhetisch motivierten Umgestaltungen des Gartens erwiesen sich als zeitlich und finanziell aufwendig: Nach dem Tod Herzog Ernst Augusts im Jahre 1748 war Schloß Ettersburg unbewohnt geblieben. Die Instandsetzungsarbeiten im Gebäude folgten keinem bestimmten Programm, sondern schlichter Notwendigkeit. Unter anderem mußte die Herzogin im Corps de Logis die Raumfassaden erneuern lassen. Über Jahre hinweg war mit hohen Reparatur- und Unterhaltungskosten zu rechnen. Den Ort darüber hinaus mit höfischem Leben zu erfüllen, erforderte ebenfalls einen beträchtlichen Aufwand. Anna Amalia investierte für Schloß und Garten in Ettersburg in den Jahren 1776 bis 1780 beträchtliche Summen aus ihrer Schatulle.[34] Schon früh hatte sie ihr Auge auf das verhältnismäßig bescheidene Haus des Kammergutpächters in Tiefurt geworfen, das Prinz Constantin zusammen mit seinem Gouverneur Knebel seit 1776 als Sommersitz diente. Sie kehrte nach Knebels Erinnerung in diesen Jahren mindestens einmal wöchentlich in Tiefurt ein. Nachdem Constantin im Juni 1781 zu einer mehrjährigen Kavalierstour aufgebrochen war, zog sie mit ihrem kleinen Hofstaat dort ein. Constantin protestierte in Briefen vergeblich. Tiefurt wechselte still die Besitzerin; Ettersburg blieb weitgehend verlassen.[35]

Der Schluß liegt nahe, daß Anna Amalia Ettersburg gegen einen weniger aufwendigen Sommersitz vertauschen wollte, der dennoch an die Residenz angebunden war, damit sie ihre Rolle als zentrale Gesellschafterin weiter spielen konnte. Finanziell ging die Rechnung auf: Das Gebäude des Pächterhauses erforderte in den ersten Jahren keine wesentlichen Instandsetzungen; Anna Amalia veränderte bis 1788 wenig an der von Constantin hinterlassenen Innenausstattung. Die von Knebel begonnene außenwirksame Gestaltung des Parkes setzte sie fort, doch diese kamen den Kosten für Ettersburg bei weitem nicht gleich. Zunächst betrugen die Ausgaben für Tiefurt nur ein Drittel der bisherigen jährlichen Aufwendungen für Ettersburg – 1778/79 waren dies fast 1900 Taler gewesen, bei einem Gesamtvolumen von ca. 28500 Talern der Schatul-

1995, S. 115–215. Zur konservativen Fraktion der Hofgesellschaft, die Anna Amalias Kunstliebhaberei und Geselligkeit beargwöhnte, vgl. ANDREAS 1943.

34 Vgl. Christiane OEHMIG, Schloß Ettersburg, in: BEYER/SEIFERT 1997, S. 333–343. – Die Kosten für Schloß und Garten in Ettersburg betrugen in Rt: 1776/77: 780 (Gesamtausgaben der Schatulle: 23560); 1777/78: 1536 (29467); 1778/1779: 1882 (28439); 1780: 1395 (30356). Schatullrechnungen 1776–1780, ThHStAW A 926–941.

35 Vgl. SALTZWEDEL 1999, S. 201; SIGISMUND 1989, S. 261f.

le. Dies war insofern ein erheblicher Betrag, als über 70% der Schatullgelder für Fixkosten eingeplant waren: Spielgelder, Garderobe und Möbel, Besoldungen und Livreen, Küche, Kellerei, Licht, Brennholz und Pflichtpräsente – den Schuldendienst nicht eingerechnet. Innerhalb ihrer begrenzten finanziellen Spielräume hatte Anna Amalia also zwischen 1777 und 1780 unrealistische Prioritäten für die Gestaltung ihres Sommersitzes gesetzt. Herzog Carl August lobte deshalb die Entscheidung seiner Mutter für Tiefurt, als er 1785 die neuen Gartenanlagen des Mainzer Kurfürsten in Aschaffenburg inspizierte: „Ist Tiefurt mit ungleich wenigern Gelde ausgeputzt worden, so ist's doch gewiss mehr wert, als wie alle diese Anlagen".[36]

In Tiefurt gab Anna Amalia ihren Anspruch als ‚Zentralmuse' nicht auf: Das Liebhabertheater wurde zunächst fortgesetzt. Auch mit einer weiteren ‚Veranstaltung' integrierte die Herzogin weiterhin Mitglieder und Günstlinge des regierenden Hofs, indem sie für die zwischen 1781 und 1784 entstehenden 47 Ausgaben des handschriftlich in maximal 11 Exemplaren zirkulierenden „Journals von Tiefurt" Beiträge einwarb. Die Redaktion übernahmen ihr Kammerherr Friedrich Hildebrand von Einsiedel und ihre Gesellschafterin bzw. Hofdame Luise von Göchhausen. Anna Amalia steuerte selbst eine mit Wielands Hilfe angefertigte Übersetzung aus dem Italienischen bei, wie alle Beitragenden anonym. Allerdings ließen sich die künstlerisch anspruchvolleren Stützen wie Herder, Wieland oder Goethe nicht dauerhaft für dieses liebhaberische Unternehmen gewinnen. Auch das Liebhabertheater schien schon Anfang 1783 „sein Glück nicht weiter zu machen", wie Amalias Schatullier Johann August Ludecus bemerkte. Den regierenden Hof in die Geselligkeit am Witwenhof zu integrieren, wurde schon vor den langen Phasen von Carl Augusts Abwesenheit in Sachen Fürstenbund seit 1784 schwierig. Wilhelm Bode läßt seine Darstellung des Weimarer ‚Musenhofs' intuitiv in diesen Jahren auslaufen: „Um 1782 wird das Mit-Einander mehr ein Neben-Einander".[37]

Nach Anna Amalias Rückkehr aus Italien im Jahr 1790 erwies sich endgültig, daß die durch den Dilettantismus der Herzogsmutter geprägten Geselligkeitsformen der ersten Jahre nach dem Regierungswechsel

---

36 Schatullrechnung 1778/1779; ThHStAW A 933 u. 935, Belege Nr. 1017–1382. – Carl August an Anna Amalia, Darmstadt 6.6.1785; BERGMANN 1938, Nr. 72.

37 Johann August Ludecus an Carl Ludwig v. Knebel, Weimar 3.1.1783; GSA 54/218, Bl. 27f. – BODE 1918, S. IX. Zum „Journal von Tiefurt" vgl. u.a. SEIFERT 1994, zur Musikpraxis dieser Jahre eingehend RANDALL 1995. Vgl. auch GÖRES 1976.

auf den Weimarer Gesamt-Hof keine Ausstrahlungskraft mehr hatten. Zwar wurden in den Jahren 1787 und 1795 nochmals Theatervorstellungen in Ettersburg gegeben, wobei die Aufführung am 18. Juli 1795 eine „Repraesentation von Liebhabern" darstellte.[38] Doch war diese Geselligkeits- und Unterhaltungsform nur punktuell wiederzubeleben. Es besteht Einigkeit in der Forschung, daß Anna Amalia nach ihrem Italienaufenthalt (1788–90) „den litterarischen Kreisen kein belebendes Element mehr" gewesen sei und der Geselligkeit „kaum noch Anstöße" gegeben habe. Sie habe sich zwar den „neuen, veränderten Formen kultureller Gemeinsamkeit" nicht verschlossen, doch habe ihr Kreis keinen entscheidenden Einfluß mehr ausgeübt.[39] Sie selbst nahm Goethes Widmung in dessen „Winckelmann und sein Jahrhundert" von 1805 auf, indem sie sich im Alter die passive Rolle zuwies, der „schaffenden Kraft unseres Zeit alters noch eine Zeitlang zuzusehen".[40] Weshalb Anna Amalia keine Integrationsfigur für Geselligkeit und Kunstliebhaberei am Weimarer Gesamt-Hof mehr darstellte, wurde bisher kaum gefragt. Im folgenden soll die These belegt werden, daß sich die Herzogsmutter nach 1790 zunächst nicht freiwillig auf den Kreis ihrer Hofhaltung zurückzog, sondern bis ca. 1803 zunehmend von den durch den regierenden Hof kontrollierten, von neuen Prinzipien dominierten Geselligkeitsformen und Unterhaltungsmedien ausgeschlossen wurde.

Es war auch für Außenstehende nicht zu übersehen, daß sich in den 1790er und 1800er Jahren, mitunter über längere Phasen, ernsthafte Verstimmungen zwischen den Höfen der Herzogsmutter und des regierenden Herzogs auftaten. Über einen Besuch im Jahre 1797 schrieb Friedrich von Oertel in seinen anonym publizierten „Briefen": „Die Verstimmung der beiden Höfe wird je länger je fataler, und die niedrigen Seelen suchen sie zu unterhalten und Oel ins Feuer zu gießen. Mehr und weniger werden allen andern Verhältnisse dadurch gestört oder

---

38 Schatullrechnung 1787; ThHStAW A 967 u. 969, Beleg Nr. 1374; Schatullrechnung 1795; ThHStAW A 998 u. 1000, Belege Nr. 382–387 (am 18.7.1795 wird „auf dem Liebhaber Theater zu Ettersburg eine Repraesentation von Liebhabern" gegeben).

39 1. Zitat: BORNHAK 1892, S. 311; 2. Zitat: SALENTIN 1996, S. 171; 3. Zitat: SEIFERT 1994, S. 211.

40 Anna Amalia an Johann Wolfgang v. Goethe, o.O. 27.4.1805; GSA 28/767. Johann Wolfgang v. GOETHE (Hg.), Winckelmann und sein Jahrhundert. In Briefen und Aufsätzen (Tübingen 1805), in: WA I, Bd. 46 S. 5–8 (Widmung an Anna Amalia, ausführlich zitiert von Angela BORCHERT in diesem Band, dort Anm. 38).

verdorben."[41] Diese Konflikte sind nicht vornehmlich, wie die zeitweiligen Differenzen zwischen Wieland, Herder und Goethe, als persönliche, status- und ansehensbezogene Eifersüchteleien zwischen Individuen anzusehen, die Weimar um 1800 auch unbeteiligten ausländischen Besuchern als provinziell erscheinen ließen.[42] Sie resultieren – zumindest teilweise – aus unterschiedlichen Vorstellungen, in welchen Rahmen Geselligkeit gestaltet und in welchen Formen die Liebhaberei von Kunst und Wissenschaft organisiert werden sollten. Besonders deutlich wird dies auf dem künstlerischen Feld, in dem sich Anna Amalia dauerhaft und mit großem Einsatz engagierte[43]: den musikalischen und schauspielerischen Darbietungen.

Zunächst sei zum Verständnis der Konflikte nach 1790 auf den Italienaufenthalt rückgeblendet: In Neapel veranstaltete die Herzogin zwischen Oktober 1789 und April 1790 mindestens einmal wöchentlich Vorspielabende, die sie stolz ihre „Academie de Musique" nannte. Die Gesellschaft, die bis zu 25 und mehr Personen zählte, suchte sie sich, in Abstimmung mit ihrem Kammerherrn von Einsiedel, bewußt aus den vielen Besuchern des Hofs, den Gesandten sowie den napolitanischen Adeligen und Honoratioren aus. Mit der „Academie" erreichte Anna Amalia eine größere gesellschaftliche Abwechslung als jemals zuvor in Weimar. Musikalisch war die Herzogin dadurch nicht auf das Dilettieren im kleinen Kreis, auf die Soiréen bei anderen Adligen und auf das Theater, das ihr häufig qualitativ nicht genügte, angewiesen. Indem sie die besten Sänger Neapels zu sich ins Haus holte, machte sie sich unabhängig. Wahrscheinlich wollte sich Anna Amalia mit der Bezeichnung „Academie" nicht ironisch von versteiftem Ehrgeiz und Pedanterie distanzieren, sondern anzeigen, wie ernsthaft sie ihr Unternehmen betrieb. Daß die Herzogin den Italienaufenthalt schließlich auf beinahe zwei Jahre ausdehnte, ist zum großen Teil auf diese künstlerisch-geselligen Möglichkeiten Neapels zurückzuführen. Es war offen, ob sich Anna Amalia, einmal zurück in Weimar, mit allen Mitteln ähnliche Perspektiven schaffen wollte, oder ob sie resignieren würde.[44]

41 [Friedrich Ludwig Christian v. OERTEL] *Briefe eines ehrlichen Mannes bey einem wiederholten Aufenthalt in Weimar*, „Deutschland" 1800, S. 67.
42 Vgl. GUTHKE 1998, bes. S. 26f.
43 Vgl. HUSCHKE 1994; RANDALL 1995, sowie den Beitrag von Sandra DREISE-BECKMANN in diesem Band.
44 Anna Amalia an Johann Gottfried Herder, Neapel 19.8.1789; KOHUT 1909, Nr. 2. Luise von Göchhausen verzeichnete die Besucher und Programmpunkte der „Academie de Musique" zwischen Oktober 1789 und April 1790 genau (Ta-

Um der ‚flüchtigen' Herzogin die Rückkehr schmackhaft zu machen, verfiel Einsiedel auf die Idee, daß Herzog Carl August ihr eine „Art von Intendanz über Musik u. Theater" in Weimar übertragen könnte. Herder übermittelte Goethe, der sich nach 1788 verstärkt für die künstlerischen Einrichtungen in der Residenz verantwortlich sah, einen entsprechenden Vorschlag des Kammerherrn. Ganz selbstlos war die Initiative Einsiedels nicht: Nachdem er sich in Italien, „dem Lande der Musik", gründlich weitergebildet hatte, machte er sich Hoffnungen, zumindest die Direktion der Oper des Weimarer Hoftheaters zu erhalten.[45] Während er sich selbst als künstlerischen Leiter sah, dachte er seiner Herzogin mit der „Intendanz" offensichtlich eine Art Oberaufsicht über Hoftheater und Hofkapelle zu. Anna Amalia hätte damit wie zur Zeit des Liebhabertheaters eine Zentralstellung im künstlerisch-geselligen Leben des Gesamt-Hofs erhalten. Anders als zehn Jahre zuvor sollte diese jedoch institutionell verankert sein. Einsiedel griff damit der Organisation des neuen Hoftheaters und der damit verbundenen Hofkapelle vor, die zu Beginn der 1790er Jahre eine professionalisierte Form erhielten. Sie bestanden aus einem ständigen Ensemble mit einem festem Spielplan und einer hierarchischen Leitung. Finanziert und kontrolliert wurden sie vom regierenden Hof. Was fünfzig Jahre zuvor in Bayreuth, wo Markgraf Friedrich seiner Frau Wilhelmine 1737 die Oberleitung über Oper und Theater übertragen hatte, als eine den Neigungen der komponierenden Fürstin adäquate Aufgabe aufgefaßt worden war, zog der Weimarer Herzog offenbar nicht ernsthaft in Erwägung. Carl August dachte nicht daran, die Oberaufsicht mit seiner Mutter zu besetzen – zu Beginn der 1790er Jahre war Kompetenz in dieser Position gefragt, auf der nicht eine fürstliche Liebhaberin zwanglos beschäftigt werden sollte. Dies galt auch für die Theaterleitung, für

---

gebuch der italienischen Reise der Frau verw. Herzogin Anna Amalia von Sachsen-Weimar-Eisenach, geführt von deren Hofdame Louise von Göchhausen. Abreise den 15 August 1788. Rückkunft den 18 Mai [sic] 1790 [Manuskript; Titel von späterer Hand] (eh.); GSA 24 I, 3).

45 Johann Gottfried Herder an Johann Wolfgang v. Goethe, Rom 27.12.1788; HERDER 1988, S. 292. – Friedrich Hildebrand v. Einsiedel an Carl August Böttiger, o.O. [nach 19.1.1810]; SLUB DD, Mscr. Dresd. h 37, 4° Bd. 46, Nr. 46. Einsiedel erinnerte sich an seine damaligen Ambitionen zwar aus dem Abstand von zwanzig Jahren, belegte sie gegenüber Böttiger jedoch, indem er auf umfangreiche Aufsätze zur Musik verwies, die er in Italien aufgezeichnet habe. Da er die Opernleitung nicht erhalten habe, sei „alles ungeordnet und unausgeführt liegen geblieben".

die sich der Herzog einen Fachmann wünschte. Er ließ mit dem Leipziger Theaterdirektor Joseph Seconda verhandeln. Schließlich setzte er im Januar 1791 Goethe auf die neu geschaffene Theaterdirektion. Einsiedel hatte keine Chance.[46] Goethes Rückblick von 1822 in der „Campagne in Frankreich" – daß „wir unser neues Theater als eine Liebhaberbühne zu betrachten die Klugheit hatten" –, stellt die damaligen Ambitionen auf den Kopf. Gerade weil Einsiedel für Carl August (und Goethe) die Liebhaberei des Witwenhofs zu personifizieren schien, sollte der Kammerherr Anna Amalias keine leitende Funktion in einem zentralen Unterhaltungsmedium des regierenden Hofs erhalten. Daß er einige Jahre später anonym „Grundlinien zu einer Theorie der Schauspielkunst" (1797) veröffentlichte und damit immerhin die für den adligen Dilettantismus häufig zu beobachtende Publikationsschwelle überschritt, kam für seine Ambitionen zu Beginn der 1790er Jahre zu spät.[47]

Nachdem der Hofstaat der Herzogsmutter aus der Organisation von Hoftheater und Hofkapelle ausgeschlossen worden war, wurden Anna Amalias Spielräume eng, außerhalb ihrer Hofhaltung Vorstellungen in ihrem Sinne zu initiieren. Dies beleuchtet ein Brief der Herzogin an Goethe vom 9. Juni 1800, in dem sie bei ihm ein Gastkonzert eines Flötenvirtuosen im Theater regelrecht beantragt. Ihr Sohn Carl August habe sie an Goethe verwiesen, „um zu fragen ob es wohl angiengen daß er die Erlaubnis bekäme sein Concert auf dem Theater zu geben: Wen es thunlich ist so würden Sie mir lieber Geheimde Raht ein Gefallen damit thun und mir dadurch manche Unbequemlichkeiten aus dem wege räumen." Die Herzogsmutter bittet den Theaterdirektor um einen „Gefallen", nachdem der regierende Herzog sein Desinteresse bekundet hatte – Anweisungen hatte sie nicht zu erteilen. Das Konzert im Thea-

---

46 Zur Organisation des Hoftheaters vgl. Gerhard u. Irmtraud SCHMID, Kommentar. Behördengeschichtliche Entwicklung: Theaterleitung, in: GOETHE 1999b, S. 1034–1042, hier S 1035. – Zu Wilhelmine vgl. MÜSSEL 1998, S. 22.

47 Johann Wolfgang v. GOETHE, Campagne in Frankreich 1792, in: HA, Bd. 10, S. 350. Seine Darstellung ist stark harmonisierend: „Die aus Italien wiedergekehrten Freunde bemühten sich, die leichteren italienischen Opern jener Zeit, von Paisiello, Cimarosa, Guglielmi und andern, herüberzuführen, wo denn zuletzt auch Mozarts Geist einzuwirken anfing. Denke man sich, daß von diesem allen wenig bekannt, gar nichts abgebraucht war, so wird man gestehen, daß die Anfänge des weimarischen Theaters mit den jugendlichen Zeiten des deutschen Theaters überhaupt oder zugleich eintraten und Vorteile genossen, die offenbar zu einer natürlichen Entwickelung aus sich selbst den reinsten Anlaß geben mußten." (ebd. S. 351).

ter fand offenbar statt, doch Anna Amalia ließ den Flötisten auch im ausgewählten Kreis im Palais vorspielen. Die Herzogin trennte nun zwischen dem Hoftheater, das in öffentlichen Vorstellungen den Geschmack des Publikums bedienen mußte, und den loseren Darbietungsformen an ihrem Hof, an dem sie sich eine eigene Kammersängerin hielt.[48]

Daß sich die Unterhaltungsmedien und Geselligkeitsformen in Weimar unter der Ägide Goethes formalisierten und professionalisierten, drücken auch die Sitzungen des „Weimarer Gelehrtenvereins" aus, die von Herbst 1791 bis Frühjahr 1792 in Anna Amalias Palais stattfanden. Goethe führte den Vorsitz dieser „Freitagsgesellschaft", die sich feste Statuten gab. Er initiierte den „Gelehrtenverein" vermutlich deshalb, um der Herzogsmutter in Eigenregie einen Ersatz für „die kleine italienische Kolonie" zu bieten, die sie sich schon in Italien für die Zeit nach ihrer Rückkehr nach Weimar erhofft hatte. Goethe hatte sie wiederholt dazu aufgefordert, einige seiner deutschen Künstlerfreunde, mit denen sie sich in Italien umgeben hatte, in Weimar anzustellen. Dies war allerdings an den Interessen der Herzogin vorbeigegangen. Sie hatte es vermieden, gegenüber den Malern Friedrich Bury, Johann Heinrich Wilhelm Tischbein oder Maximilian Verschaffelt Verpflichtungen einzu-gehen. Hätte sie in Weimar eine „eine artige Akademie" (Goethe) einrichten wollen, dann nicht aus bildenden Künstlern, sondern aus Musikern und Sängern – nach der Art ihrer „Academie de Musique" in Neapel.[49] An den Sitzungen des „Gelehrtenvereins" nahm Anna Amalia nicht, wie beim „Tiefurter Journal" und am Liebhabertheater, aktiv teil, sondern stellte lediglich den Versammlungsort zur Verfügung. Dies zeigte sich in der Sitzung vom 2. März 1792, als der Altertumskenner Carl August Böttiger eine Abhandlung über antike Prachtgefäße aus Etrurien und Kampanien vortrug. Anna Amalia ließ daraufhin zur Illustration „einige dergleichen ächte Antiken aus ihren Zimmern holen, die sie von ihrer Reise aus Italien selbst mitgebracht hat." Diese Vasen kulturhistorisch zu interpretieren, überließ sie anscheinend Böttiger und den übrigen anwesenden Italienkennern. Im Rahmen gelehrter Vorträge konnte ihre

---

48 Anna Amalia an Johann Wolfgang v. Goethe, Tiefurt 9.6.1800; GSA 28/767. Flötenspieler Vogel erhielt 11 Rt. 8 Gr. für ein „Theaterconcert", sowie 19 Rt. für ein „Concert im Palais"; Schatullrechnung 1800, ThHStAW A 1019 u. 1021, Beleg Nr. 962 u. 964, quit. 10.8. u. 30.12.1800.

49 Johann Wolfgang v. Goethe an Anna Amalia, Weimar 14.12.1789; WA IV, Bd. 9, Nr. 2792. Vgl. auch den Beitrag von Heide HOLLMER in diesem Band, die auf die „Akademie" nicht eingeht.

prinzipiell der *eigenen* sinnlich-ästhetischen Vervollkommnung dienende Liebhaberei nur schmückendes Beiwerk sein. Deshalb erlahmte ihr Interesse nach wenigen Sitzungen, und nach einer Unterbrechung tagte die erneuerte „Freitagsgesellschaft" ab 1795 in Goethes Haus am Frauenplan.[50]

Wie weit sich die Vorstellungen von Geselligkeit und Liebhaberei am regierenden Hof, für den Goethe hier steht, und am Witwenhof Anna Amalias bis um die Jahrhundertwende auseinanderentwickelt hatten, machen drei Episoden aus den Jahren 1802 und 1803 deutlich, die sich alle im Handlungsraum des Theaters und der Hofmusik abspielten.

Im Jahr 1802 besetzte Carl August die seit dem Tod des Grafen von Putbus Ende 1776 vakante Stelle eines Oberhofmeisters bei seiner Mutter endlich mit Kammerherr von Einsiedel, der diese Funktionen bereits kommissarisch erfüllte. Diese Rangerhöhung des Dichters, Übersetzers und Musikers, der die gesellige Liebhaberei in der Hofhaltung der Herzogsmutter organisierte, bedeutete nicht, daß sie mehr künstlerischen Einfluß am regierenden Hof erhielt. Der Herzog setzte seinem ehemaligen Kumpan aus der sogenannten Geniezeit Schranken. So lehnte er, der auf die Außenwirkung des Theaters bedacht war, es anfangs ab, das Stück „Die Mohrin" aufzuführen, Einsiedels Übertragung von Terenz' „Eunuchen". Carl August schrieb ihm: „ich leugne nicht daß ich Deinen Kunstfleiß bewunderte, wie Du die grobe Antique zu einer ziemlich honetten schlüpfrigen Moderne gesittet hast, aber ich bekenne Dir aufrichtig, daß ich nicht begreife wie mit unsern gewohnheiten u. begriffen das stück auf einem Hoftheater wird gegeben werden können". Wie aus der später gedruckten Fassung hervorgeht, erschien das Stück dem Herzog wohl deshalb als „schlüpfrig" und „honnette" zugleich, da die vermeintliche Sklavin Pamphila zwar durch den Bürgersohn Chärea verführt wird, dies aber durch den Großmut der „Besitzerin" Thais sowie die Entdeckung, daß beide bürgerlichen Stands sind, verziehen wird. Nach Meinung des Herzogs verstieß dies gegen den Wertekodex, den das Hoftheater zu propagieren hatte. Zugleich entsprachen der Stoff und seine Behandlung in Carl Augusts Augen offenbar nicht dem Ideal der klassischen französischen Komödien, das er hochhielt. Einsiedel mußte seine (nicht erhaltene) Urfassung abändern, damit das Stück am 19. Februar 1803 uraufgeführt werden konnte. Laut Christian Vul-

---

50 Zur Freitagsgesellschaft vgl. u.a. SCHÜDDEKOPF 1898. Zitat aus den Aufzeichnungen Carl August Böttigers über die Sitzungen des „Gelehrtenvereins"; BÖTTIGER 1998, S. 58f. Vgl. BOYLE 1995–99, Bd. 2, S. 138f.

pius, Goethes Schwager in spe, habe es „aber nicht gefallen". Er ließ offen, ob dem gesamten Publikum oder nur dem Herzog nicht. Anna Amalia wurde aus der Angelegenheit offenbar herausgehalten – Carl August konsultierte seine Frau Luise als hof-politische Ratgeberin.[51]

Im Frühjahr 1803 wechselte Kapellmeister Johann Friedrich Kranz nach Querelen mit der Prinzipalin Caroline Jagemann nach Stuttgart. Obwohl Anna Amalia seine Ausbildung in Mannheim und Italien jahrelang gefördert und auf ihn große Hoffnungen gesetzt hatte, beglückwünschte sie ihn zu diesem Schritt, denn: „Hier weiß man nicht mit Guten Menschen umzugehen". Noch Ende 1801 hatte sie sich bei Goethe energisch für den Kapellmeister eingesetzt und nahm an der von ihr beklagten Selbstherrlichkeit des Theaterdirektors Anstoß. Im Weggang von Kranz sah sie das Ende ihres ehrgeizigen Projekts, die Weimarer Hofkapelle nach ihren und Einsiedels in Italien gefestigten musikalischen Vorlieben (italienische Opern, Haydn und Mozart) auszurichten: „Nun ist es alle mit meiner Musik".[52] Zu diesem Vorhaben hatte Carl August sie noch während der Reise 1789 ermuntert, da in der Weimarer Kapelle die „Seele" fehle. „Ich hoffe, Sie sollen selbigen bei Ihrer Zurückkunft etwas von denen wohltönenden Geistern einhauchen, die Sie jetzt einsammeln." Dies war sicherlich auch ein Lockmittel, um die kostspielige Reisende zur Rückkehr zu bewegen. Ebenfalls noch während des Italienaufenthalts hatte er ihr vorgeschlagen, zukünftig jedes Jahr neue auswärtige Sänger für die halbjährige Saison zu verpflichten, um Pensionsansprüchen vorzubeugen, und zugleich das weimarische Konzert- und Theaterniveau, das Kranz bereits wesentlich gehoben habe, weiter zu verbessern. Die Kosten wollte er sich mit ihr teilen. Dieses gemeinschaftliche Interesse erachtete Anna Amalia nun durch die von Carl August gedeckten Intrigen seiner späteren Nebenfrau Caroline Jage-

---

51 Carl August an Friedrich Hildebrand v. Einsiedel, o.O. o.D. [vor 5.2.1803], Freies Deutsches Hochstift Frankfurt a.M. (= FDH) Hs. 6873. Vgl. auch Johann Wolfgang v. Goethe an Friedrich Schiller, Weimar 5.2.1803; WA IV, Bd. 16, Nr. 4619; ders. an v. Einsiedel, Weimar 12.2.1803; WA IV, Bd. 16, Nr. 4624. Vgl. den Druck des Stücks: „Die Mohrin. Ein Lustspiel nach Terenz in fünf Akten", in: [Friedrich Hildebrand v. EINSIEDEL (Übers.)] *Lustspiele des Terenz in freyer metrischer Uebersetzung*, Bd. 1, Leipzig 1806. Zur Aufführung der „Mohrin": Christian August Vulpius an Nicolaus Meyer, Weimar 26.2.1803; *Goethe-Jahrbuch* 2 (1881), S. 417.

52 Anna Amalia an Luise v. Knebel geb. Rudorf, Weimar 4.2.1803 u. o.O. 2.5.1803; GSA 54/482, Bl. 27f (Zitate). Anna Amalia an Johann Wolfgang v. Goethe, [Weimar] 13.11.1801; GSA 28/767.

mann gegen ‚ihren' Kapellmeister für aufgekündigt.[53] Das Zerwürfnis resultierte offenbar auch aus unterschiedlichen musikalischen Vorstellungen: Schon um 1796 hatte Anna Amalia, nach den ihr freilich nicht wohlgesonnenen Erinnerungen Caroline Jagemanns, mit Bestürzung erfahren müssen, daß ihre hochgeschätzte Kammersängerin Luise Rudorf am Theater von Goethe als „Unbrauchbar" abgelehnt worden war.[54]

Ebenfalls in den Jahren 1802 und 1803 sah sich die Herzogsmutter mit ihrem Hofstaat auf der Seite der Gegner Goethes in dessen Auseinandersetzung mit dem Dichter August von Kotzebue. Einig war sie sich hierbei mit Kotzebues Vertrautem, dem Gymnasialdirektor und Altertumskenner Carl August Böttiger, den unter anderem die Ambitionen des „Weimarischen Oberconsul[s] Göthe", wie er ihn nannte, 1804 zum Wechsel nach Dresden bewogen. Seit ca. 1796 war Böttiger, der seit diesem Jahr auch den „Neuen Teutschen Merkur" redigierte, eine der dauerhaft begünstigten Personen, also ein Mitglied von Anna Amalias weiteren Hof, gewesen. Er war häufig Tiefurt sowie im Palais anwesend und tauschte sich mit der Herzogin und ihrer Hofdame von Göchhausen über literarisch-historisch-politische Fragen und Druckerzeugnisse aus. Göchhausen beklagte später stellvertretend für die Herzogin den Verlust von Böttigers geistiger Leitung und Führung, wie sie es ausdrückte.[55]

In die Streitigkeiten zwischen Goethe und Kotzebue geriet die Herzogsmutter anläßlich der von Kotzebue möglicherweise als Affront gegen Goethe geplanten Schillerfeier am 5. März 1802. Der Weimarer Bürgermeister hatte, in Absprache mit dem Herzog, den Rathaussaal für die Veranstaltung verweigert, worauf Anna Amalias Hofdamen, die an der Feier mitwirken sollten, Goethe als eigentlichen Schuldigen ausmachten. Sie bemühte sich, bei Carl August zugunsten des Lustspieldichters zu vermitteln, wie der Herzog Goethe schrieb: „selbst meine Mutter rief mich zu Hülfe, um sich gegen ihre Hofdamen zu retten". Dennoch kam es in einem Konzert bei ihr im Palais zu einem Wortge-

---

53 Carl August an Anna Amalia, Weimar 29.1.1789 u. 5.1.1790; BERGMANN 1938, Nr. 105 u. 117. Vgl. zum Machtkampf am Theater HUSCHKE 1982b, S. 34–36.
54 JAGEMANN 1926, S. 91–93.
55 Carl August Böttiger an Joachim Heinrich Campe, Weimar 18.2.1804; Herzog August Bibliothek Wolfenbüttel, Cod. Guelf. Slg. Vieweg 147. Luise v. Göchhausen an Böttiger, Tiefurt 2.6.1804; SLUB DD, Mscr. Dresd. h 37, 4° Bd. 58, Nr. 127.

fecht zwischen Goethe und Kotzebue.[56] Amalias Hofdamen kündigten Goethe noch im März 1802 die Teilnahme an dessen „Mittwochskränzchen", dem streng reglementierten „Cour d'Amour", auf und nahmen stattdessen an Kotzebues formloseren Abenden teil. Noch vor der Aufführung von Kotzebues „Die Kleinstädter" im November 1803 wurde das Stück, das Goethe nur mit seinen Eingriffen hatte auf dem Theater spielen lassen wollen, bei Anna Amalia im Beisein von Böttiger vorgelesen.[57] Nachdem Kotzebue Anfang 1803 nach Berlin gegangen war, veröffentlichte er in seinem Journal „Der Freymüthige" „satirische Verleumdungen gegen den Weimarer ‚Theaterdespotismus'", woraufhin ihn Carl August des Landes verwies. Christian Vulpius berichtete empört: „Der verwittwete Hof hat gleichsam offene Fehde gegen Goethe und dort hängt alles auf des Kotze Bubens Seite".[58] Anna Amalia selbst gingen die Angriffe Kotzebues nun doch zu weit. Gegenüber ihrer ehemalige Kammersängerin Luise von Knebel bezeichnete sie ihn wegen seiner Äußerungen im „Freymüthigen" als „schlechter u leppischer Mensch", fügte jedoch hinzu: „[...] aber dem grossen G. schadet es nicht, ich fürchte nur daß andere nachfolgen u uns nochmehr ducken Stoff haben sie genug dazu." So sehr sie die Kritik an Goethe inhaltlich teilte, so sehr fürchtete sie um den Ruf Weimars. Sie nahm die Rolle einer fürstlichen Gesellschafterin ein, die sich für die Außendarstellung des Gesamt-Hofs („uns") verantwortlich zeigte. Anfänglich hatte sie den Unmut ihrer Hofdamen über Goethe gedeckt, da sie so nicht selbst offen Kritik an ihm üben mußte. Nun war sie bemüht, den Schaden zu begrenzen, konnte die Fehde allerdings nicht mehr verhindern. Ihr Handlungsspielraum als Gesellschafterin war begrenzt; in Entscheidungen einzugreifen, die am regierenden Hof fielen, war ihr kaum möglich. Bei allen von Sengle geschilderten Differenzen zwischen Goethe und Carl August im einzelnen unterstützte der Fürst seinen Diener zu dieser Zeit

---

56 August v. Kotzebue an Carl August Böttiger, o.O. o.D. [1802]; BOXBERGER 1880, S. 330. Caroline an August Wilhelm Schlegel, 11.3.1802, zit. bei STENGER 1910, S. 69. Carl August an Johann Wolfgang v. Goethe, Weimar 16.3.1802; WAHL 1915–18, Bd. 1, Nr. 267 (Zitat).

57 Luise v. Göchhausen an Carl August Böttiger, o.O. o.D. (1803); SLUB DD, Mscr. Dresd. h 37, 4° Bd. 58, Nr. 57.

58 Zu Streit Kotzebue-Goethe vgl. ausführlich STENGER 1910, passim; BOYLE 1995–99, Bd. 2, S. 881–883, 898f., Zitat S. 899. Christian August Vulpius an Nicolaus Meyer, Weimar 26.2.1803; Goethe-Jahrbuch 2 (1881), S. 417. Vgl. auch SENGLE 1993, S. 198–200.

Zeit in Theaterfragen immer noch.[59] Als Folge setzte Anna Amalia die Richtung fort, die sie nach den ersten Erfahrungen am Theater seit der Rückkehr aus Italien eingeschlagen hatte: Künstlerische Darbietungen, Patronage und eigenes Dilettieren beschränkte sie auf den engen Kreis ihres Hofs, suchte den Kontakt zum regierenden Hof nur punktuell, wozu der sommerliche Rückzug nach Tiefurt förderlich war.

Der bis 1803 weit vorangeschrittene Ausschluß Anna Amalias aus den vom regierenden Hof kontrollierten Unterhaltungsmedien und Geselligkeitsformen ist auch vor dem Hintergrund des in Weimar wesentlich durch Goethe und Schiller vorangetriebenen Dilettantismus-Streits zu sehen. Schiller grenzte 1795 in „Ueber die nothwendigen Grenzen beim Gebrauch schöner Formen" den bloße[n] Dilettant" scharf vom „wahrhaften Kunstgenie" ab. Daß Anna Amalia diese Abhandlung oder das zu ihren Lebzeiten unveröffentlicht gebliebene Schema Goethes und Schillers über den Dilettantismus (1799) kannte oder sich gar intensiv damit auseinandersetzte, ist nicht nachzuweisen. Doch indirekt hatte sie in der Weimarer künstlerischen Praxis den klassizistischen Ästhetizismus als Gegenprogramm ‚echter Kunst' zum Dilettantismus zur Kenntnis nehmen müssen – in Veröffentlichungen wie den „Horen" und den „Propyläen", den „Preisaufgaben für bildende Künstler" (1799–1805) und nicht zuletzt in der Aufführungen des Theaters. Goethes Verhältnis zum Dilettantismus war zwar grundsätzlich brüchiger als das Schillers; für ihn verliefen die Grenzen zum ‚wahren Künstlertum' fließender, nicht zuletzt da er erkannt hatte, seinerseits in bildenden Künsten und in der Naturforschung (von der Musik zu schweigen) über ein gehobenes Dilettantentum nicht hinauszukommen. Während der gemeinsamen Arbeit an den Schemata zeigte er sich jedoch gegenüber Schiller entschlossen und lokalisierte das Ziel ihres Angriffs: „wir überschwemmen geradezu *das ganze liebe Thal*, worin sich die Pfuscherey so glücklich angesiedelt hat". Daß er mit dem „Thal" nicht nur Weimar als Ganzes, sondern auch das Tiefurt der Herzogsmutter mein-

---

59 Anna Amalia an Luise v. Knebel geb. Rudorf, Weimar 4.2.1803; GSA 54/482, Bl. 27. Über Anna Amalias persönliche Position in den Intrigen wurde bisher ohne Kenntnis dieses Briefes nur spekuliert, z.B. bei STENGER 1910, S. 40: „Daß Anna Amalia von jeher eine Freundin Kotzebeues war, ist ja bekannt, und so mag sie denn auch bei dem Streite gegen Goethe Partei genommen haben, freilich ohne ihrer alten Freundschaft zu Goethe im Ernste untreu zu werden." Vgl. auch BODE 1908, Bd. 2, S. 165f. SENGLE 1993, passim.

te, ist nicht auszuschließen.[60] Konkreter wurde er hier nicht; vom fürstlichen Dilettantismus grenzte sich Goethe bezeichnenderweise nicht
mit offener Kritik ab, sondern setzte umso subtiler die beschriebenen
Ausschlußmecha-nismen fort. Daß sich Anna Amalia seit den 1790er
Jahren verstärkt schriftlichen Formen widmete – sie fertigte zahlreiche
Literaturexzerpte, ästhetische oder geschichtsphilosophische Versuche
und musiktheoretische Essays an – spiegelt möglicherweise die zunehmend geringe Akzeptanz ihrer Liebhaberei außerhalb ihrer eigenen
Hofhaltung wider. Es scheint, als habe Anna Amalia ihrem Dilettantismus neue (Denk-) Räume erschließen wollen.

Daß ihre Beteiligung an der von Goethe angestrebten Oberaufsicht
der künstlerisch-wissenschaftlichen Aktivitäten und Einrichtungen allenfalls schmückendes Ornament sein konnte, hat Anna Amalia am Ende ihres Lebens deutlich empfunden. Im September 1806 erwiderte sie
Knebel auf eine neue Initiative des Geheimrats: „Die Großmuht von
Goethe mit mir die Präsidentenstelle bey der Naturforschenden Gesel-
schaft zu theilen ist wahrlich ein Pfenomehn; meine Eitelkeit ist zwar
geschmeichelt aber doch nicht so daß ich blindlings mit ihm den Thron
besteigen wolte". Hinter dem Angebot stand Goethes Versuch, Ansehen und Finanzkraft der Herzogin zu nutzen, um der kriselnden Gesellschaft neuen Auftrieb zu verschaffen. Zugleich sollte die neue staatliche Kontrolle der bisher weitgehend unabhängigen Sozietät durch eine
fürstliche Repräsentationsfigur demonstriert und legitimiert werden.
Anna Amalia verlangte allerdings zu wissen, wie groß der finanzielle
Beitrag war, den man von ihr erwartete. Einen Blankoscheck wollte sie
wegen der angespannten Lage ihrer Schatulle nicht unterschreiben; sie
schreckte davor zurück, sich mit einer Einrichtung im unmittelbaren
Umfeld der Universität institutionell zu verbinden. Doch obwohl sie
die Rolle einer Mäzenin als bloßes Aushängeschild, die ihr Goethe zu-
schrieb, ablehnte, war sie im letzten Jahrzehnt ihres Lebens kaum mehr.
Ihre Stellung als ‚Zentralmuse' des Gesamt-Hofs, die sie in den Jahren
1776 bis 1782 ansatzweise innegehabt hatte, konnte sie nach 1790 nicht
wiedergewinnen; zunehmend erkannte sie dies und zog sich auf ihre eigene Hofhaltung zurück. Von einem Weimarer Gesamt-‚Musenhof' mit

---

60 Johann Wolfgang v. Goethe an Friedrich Schiller, Weimar 22.6.1799; WA IV,
   Bd. 14, Nr. 4068 (Hervorhebung J.B.). Vgl. zu den ideengeschichtlichen Zu-
   sammenhängen der Schriften Goethes und Schillers KOOPMANN 1968, hier
   S. 204.

gemeinsamen geselligen, künstlerischen und mäzenatischen Interessen kann um 1800 nicht gesprochen werden.[61]

IV. Die zeitgenössische Ideologie vom ‚Musensitz'

Christoph Martin Wieland feierte die Herzogin zu ihrem Geburtstag am 24. Oktober 1777 im Gedicht „An Olympia" als die Fürstin,

> [...] die in dem Weihrauchkreise
> Der Erdengötter nicht den hohen Sinn verlor
> Für Freyheit und Natur, nach alter Deutscher Sitte
> Sich einen Wald zum Ruhesitz erkohr

und die „sich glücklich fühlt und nichts vom Schicksal fordert." Er nahm damit das Wunschbild von der „sorgenfreyere[n] Abtheilung des Lebens" vorweg, die Goethe in seiner Gedächtnisrede mit dem Ende der Regentschaft (1775) ansetzte.[62] Wieland forderte die Herzogin auf, in Ettersburg sein Ideal eines Landsitzes als unbeschwertem Rückzugsort mit passender Gartengestaltung umzusetzen:

> O Fürstin, fahre fort, aus Deinem schönen Hain
> Dir ein Elysium zu schaffen!
> Was hold den Musen ist, soll da willkommen sein!

Gegenüber Johann Heinrich Merck in Darmstadt kommentierte Wieland das Gedicht als Zielprojektion, denn: „[...] je länger ich mit ihr exi-

---

61 Anna Amalia an Carl Ludwig v. Knebel, Tiefurt 16.9.1806; GSA 54/248, Bl. 59f. Auch Bornhak erwähnt den Brief, „in dem die Fürstin von ihrer Bereitwilligkeit spricht, die Präsidentenstelle mit Goethe zu theilen" (BORNHAK 1892, S. 326) – das Gegenteil trifft zu. Vgl. Carl Ludwig v. Knebel an Johann Wolfgang v. Goethe, Jena 13.9.1805: Knebel habe Anna Amalia selbst vorgeschlagen, einen „fonds" für die Naturforschende Gesellschaft zur Verfügung zu stellen – „Ich weiß sie würde etwas thun, wenn sie sich selbst nicht zu eingeengt fände. Vielleicht findet sich Gelegenheit, daß Du diesen Antrag unterstützen kannst"; GUHRAUER 1851, Tl. 1, Nr. 255.

62 [Christoph Martin] W[IELAND]., An Olympia. Den 24sten October 1777, in: Der Teutsche Merkur vom Jahr 1777 IV, S. 97–106. Zit. nach WIELANDS WERKE 1986, Bd. 12, S. 279–285, hier S. 283. Es ist auch ein Einzeldruck des Gedichts mit dem Supralibros Anna Amalias in der Herzogin Anna Amalia Bibliothek Weimar erhalten, das Wieland der Herzogin wahrscheinlich persönlich schenkte (vgl. ebd. Kommentar S. 90 A). – GOETHE (wie Anm. 3), S. 119.

stire, je mehr Respect krieg' ich selbst für das, was ich vorhin die schwarzen Placken im lebendigen Tableau ihrer Existenz nannte". Die Unbeschwertheit am Landsitz wünschte ihr Wieland, selbst einer der zentralen Intriganten in der Endphase ihrer Regentschaft, als Ausgleich für die jahrelangen Sorgen der vormundschaftlichen Regierung und Erziehung ihrer Söhne. Der räumliche Rückzug auf das ,Land' versinnbildlichte den Rückzug von den Regierungspflichten.[63]

Dieses Ideal war in Tiefurt noch leichter zu evozieren. Hier bot sich zunächst sprachlich die Analogie zum antiken Städtchen Tibur am Anio an, dem heutigen Tivoli bei Rom, das von Villen umgeben und von Horaz, Properz und Catull besungen worden war. In einem frühen Kollektivgedicht vom 19. Juli 1776 deutete die Herzogin, die den Versreigen auf das Leben in Tiefurt eröffnete, den Vergleich zu „Tieburs Haynen" nur an. Ausführlicher vollzog diesen der ,Hausherr' Carl Ludwig von Knebel, auf den die Antikisierung wohl, möglicherweise mit Wieland, zurückgeht, als er gegenüber dem Maler Adam Friedrich Oeser „Unser liebes Thal und unsere sanften Hügel" bei „Uns hier in Tieffurth oder Tibur" pries. Anna Amalias Oberhofmeister Moritz Ulrich von Putbus wies ihr an dem Landsitz ihres Sohns Constantin die Stellung eines in sich gekehrten, nur dem Selbststudium gewidmeten Gastes „in Tiburs Zauber-Eyland" zu: „Die Fürstin sizt im dunklen Wald / Auffmerksam wie ein Mäusgen / Und mahlt den holden Auffenthalt / Mit Hülffe ihres Kräusgen" (er meint den Maler Georg Melchior Kraus, der sie beim Zeichnen anleitete). Das Dilettieren wurde also komplementär zum Rückzug von den Regierungsgeschäften angesehen. Als Voraussetzung für die ungestörte Pflege der Musen sahen Putbus und Knebel die ländliche Idylle, durch die sich Tiefurt dazu besser eignete als das Palais in der Stadt.[64]

Seit ihrer Okkupation Tiefurts 1781 war Anna Amalia nicht nur mehr Gast, sondern dauerhafte Bewohnerin. Vor allem Knebel malte Tiefurt nun zum „Musensitz" aus. Er wünschte ihr: „unter Euer Durchlaucht und aller Musen Aufsicht, erwachse daselbst ein zweytes Tempe,

---

63 Christoph Martin Wieland an Johann Heinrich Merck, Weimar [27.8.1778]; WBW, Bd. VII/1, Nr. 114. Zu Wielands Beteiligung an den Intrigen in der Endphase von Anna Amalias Vormundschaftsregierung vgl. ANDREAS 1953, S. 210–216.
64 Carl Ludwig v. Knebel an Adam Friedrich Oeser, Tiefurt 17.10.1776; LIEBERKÜHN 1847, S. 471f. „Eine Tiefurter Matinée" (1776), zit. nach BUSCH-SALMEN/SALMEN/MICHEL 1998, S. 170-173.

wozu es auch die Natur schon bestimmt zu haben scheint. Die Art womit es Euer Durchlaucht verschönern, versichert ihm, daß es von nun an ein beständiger Musensitz bleiben werde". Er band den ‚Musensitz' an das Schlößchen Tiefurt und seinen von der Herzogin gestalteten Garten.[65] Der *Ort* sollte die Ausrichtung von Anna Amalias Hof auf den Schutz der Musen bestimmen. Der Fürstin kam so die Funktion einer Beschützerin der Musen zu. Mit dem Bau des ersten Musentempels im Park (1784), der Tiefurt als heiligen Hain der Musen kennzeichnete, förderte Anna Amalia diese Zuschreibung. Zuvor hatte sie jedoch schon 1782 ein Gelehrtenkabinettt mit Büsten u.a. von Wieland, Herder, Goethe, Knebel, Abt Jerusalem und Abbé Raynal angelegt. Den französischen Altertumsforscher Villoison, der sich 1782/83 als Gast am Weimarer Hof und auch in Tiefurt aufhielt, ließ sie dazu Verse entwerfen. Darin und vor allem in seinen 1783 gedruckten „Epistolae Vinarienses" feierte Villoison Anna Amalia als Mäzenin und erhob ihren Hof zum ‚Musensitz', der in den Büsten nun im Wortsinn ein ‚Gesicht' erhielt.[66] Schon Wieland hatte im bereits zitierten Gedicht „An Olympia" von 1777 die Musen von ihrem Sitz gelöst und sie der Fürstin persönlich zugewiesen:

> Ja, zöge Sie bis an den Anadir
> Wohin Sie gehen mag, die Musen folgen Ihr,
> Ihr einen Pindus zu breiten.
> Sie, von Olympen stets geliebt, gepflegt, geschützt,
> Belohnen Sie durch ihre Gaben itzt.[67]

In Briefen freilich beschworen Anna Amalia und die Mitglieder ihres Hofstaats stets, daß die Musen an den Ort gebunden seien – ein Be-

---

65 Carl Ludwig v. Knebel an Anna Amalia, Nürnberg 16.7.1782; ThHStAW HA A XVIII 67, Bl. 14–15'.

66 Anschaffung der Büsten: Schatullrechnung 1782; ThHStAW A 946 u. 949, Belege Nr. 858–865. Villoison übersandte Anna Amalia die von ihr geforderten Verse im Brief aus Weimar vom 3.6.1782 (Abschrift); GSA 54/657 (Knebel-Nachlaß). Diese Abschrift (Original nicht ermittelt) sandte Anna Amalia Weimar 23.6.1782 an Knebel; GSA 54/248, Bl. 12. Druck der Verse bei Jean Baptist Gaspard d'Ansse de VILLOISON, *Epistolae Vinarienses, in quibus multa Graecorum scriptorum loca emendantur ope librorum ducalis bibliothecae*, Leipzig 1783, S. 70–72.

67 WIELAND, An Olympia (wie Anm. 62), S. 284. Der Pindus ist ein 2637m hoher Berg in Thessalien, das er von Epirus/Ätolien und Mazedonien trennt; der Anadir ein Strom und Golf im Nordosten des asiatischen Rußlands.

scheidenheitstopos. Wer die ‚Musen' seien – die Göttinnen der Künste und Wissenschaften, die ihnen innewohnenden ästhetischen Prinzipien, die Künstler, die dilettierenden Höflinge – blieb in allen diesen Stilisierungen offen für Interpretationen.

Gleich zu Beginn ihres Aufenthalts im August 1781 zeigte sich Anna Amalia gegenüber Johann Heinrich Merck, der das „Ettersburger Hoflager" erlebt hatte, begeistert über das ‚einfache Landleben' in Tiefurt – Merck solle selbst sehen, „wie sichs ohne Hofmarschall und Cassire leben läßt". Indem sie diese Formulierung des Kriegsrats aufnahm, spielte sie auf die erhoffte Befreiung von Zwängen der höfischen Etikette („ohne Hofmarschall") an, als auch auf ihren Versuch, aus der notwendigen Beschränkung durch den Schatullier („ohne Cassire") zu fliehen, dem die Kosten für die aufwendigen Umbauten der Ettersburger Schloß- und Gartenanlagen über den Kopf gestiegen waren.[68] In dieser Zeit war es Mode, für vage Rousseau'ische Ideale zu schwärmen, mit denen auch Carl August seine provisorischen Gartendomizile wie das Borkenhäuschen im Ilmpark ideell schmückte. Mit dem Lob des einfachen Landlebens übernahm Anna Amalia von Merck ein literarisches Gegenmodell zur intriganten, zeremoniösen und verschwenderischen Hofwelt. Damit machte sie jedoch auch aus der Not – ihren begrenzten finanziellen Spielräumen – eine Tugend. Zugleich erhob sie ‚Unbeschwertheit' zum Wert, den sie allen Besuchern einzulösen versprach. Im Mai 1783 lud die Herzogin Caroline Herder nach Tiefurt ein mit den Worten: „Sie können ganz dreist kommen. Hier trinkt man aus dem Fluß Lethe, der alle Sorgen vergessen macht und das Andenken im Genuß des Guten und Schönen erhält." Von der Abgeschiedenheit des Landlebens sprach sie hier nicht – diese erhob sie – noch – nicht zu einem zentralen Wert.[69]

---

68 Anna Amalia an Johann Heinrich Merck, Tiefurt 4.8.1781; Goethe-Museum Düsseldorf NW 2128/1992, gedr.: WAGNER 1835, Nr. 139 S. 303f. Der Herausgeber der Briefe las „Hofmarschall und Cassino", so daß die Motive für das Rustizieren Anna Amalias in Tiefurt ins Spielerisch-gesellschaftliche enthoben werden. Die Stelle wird bis heute an prominenter Stelle falsch nach WAGNER 1835 zitiert; die teilweisen Berichtigungen in WAGNER 1838, S. 286–291, werden nicht berücksichtigt; vgl. WAHL 1929, S. 39; BUSCH-SALMEN/SALMEN/ MICHEL 1998, S. 42. Zuvor hatte Merck seine Genugtuung über die Abwesenheit von „Hofmarschall" und „Cassirer" geäußert: Merck an Anna Amalia, Darmstadt 30.7.1781; GRÄF 1911, Nr. 43.
69 Anna Amalia an Caroline Herder, Tiefurt 18.5.1783; Kohut 1912, Nr. 1 S. 108. Zum ‚Lob des Landlebens': MARTENS 1987, S. 41.

Zu dieser Zeit war die Geselligkeit an ihrem Hof noch intensiv mit der am regierenden Hof verflochten. Schon als Wieland 1777 Amalias „Einsamkeiten" in Ettersburg beschwörte, stellte er damit ein Gegenprogramm zur geselligen Praxis der Großveranstaltungen des Liebhabertheaters auf. Obwohl über den alltäglichen Besucherverkehr wenig bekannt ist, kann doch für die Tiefurter Jahre von 1781 bis ca. 1783/84 die Einschätzung gelten, daß Anna Amalia „den Akzent weniger auf eine an Rousseauischen Maximen orientierte Ländlichkeit" gesetzt, „als ein von höfischer Etikette freies kulturelles Leben zur Geltung" gebracht habe. Tiefurt ließ sich von der Herzogin und ihren Günstlingen erst dann überzeugend zu einem von den Zwängen des Hoflebens befreiten ländlichen Rückzugsort, zu einem „Refugium", stilisieren, als die Zeit des Liebhabertheaters und des „Journals von Tiefurt" vorbei war.[70] Als sich die Herzogin im Sommer 1786 nach einer monatelangen lebensgefährlichen Erkrankung im Wittumspalais erholte, sandte ihr Knebel aus Tiefurt einen Hymnus auf das schlichte Tiburtinum, das er als Kurort von den Krankheiten eines sich in hohlen Festlichkeiten ergehenden Hofs darstellte – Langeweile, Schmeichelei und Lästereien. Einen fiktiven Geist, den er als Advokat eines repräsentativ-aufwendigen Standesideal einführte, ließ er ausrufen: „Ihr seyd ein dummes Volk, das dümmste Volk der Erden, / das seiner Königin kein besseres Wohnhaus baut" – der Hofkritiker Knebel setzte ein Ideal, durch Taten statt durch Repräsentation zu wirken, entgegen, indem er dem Geist erwiderte, „[...] daß unsere Fürstin keine Königin seye, aber Amalia heisse; daß sie seiner Feenkönigin Pracht u. Herrlichkeit wenig achten würde; daß sie ihre Pracht mit sich bringe, und solche bestehe in einem edeln Betragen, und nicht in feinem Flitterstaat." Knebel läßt sich damit in die Hofkritik in den Zeitschriften der 1780er Jahre einordnen, die sich mit der Luxusdebatte berührte. Demnach hatte, um mit Johann August Schlettwein zu sprechen, „die Fürstenwürde [...] an sich schon so große Erhabenheit, daß sie aller der Blendwerke, welche die Imagination im Luxus bezaubert, nicht bedarf, und in ihrem Lichte desto stärker und schöner glänzet, je weniger sie mit dem Flittergolde des Luxus umgeben ist". Aufwendiges Hofleben war nicht mehr mit dem *decorum* zu rechtfertigen. Mit seinem Lobgesang auf Anna Amalias „Rustizieren" kriti-

---

70 „Rousseau'ische Maximen": Caroline GILLE, Art. Konrad Westermayr (1765-1834). Schloß Tiefurt bei Weimar, in: SCHUSTER/GILLE 1999, S. 211. – „Refugium": SEIFERT 1994, S. 203; BUSCH-SALMEN/SALMEN/MICHEL 1998, S. 42 – beide ohne zeitlich zu differenzieren.

sierte Knebel in spielerischer Form die „holistische, analoge Repräsentation der sozio-politischen Ordnung des *ancien régime*" im Hofzeremoniell. Damit wollte er Amalias Hofhaltung weniger vom ‚realen' regierenden Weimarer Hof absetzen, sondern ein stereotypes Gegenbild aufbauen. Knebel stellte das ihm unprätentiös erscheinende gesellige Leben der Fürstin als Gegenentwurf der analogen Repräsentation gegenüber, ging jedoch noch darüber hinaus: Statt leere Formen zur Schau zu stellen, sollte die Fürstin sich nicht nur materiell bescheiden, sondern durch sittlich herausragendes Verhalten ihre privilegierte Stellung legitimieren – als Individuum („Amalia"), nicht als Standesperson.[71]

Seit dem Beginn des Ersten Koalitionskrieges gegen Frankreich im Sommer 1792, als Anna Amalia erstmals nach dem Italienaufenthalt wieder dauerhaft in Tiefurt residierte, erhielt dieser „Rückzugsort" eine völlig neue Sinnkomponente: Anna Amalia und ihr Kreis gestalteten das „Rustizieren" fern von Stadt und Hof gedanklich zu einer unpolitischen, rein den Musen gewidmeten Gegenwelt aus. Sie floh in die „trügerische Freiheit des Landhauses"[72], um ungestört in den Künsten dilettieren zu können. Gegenüber Goethe verspottete Amalia am 5. Juli 1793 die falschen Hoffnungen, die mit der erwarteten Rückeroberung von Mainz verknüpft wurden: „Ich sitze in meinem kleinen Thal und suche mir die Musen zu Freundinnen zu machen, und trotz dem Pariser Convent dem barbarismus bey mir den eingang zu versperren." Unter Anleitung Heinrich Meyers beschäftigte sie sich im Sommer 1793 in Tiefurt mit Zeichnen.[73] Sie baute ihre „petite Villeggiatura"[74] als harmonische Gegenwelt zur „barbarischen" Weltpolitik auf. Diese Fluchtversuche konnte sie jedoch nur deshalb verbal konzipieren, da sie sich, wie unter (I.) ausgeführt, mit den Realitäten auseinandersetzen mußte. Wie-

---

71 Carl Ludwig v. Knebel an Anna Amalia, Tiefurt 5.10.1786; GSA 122/137. Zur Kritik an höfischer Repräsentation vgl. BAUER 1995, bes. S. 55f., BAUER 1997, bes. S. 240–257; Zitat S. 113. Zitat Schlettweins: Johann August SCHLETTWEIN, Anmerkungen über die Badische Cammer-Ordnung in Absicht auf die Fundamental-Grundsätze der Staatswirthschaft, auf die Staats-Bedürfnisse und auf das Staats-Tabellenwerck, in: *Johann August Schlettweins Archiv für den Menschen und Bürger in allen Verhältnissen* [...] 1 (1780), S. 141–185, hier S. 150f. Zit. n. BAUER 1997, S. 245. Vgl. auch den Beitrag von Marcus VENTZKE in diesem Band.
72 SELZER/EWERT 1997, Zitat S. 16.
73 Anna Amalia an Johann Wolfgang v. Goethe, Tiefurt 5.7.1793; GSA 28/767.
74 Anna Amalia an Friedrich August v. Braunschweig-Oels, 12.8.1792 (wie Anm. 16).

land stellte beispielsweise im Vorfeld des Friedens von Campo Formio im Juli 1796 in einem Brief aus Zürich ausführlich die Politisierung in der helvetischen Friedensoase dar, analysierte die Parteibildung in Frankreich und diskutierte die Friedensbedingungen. Er endete allerdings unpolitisch in der Hoffnung, „noch manchen schönen Abend in der anmuthigen Beschränktheit Ihres kleinen Tiefurthischen Elysiums mich der großen und herzerweiternden Naturscenen und Aussichten, die mich hier umgeben, zu erinnern." Deutlicher konnte die Beschwörung Tiefurts als Fluchtort aus den revolutionären Zeitläuften nicht ausfallen. Wie als Echo auf Wieland deutete Anna Amalia selbst, gegenüber Caroline Herder, ebenfalls im Juli 1796 vor dem endgültigen Friedensschluß dunkel an: „Frieden bekommen wir gewiß balde, aber was für einen, das lasse ich den Göttern hingestellt seyn. Von dem rühmlichsten wird er wohl nicht seyn. [...] In Tiefurt ist Friede und Ruhe."[75]

Zeitgenössische Beschreibungen aus diesen Jahren übernahmen bereitwillig dieses äußerlich stimmige Bild. Oertel schrieb 1797 über Tiefurt: „Es ist ein reizendes Thal an der Ilm, worinnen so wie auch in der darin wohnenden Gesellschaft Ruhe und Reinheit der Natur herrscht." Ganz ähnlich hatte schon Voltaire im Siebenjährigen Krieg den Hof Karoline Luises von Baden besungen.[76] Höhepunkt der Bemühungen, die Gegenwart zu verdrängen, bildete für Anna Amalia selbst ihre literarische Verarbeitung des Italienerlebnisses im Frühjahr 1797, sieben Jahre nach der Rückkehr. Ihrem zeitweiligen Begleiter in Italien und jetzigem Korrektor Johann Gottfried Herder erklärte sie ihre Motivation, die Reisebriefe abzufassen: „Um nicht so finster zu werden, wie unser Horizont ist, habe ich gesucht, mich die Zeit über so viel wie möglich nach Rom zu versezen."[77] Von der verschriftlichen Erinnerung erhoffte sie sich seelenreinigende Wirkung. In Tivoli, Frascati und Castel Gandolfo hatte Amalia 1789 die traditionelle „Villeggiatura" der römischen Stadtbevölkerung miterlebt – Erholung von Politik und

---

75 Christoph Martin Wieland an Anna Amalia, Zürich 3.7.1796; SLUB DD, Mscr. Dresd. h 44, Bd. Wielandiana, Bl. 1-2'; Anna Amalia an Caroline Herder, Tiefurt 27.7.1796; KOHUT 1912, Nr. 4.

76 Oertel (wie Anm. 41), S. 66. Vgl. ähnlich [Wilhelm SCHUMANN], *Beschreibung und Gemälde des herzoglichen Parks bey Weimar und Tiefurt, besonders für Reisende. Aus den Annalen der Gärtnerey* [6. Stück], Erfurt 1797, S. 52–61. – LAUTS 1990, S. 133.

77 Anna Amalia an J.G. Herder, o.O. o.D. [Anfang 1797]; KOHUT 1909, Nr. 4. Vgl. nun die Edition der „Briefe über Italien" von Heide Hollmer: ANNA AMALIA 1999.

Amtsgeschäften. Einem ausdrücklichen Vergleich mit ihrem eigenen
‚Landsitz' versperrte sich diese repräsentativen Prachtbauten freilich.
Vor Ort war ihr die spielerische Analogie von Tiefurt und Tibur alias
Tivoli nicht in den Sinn bzw. zu Papier gekommen.

Ihre Hofhaltung im allgemeinen und den Sommersitz Tiefurt im
speziellen zu einem Zufluchtsort der Musen zu stilisieren, erklärt sich
allerdings nur zum Teil aus dem Wunsch, gedanklich vor dem politischen Geschehen zu fliehen. Hinzu kam, wie oben beschrieben, daß
sich die Stellung des fürstlichen Dilettantismus innerhalb der künstlerisch-wissenschaftlichen Konstellationen in Weimar veränderte. Die
These drängt sich auf, daß Anna Amalia, gerade weil sie sich besonders
vom professionalisierten Unterhaltungsbetrieb des Hoftheaters distanzierte bzw. davon ausgegrenzt wurde, ihre eigene Hofhaltung zum Ort
erkor, an dem rationale Nutzungsabsichten und kurzfristige Interessen
keinen Platz haben sollten. In Tiefurt konnte sie sich unbehelligt ihrer
Form der ‚Musenpflege' widmen – zeichnen, komponieren, musizieren
oder Übersetzungen und eigene Versuche zu wagen, die sie keinem
„Kunstrichter" vorlegen mußte. Offen thematisierte die Herzogin diese
‚Ersatzhandlung' nicht, im Gegensatz zu den politischen ‚Fluchtmoti-
ven'.

In den Jahren um 1800 wurde diese aktualisierte Variante der zeitgenössischen ‚Musensitz'-Sinnkonstruktion brüchig. Die Gründe sind
zum einen darin zu sehen, daß die ländliche Zurückgezogenheit mit den
Jahren ihren Reiz verlor. Gerade im Jahrzehnt von 1796 bis 1805 ver-
dichten sich die Hinweise, daß Monotonie und Langeweile keine Sel-
tenheit waren. Oberhofmeister von Einsiedel meldete im Juli 1804 an
Böttiger: „An Neuigkeiten und Ereignissen sind wir arm in unserer
Stadt – das kleine Thal unserers Wohnplatzes ist noch stiller und ein-
förmiger." Wenngleich Langeweile als „Problem des Alltags bei Hofe"
im 18. Jahrhundert ein Topos war, läßt es aufhorchen, wenn er im Jahrzehnt um 1800 von den Höflingen in Tiefurt gehäuft bemüht wurde.
Noch Anfang der 1780er Jahre hatte Luise von Göchhausen den Um-
zug von Tiefurt in das Winterquartier der Stadt und die damit verbundene Monotonie am Hofe als beklemmend dargestellt. Mit den Jahren
sah sie den ‚Rückzugsort' zunehmend ambivalent, wie sich in einem
(undatierten) Gedicht der Hofdame ausdrückt, das sie mit „Tiefurth, in
der Einsiedeley" überschrieb. Zunächst feiert das lyrische Ich – eindeutig die Stimme Göchhausens selbst –, daß die Bewohner Tiefurts, weit
entfernt von Städten, Gärten, Festen, Tafeln, Freuden, sich allein an Natur und Wetter laben könnten. Doch diese Freiheit führe – zumal für

die alleinstehende Hofdame – in die Isolierung: „Denn von meinem Freunde weit / Wohn ich in der Einsamkeit!". Die gelegentlich illustren Besucher dieser Zeit – wie Jean Paul, Madame de Staël oder Johann Gottfried Seume – sollten nicht darüber hinwegtäuschen, daß Anna Amalia und ihre Hofchargen den Alltag in Tiefurt und im Palais als wenig abwechslungsreich empfanden. Der engere Hofstaat (Hofdamen und Oberhofmeister) erhielt immer größere Bedeutung für die Herzogin, die mit ihm alterte. Im Sommer 1801 klagte sie: „Ich lebe hier recht Einsam alles ist beynah von Weimar weg oder gehet noch weg. Das Feuchte und Naße Wetter ist auch nicht sehr angenehm auf dem Lande doch sehe ich zu daß ich keine langeweile habe." Vom Lob des Landlebens schwang hier nichts mehr mit. Seit einem Aufenthalt im Lustschloß Wilhelmsthal bei Eisenach mit dem regierenden Hof im Sommer 1805 erschien der Herzogin ihr Landsitz zunehmend als „bien petite et isolée", wie sie Enkelin Maria Pawlowna gestand.[78]

Die Zarintochter brachte neue Maßstäbe für fürstliche Repräsentation in die Weimarer Fürstenfamilie ein. Das Römische Haus (mit seiner bewußt aufwendigen Innenausstattung) und der Neubau des Residenzschlosses hatten ohnehin die provisorische Schlichtheit der fürstlichen Wohnungen, die der Villeggiatura-Idee entgegengekommen war, beendet. Maria Pawlowna brachte die Herzogsmutter anscheinend in repräsentativen Zugzwang, da Anna Amalia ihr 1805 versprach, ihre kleine ‚Hütte' nun ein wenig ‚präsentabler' darbieten zu können. Dies bezog sie wahrscheinlich auf den neuen, aufwendigen Garten-Salon in Tiefurt, den sie mit Kronleuchtern und Spiegeln ausstatten ließ. In dem Maße, wie die Herzogin die ‚Ruhe' ihres ‚Landsitz' als einengend empfand, verstärkte sie – quasi im Gegenzug – den personellen Aufwand ihres Hoflagers. Im letzten Tiefurter Sommer 1806 warteten ihr dort Oberhofmeister von Einsiedel, die herzoglichen Kammerherren bzw. -junker von Egloffstein und von Ziegesar, Hofdame Henriette von Fritsch sowie zwei Kammerfrauen, ein Kammerdiener und sieben weitere Bedienstete auf. Der losere Günstlingskreis beschränkte sich, nachdem Böttiger 1804 nach Dresden gegangen war, jedoch im wesentlichen auf den

---

78 Friedrich Hildebrand v. Einsiedel an Carl August Böttiger, Tiefurt 1.7.1804; SLUB DD, Mscr. Dresd. h 37, 4° Bd. 46, Nr. 5. Luise v. Göchhausen an Carl Ludwig v. Knebel, [Weimar] 2.11.1782; Deetjen 1923, Nr. 22. Dies., Gedicht „Tiefurth, in der Einsiedeley", o.D.; FDH Hs. 9908. – Anna Amalia an Luise v. Knebel geb. Rudorf, Tiefurt 25.7.1801; GSA 54/482, Bl. 20. – Anna Amalia an Maria Pawlowna, Tiefurt 7.7.1805; ThHStAW HA A XVIII 92, Bl. 35.

Dauergast Christoph Martin Wieland. Möglicherweise resultierte die beklagte Langeweile auch aus einer veränderten Erwartungshaltung Anna Amalias und ihres Hofstaats – nach annähernd zwanzig Tiefurter Sommern fiel es schwer, sich noch für das Ideal der Zurückgezogenheit und des einfachen Lebens zu begeistern. Einsiedel erklärte jedenfalls die Kostenüberschreitungen des Etats 1802 in Anna Amalias Küche mit der „Menge der Couverts in Tiefurt, die Küche- und Kellerey-Aufwand verdoppelten".[79]

Der andere, gewichtige Grund für die innere Erosion der aktualisierten ‚Musensitz'-Sinnkonstruktion ist darin zu suchen, daß Anna Amalia zunehmend selbst daran zweifelte, sich in Tiefurt gedanklich von den Auswirkungen der Weltpolitik zurückziehen zu können. Einer der letzten Versuche, sich ihr Tiefurt-Idyll aufrecht zu halten, äußerte die Herzogin gegenüber Caroline Herder 1802 im Vorfeld des Reichsdeputationshauptschlusses, als die Kleinstaatenwelt des Alten Reiches infrage gestellt wurde: Nach einer verklärten Erinnerung an ihre Rheinreise des Jahres 1778 klagte sie: „Ich finde mich noch immer im Tal der Ruhe und sehe die Welt mit Gleichgültigkeit an, was verdient sie denn mehr! Wir werden ganz umzingelt von Preußen – das Herz blutet über die zersetzung des armen Teutschlands. Wird es besser und glücklicher? Die Zeit wird das lehren. Geduld!"[80] Diejenigen der Günstlinge, die sich nicht so häufig mit der Herzogin über die verworrenen Zeiten austauschen konnten, hielten das Ideal der „schönen philosophischen und musischen Einsamkeit" in Tiefurt weiterhin aufrecht – so beispielsweise August Herder, den Anna Amalia während Reisen und Studium umfassend unterstützt hatte, und der deshalb besonders eifrig diese Erwartungshaltung zu bedienen bemüht war. Wieland dagegen verspürte schon 1798, daß Anna Amalia die ‚Musensitz'-Rhetorik nicht mehr überzeugte, und wußte seine eigene Unzufriedenheit mit dem Landleben auf dem Gut Oßmannstedt auf seine fürstliche Gönnerin zu übertragen.[81]

---

79 Anna Amalia an Maria Pawlowna, Weimar 7.5.1805; ThHStAW HA A XVIII 92, Bl. 33. Kosten des Gartensalons: 958 Rt. Schatullrechnung 1805; ThHStAW A 1034 u. 1036, Nr. 1198–1245. – Schatullrechnung 1806; ThHStAW A 1037 u. 1039, Nr. 1020–1023, 1031–1036. Zusatz F.H. v. Einsiedels in der Bilanz der Einnahmen und Ausgaben der Schatulle Anna Amalias, von Ludwig Ludecus, Jan. bis Dez. 1802, Weimar 13.1.1803; ThHStAW A 1740, Bl. 8–10.

80 Anna Amalia an Caroline Herder, Tiefurt 13.8.1802; KOHUT 1912, Nr. 6.

81 August Herder an Anna Amalia, Freiberg/Erzgebirge 8.9.1798 u. Wittenberg 12.9.1801 (Zitat); ThHStAW HA A XVIII 53, Bl. 46–47' u. 57–58'. Christoph

Mit dem Dritten Koalitionskrieg ab 1805 ließ sich die europäische Politik endgültig nicht mehr aus Tiefurt oder gar dem Stadtpalais vertreiben. Schon im November 1804 begrüßte Anna Amalia die Aufregung und hektischen Vorbereitungen vor dem Eintreffen des Erbprinzen Carl Friedrich und seiner Braut Maria Pawlowna aus Petersburg, da nun „[...] auf einige Zeit bey uns die leidige Politique verschwunden ist, und nichts als fröliches frönen, wie glücklich were man wen man niemehr davon hörte".[82] Anna Amalia begleitete den Krieg und die Auflösung des Reiches seit 1805, ohne Tiefurt mehr als heile Welt dagegenzusetzen. Die Endzeitstimmung in ihren Briefen dieser Zeit korrespondiert mit dem geschichtsphilosophischen Pessimismus und der Aufklärungsskepsis der alten Herzogin, die in ihren abgebrochenen schriftlichen Versuchen deutlich zum Ausdruck kommt.[83] Nach der Schlacht von Jena kehrte die Herzogin nicht mehr in das von französischen Soldaten geplünderte ehemalige Pächterhaus Tiefurt zurück. Sie starb im April 1807. Ob sie an den politischen Katastrophen, die sich mit familiären Schicksalsschlägen paarten, tatsächlich innerlich zerbrochen ist, wie es Goethe in seinem Nekrolog darstellte, muß offenbleiben. Anna Amalias Tod als das verinnerlichte „Ende einer Epoche", wie die Forschung Goethes Deutung aufgriff, ist eine zu glatte Parallellisierung, als daß sie kein Mißtrauen erwecken sollte. Was von ihrer Selbstsicht freigelegt werden kann, zeigt jedoch deutlich, daß sie sich von der von ihr selbst mitentworfenen Vision des ‚Musensitzes' verabschiedet hatte. Am 4. Februar 1807 schrieb sie an Carl Ludwig von Knebel: „Zur jetziger Zeit muß man Geduld u fertigkeit haben um nicht fort geschlep zu werden mit dem gröstem Hauffen umso auch schlecht zu werden als er ist den[n] rechtschaffenheit und redlichkeit giebt es nicht mehr [...]". Sie gab sich keine Mühe, sich auch nur gedanklich an einen Ort zurückzuziehen, „der alle Sorgen vergessen macht und das Andenken im Genuß des Guten und Schönen erhält", wie sie Tiefurt 1783 charakterisiert hatte: „Unsere Musen hier schlafen ziemlich und wollen nicht freundlich

---

Martin Wieland an Anna Amalia, Oßmannstedt 9.10.1798; C[arl]. A[ugust]. H[ugo]. BURKHARDT (Hg.), *Briefwechsel der Herzogin Anna Amalia*, 4 Bde., 1875 [Manuskript]; ThHStAW F 1532/I–IV, hier Bd. IV, Bl. 211–214'.

82 Anna Amalia an Henriette v. Egloffstein, Weimar 1.11.1804; GSA 13/V, 4, 1.

83 BORNHAK 1892, S. 326, S. 323–326, 331–335; BODE 1908, Bd. 2, S. 183–185. Vgl. die eh. Aufzeichnungen Anna Amalias zu „Kultur", „Aufklärung" und „Moralität" in ThHStAW HA A XVIII 150a, Bl. 25–89. Vgl. dazu auch den Beitrag von Bärbel RASCHKE in diesem Band.

werden, man ist hier mit so vielen unangenehmes umringt daß ich es ihnen nicht verdenken kan [un-]freundlich zu seyn."[84]

V. ‚Musensitz‘-Ideologie und ‚Musenhof‘-Legende

Die eingangs thesenhaft vorgetragenen Einwände gegen die ‚Musenhof‘-
Legende beziehen sich darauf, daß die künstlerisch-mäzenatisch-
gesellige Bedeutung von Anna Amalias Hof generell überschätzt worden ist. Die Grundkriterien des Idealtypus ‚Musenhof‘ sind indes auf
ihren Witwenhof durchaus anwendbar[85]: Die Herzogin übte selbst als
Liebhaberin verschiedene Künste aus und strukturierte dadurch die Geselligkeit an ihrem Hof. Zudem förderte sie, zumindest punktuell,
Künstler und Gelehrte. Als Integrationsfigur der Geselligkeit am Weimarer *Gesamt-Hof* als Summe seiner Hofhaltungen fungierte Anna Amalia
allerdings nur ansatzweise und zeitlich beschränkt, in den Jahren 1776 bis
1782, vor allem durch das Liebhabertheater. Nach der Rückkehr aus Italien (1790) wurde sie von den durch den regierenden Hof kontrollierten,
sich professionalisierenden Geselligkeitsformen und Unterhaltungsmedi-
en ausgeschlossen. Sie distanzierte sich daraufhin von Goethes Versuchen, sich in Weimar als ästhetische Überwachungsinstanz zu etablie-
ren, die „die künstlerischen und geschmacklichen Prämissen einer Zeit
zu sanktionieren beabsichtigte." Um ihre Kunstliebhaberei diesem
Zugriff zu entziehen, zog sie sich immer mehr auf ihre eigene Hofhaltung zurück. Der Anna Amalia verliehene Beiname „Goethes Herzogin" trifft für die Zeit nach dem Italienaufenthalt nicht zu.[86]
   Selbst in der Zeit, als die Mitglieder des regierenden und des Witwenhofs bei gesellig-kunstliebhabenden Aktivitäten eng zusammenwirkten, wurde Anna Amalias Hofhaltung als selbständiger ‚Musensitz‘
wahrgenommen. Diesen konnten die Herzogin und ihre Günstlinge am
sinnfälligsten an ihren Sommersitzen Ettersburg und Tiefurt lokalisie-
ren. Indem sich die Herzogin darauf zurückziehe, könne sie den Musen

---

84 Anna Amalia an Carl Ludwig v. Knebel, Weimar 4.2.1807; GSA 54/248, Bl. 63f.
    (Ergänzung J.B.). Der Brief wurde bezeichnenderweise in der Edition von *Kne-
    bel's literarischen Nachlaß und Briefwechsel* (VARNHAGEN/MUNDT 1835–36)
    ausgespart. – Anna Amalia an Caroline Herder, 18.5.1783 (wie Anm. 69).
85 Vgl. hierzu die Einleitung von Joachim BERGER in diesem Band.
86 BEYER 1999, S. 406. Als „Goethes Herzogin" wird Anna Amalia werbeträchtig
    tituliert bei WERNER 1996.

den besten Schutz zukommen lassen – Kunst zu genießen, sich selbst künstlerisch zu betätigen und Künstler zu unterstützen. Der ‚Rückzug' auf den ‚Musensitz' erfuhr in den über dreißig Jahren, in denen Anna Amalia ihrem Witwenhof vorstand (1775–1807), in der Interpretation der Herzogin und ihrer Zeitgenossen einen mehrfachen Bedeutungswandel: In den ersten Jahren hieß dies für die Herzogin und ihre Günstlinge schlichtweg, sich nach dem Ende der Regierungspflichten in unbeschwerte Kunstliebhaberei und Geselligkeit zurückzuziehen. Dies sollte nicht implizieren, daß sich die Herzogsmutter gesellschaftlich isolierte, ebensowenig wie sie darauf verzichtete, auf das künstlerisch-unterhaltende Potential des regierenden Hofs zurückzugreifen. Bis etwa 1783/84 deckten sich gesellige Praxis und die Sinnkonstruktionen, die dem ‚Rückzug' auf den ‚Musensitz' verliehen wurden, also durchaus. In der Übergangsphase bis zum Italienaufenthalt wurde der ‚Rückzug' als Absetzung von den Verpflichtungen und moralischen Fallen eines zeremoniösen Hoflebens verstanden, das insbesondere Knebel als imaginäres Zerrbild aufbaute. Nach 1792 wurden Inhalt und Sinn des ‚Rückzugs' neuerlich umgewertet: Anna Amalia und ihre Günstlinge stilisierten den ‚Musensitz' nun zum Zufluchtsort der Musen, an dem sie sich, fernab der politischen Wirren im Gefolge der Kriege gegen das revolutionäre und napoleonische Frankreich, unbeschwert der Kunstliebhaberei hingeben konnten. Daß dies gleichzeitig auch ein ‚Rückzug' von den ästhetischen Bewertungsinstanzen war, die Goethe vom regierenden Hof aus in Weimar zu installieren suchte, thematisierte Anna Amalia nicht. Diese aktualisierte ‚Musensitz'-Version entsprach nicht mehr der geselligen Praxis und wurde dadurch zur ‚Ideologie': Denn obgleich die musischen Aktivitäten klar dominierten, war Anna Amalias ‚Musenhof' kein politikfreier Raum: Besonders die Auswirkungen der europäischen Kriege nach 1792 wurden in ihrem Kreis und in ihrem Briefwechsel lebhaft diskutiert. Die spätere ‚Musenhof'-Legende übernahm ausgerechnet die Selbststilisierung des ‚Musensitzes' als unbeschwertem, konflikt- und politikfreien Raum. Daß sich das Zeitgeschehen nicht durch Kunstliebhaberei und den Rückblick auf ein verklärtes Italienerlebnis verdrängen ließ, erkannte die Herzogin nach 1800 zunehmend. Sie konnte „Tiefurt" nicht mehr überzeugend dem antiken „Tibur" gleichsetzen – nur in der ‚Ideologie' war es ein sommerlicher Rückzugsort von Politik, Amtsgeschäften und Alltagssorgen. Die späteren Darstellungen zum ‚Musenhof' haben allerdings Anna Amalias späte Selbstzweifel an den eigenen Sinnkonstruktionen für ihren ‚Musensitz' ausgeblendet.

Angela Borchert

Die Entstehung der Musenhofvorstellung aus den Angedenken an Anna Amalia von Sachsen-Weimar-Eisenach

Das erste Buch mit dem einschlägigen Titel *Weimars Musenhof in den Jahren 1772 bis 1807* verfaßte der Leipziger Professor für Kulturgeschichte Wilhelm Wachsmuth. Seine Schilderung der Entwicklung eines Musenhofes beginnt mit der Berufung von Christoph Martin Wieland 1772 und endet mit dem Tod der Herzogin Anna Amalia von Sachsen-Weimar-Eisenach 1807. Mich interessiert an Wachsmuths Werk jedoch weniger die chronologische und inhaltliche Darstellung des Musenhofes, sondern eher die Bedeutung, die die Beschäftigung mit dieser Zeit, diesem Ort und den dort lebenden und arbeitenden Menschen für den Autor Wachsmuth bereits 1844 hatte. Er berichtet in seinem Vorwort, die „Vergegenwärtigung der Herrlichkeit deutschen Fürsten= und Dichterthums" in „Anschauung und Erinnerung" habe „verjüngende Kraft", und empfand die „Gestaltung" des kulturgeschichtlichen „Mosaik[s]" als eine „wohlthätige Erquickung seines Geistes". Diese diätetische Qualität der „historische[n] Skizze" Weimars ist jedoch nur ein Nebenprodukt der von ihm grundsätzlich postulierten Notwendigkeit, mit der Vergangenheit die Gegenwart zu „befruchten".[1]

Die Reflexion Wachsmuths, daß er von seiner gegenwärtigen Position die Geschichte als ein für ihn relevantes „Mosaik" konstruiere, entspricht einem Element des die heutigen Diskussionen zur Erinnerungskultur bestimmenden kulturellen Gedächtnisses. Das kulturelle Gedächtnis definiert Jan Assmann als

---

[1] Wilhelm Wachsmuths Arbeit beginnt und endet mit einer Paraphrase des im folgenden diskutierten Angedenkens von Goethe. Er legt außerdem großen Wert auf die Rolle Goethes und seiner Beziehung zu Anna Amalia in der Beschreibung des Hoflebens. WACHSMUTH 1844, hier S. IV–VI.

den jeder Gesellschaft und jeder Epoche eigentümlichen Bestand an Wie-
dergebrauchs-Texten, -Bildern und Riten [...,] in deren ‚Pflege' sie ihr
Selbstbild stabilisiert und vermittelt, ein kollektiv geteiltes Wissen vorzugsweise [...] über die Vergangenheit, auf das eine Gruppe ihr Bewußtsein von
Einheit und Eigenart stützt.[2]

Offenbar hat der „Weimarer Musenhof" Mitte des 19. Jahrhunderts eine solche stabilisierende, das Selbstbild des Bildungsbürgertums prägende Funktion gehabt. Auffallend ist, daß am Ende des 20. Jahrhunderts im Zusammenhang mit der Konjunktur der Diskussionen zu
Erinnerung Vorstellungen des Musenhofes reaktualisiert werden. Für
eine derartige Identitätskonstruktion ist die genaue Ortung ihrer ursprünglichen Herkunft interessant.[3] Ich finde sie in den Angedenken,
die 1807 verschiedene Schriftsteller zum Tod von Anna Amalia entwor-
fen haben.

Die Konstruktion eines Bildes von Weimar hängt vor allem eng mit
Johann Wolfgang von Goethes Gedenkrede zusammen.[4] Aus diesem

---

2   ASSMANN 1988, hier S. 15. Ausführlicher ASSMANN 1997.

3   Als „Wiedergebrauchsbild" des Musenhofes könnte man das Aquarell der soge-
    nannten Tafelrunde von Georg Melchior Kraus interpretieren. Das 1795 ent-
    standene Aquarell zeigt den Hof um Herzogin Anna Amalia und ihre Gäste, zu
    denen Goethe und Johann Gottfried Herder gehören, beim Lesen, Zeichnen,
    Sticken und Nachdenken. Das Bild ziert nicht nur den Band *Der Weimarer Mu-
    senhof*, sondern auch den Katalog der ständigen Ausstellung des Goethe Natio-
    nalmuseums. Vgl. BUSCH-SALMEN/SALMEN/MICHEL 1998, Umschlag und S. 17.
    Christian BRACHT, Art. Georg Melchior Kraus (1737–1806). Abendgesellschaft
    bei Anna Amalia Herzogin von Sachsen-Weimar-Eisenach, in: SCHUSTER/ GIL-
    LE 1999, Umschlag und S. 596–597.

4   Ich zitiere die in Klammern angegebenen Seitenzahlen nach dem Reprint des
    Nekrologs und der Grabschrift, herausgegeben von Volker Wahl. Dieses Faksi-
    mile ist textidentisch mit dem Abdruck in der Weimarer (Sophien) Ausgabe
    (WA I Bd. 36, S. 303–310). [Johann Wolfgang v. GOETHE] Zum feyerlichen An-
    denken der Durchlauchtigsten Fürstin und Frau Anna Amalia verwitweten Her-
    zogin zu Sachsen-Weimar und Eisenach, geborenen Herzogin von Braun-
    schweig und Lüneburg [1807], gedruckt in: WAHL 1994b, S. 118–122. Zwei
    weitere Nachdrucke von Gert Ueding und Gabriele Busch-Salmen, Walter Sal-
    men und Christoph Michel kommentieren den Text kurz, je nach ihrem Er-
    kenntnisinteresse. Gert Ueding veröffentlicht den Text des Nekrologs in seiner
    Sammlung der Reden Goethes. Im Nachwort analysiert er die Gattung und
    weist auf die mögliche Mithilfe Christian Gottlob Voigts bei der Verfassung der
    Rede hin. Gabriele Busch-Salmen, Walter Salmen und Christoph Michel haben
    in ihrem Quellenanhang den Nekrolog etwas ausführlicher kommentiert wie-
    derveröffentlicht. Sie interpretieren das, was „zwischen den Zeilen" steht, als ei-
    nen „privaten Raum", in dem Goethe insbesondere auf Anna Amalias Enkelin

Nachruf stammen bis heute die meisten Charakteristiken und Zitate zu Anna Amalias Musenhof, sei es in populären oder wissenschaftlichen Arbeiten; allerdings vereinzeln diese Arbeiten meist wenige Sätze der Gedenkrede zum Thema der Förderung von Kunst und Wissenschaft.[5] Goethe selbst bekennt im „Tag= und Jahres=Heft" 1807, „wie viel mehr [er] ihrem Andenken [...] zu widmen verpflichtet sei" als ein „eiliger Aufsatz, mehr in Geschäftsform als in höherem inneren Sinne abgefaßt".[6] Seine Selbstreflexion organisiert ein Movens, mehr aus dem Andenken zu machen, als die bloße Geschäftsform verlange. Aus heutiger Sicht reflektiert, stellt sich heraus, daß das Problem, welches Goethe bei Abfassung der Auftragsarbeit darlegt, nämlich eine andere Form des Gedenkens zu finden, wie ein Palimpsest dieser Geschäftsform eingeschrieben ist.

Nachdem ich die Kontexte und Möglichkeiten von Gedenken um 1800 beleuchtet habe, interpretiere ich die Geschäftsform und die eingeschriebene zweite Form des Andenkens: barocke Mnemotechnik und klassizistische Erinnerung. Diese Konstellationen von Erinnerung vertiefe ich abschließend an Äußerungen Carl August Böttigers, Christoph Martin Wielands und Carl Ludwig Fernows um 1807. Ich widme mich also dem historiographischen Aspekt des Begriffes „Musenhof", jener – in Joachim Bergers Worten – Form der „identifikatorischen Geschichtsschreibung"[7], statt – um nur einige Varianten zu nennen – zu beschreiben, was sich möglicherweise in Weimar ereignet hat[8], statt zu analysieren, wo, wie, wann und wer Kunst und Hof in Weimar mit- und ineinander verwoben hat[9], statt der Frage nachzugehen, ob Bürgerliche und Adlige an einem Nebenhof kooperieren, um in einer „Ersatzhandlung" kompensatorisch überregionales Renommee für den gesam-

---

Caroline als mögliche Erbin des Musenhofes anspiele. UEDING 1994, hier 185. BUSCH-SALMEN/SALMEN/MICHEL 1998, hier S. 219.

5   Bereits zehn Jahre nach ihrem Tode verwendet der *Frauenzimmer Almanach zum Nutzen und Vergnügen für das Jahr 1817* bereits Goethes Gedenkrede zur Darstellung von Weimars Musenhof. Vgl. BUSCH-SALMEN/SALMEN/MICHEL 1998, S. VII, S. 216–219; KNOCHE 1999, hier S. 33; KÜHN-STILLMARK 1994, hier S. 296; SALENTIN 1996, hier S. 57,188; SEIFERT 1994, hier S. 197–8; WERNER 1996, hier S. 323–4.

6   Johann Wolfgang v. GOETHE, Tag= und Jahres=Heft als Ergänzung meiner sonstigen Bekenntnisse, von 1807 bis 1822, in: WA I Bd. 36, S. 1–220, hier S. 6.

7   Siehe den Beitrag von Joachim BERGER in diesem Band (Zitat S. 128).

8   BODE 1908, Bd. 3.

9   BUSCH-SALMEN/SALMEN/MICHEL 1998.

ten Weimarer Hof zu produzieren[10], oder statt zu diskutieren, ob Weimar als „Musenhof par excellence" oder als „Finalchiffre" in den Kontext anderer Musenhöfe einzuordnen wäre.[11]

Gedenken um 1800: Kontexte

Goethe hielt sich aus Prinzip von Beerdigungen fern. Während sein Sohn August an Christoph Martin Wielands Begräbnis teilnahm, begründet Goethe seine Abwesenheit in einem Gespräch:

> Ich habe mich wohl in acht genommen, weder Herder, Schiller noch die verwitwete Frau Herzogin Amalia im Sarge zu sehen. Der Tod ist ein sehr mittelmäßiger Porträtmaler. Ich meinerseits will ein seelenvolleres Bild, als seine Masken, von meinen sämtlichen Freunden im Gedächtnis aufbewahren.[12]

Statt sich dem Anblick des Toten auszusetzen, auf die Gefahr hin anschließend eine gefrorene Totenmaske zu erinnern, will Goethe eine Distanz aufrechterhalten, die es ihm ermöglichen soll, seine eigenen lebendigen Erinnerungen an die Toten nicht nur zu bewahren, sondern auch zu konstruieren.

Gelingt ihm dieses Distanzhalten nicht, dann ist auch an eine künstlerische Gestaltung zu Ehren des Toten nicht zu denken. Dies ist beispielhaft beim Tod Friedrich Schillers 1805 zu bemerken. Obwohl Goethe aus besagten Gründen dem Begräbnis und der Leichenschau Schillers fernblieb, ist seine Einbildungskraft dennoch von dem Toten eingenommen. Er fühlt sich nicht in der Lage, ein literarisches Denkmal des befreundeten Dichters zu schaffen: „Meiner künstlerischen Einbildungskraft war verboten sich mit dem Katafalk zu beschäftigen [...] sie wendete sich nun und folgte dem Leichnam in die Gruft, die ihn ge-

---

10 BAUER 1993, S. 75–6.
11 BAUER 1993, S. 76, und BERNS 1993, hier S. 10.
12 GOETHE 1965–87, Bd. 2, S. 768. Herder stirbt 1803, Schiller 1805, Anna Amalia 1807 und Wieland 1813. Goethe erinnert Herder im letzten gemeinsamen Gespräch und Verstummen: „[I]ch sah ihn an, erwiderte nichts und die vielen Jahre unseres Zusammenseins erschreckten mich in diesem Symbol auf das fürchterlichste. So schieden wir und ich habe ihn nicht wieder gesehen." HESS 1999, hier S. 883.

pränglos eingeschlossen hatte."[13] Man könnte versucht sein, dieses Bekenntnis Goethes als verdrängte Wiederkehr zu lesen. Durch das Fernbleiben von dem öffentlichen prachtvollen Ritual des Begräbnisses wird seine Einbildungskraft eingeholt von dem „pränglos" im Grabe liegenden Leichnam. Die Einbildungskraft darf sich angesichts des Toten nicht des ihr sonst zustehenden Überschusses der Imagination bedienen. Goethe untersagt sich demnach zweierlei: einerseits den unmittelbaren Blick auf den toten Körper, um sich die lebendige Gestalt lebendig im Gedächtnis zu bewahren, andererseits die literarische Zurichtung des Toten durch die Imagination, die die Schärfe und Härte des Todes allenfalls verschleiern könnte. An diesem Beispiel lassen sich sowohl die Veränderungen in der Mentalitäts-, wie auch in der Gedächtnisgeschichte notieren, denn die Distanz zum Leib des Toten entspricht aufs Genaueste der im 18. Jahrhundert wachsenden Bedeutung der Einbildungskraft bei der Umrüstung des traditionellen Gedächtnis mit seiner Funktion des Speicherns und Merkens hin zu einer produktiven aktiven Einbildungskraft[14].

Es stellt sich also die Frage, ob Goethe unter diesen Umständen überhaupt in der Lage ist, der Toten in literarischer Form zu gedenken? Um dies zu klären, ist vorab ein Blick auf die mentalitätsgeschichtlichen Veränderungen notwendig. Um 1800 läßt sich ein deutlicher Mentalitätswandel in der Einstellung zum Tod beobachten. Historiker beschreiben die Veränderung mit den Stichworten Säkularisierung, Individualisierung und Ästhetisierung.[15] Die neue Mentalität und die ästhetischen Konsequenzen finden sich wieder in Goethes fiktionalen Werken, zum Beispiel in den *Wahlverwandtschaften*[16], und in der spezifischen Form der Teilnahme an den Denkmälern für seine Freunde. Auch wenn Goethe nicht sieht, wie Wieland in einer säkularen Zeremonie 1813 in seinem Garten in Oßmannstedt begraben wird, schreibt er ein „Andenken" für Wieland. Goethe bewahrt in diesem Text seine

---

13 Johann Wolfgang v. GOETHE, Tag= und Jahres=Heft als Ergänzung meiner sonstigen Bekenntnisse, von 1749 bis 1806, in: WA I Bd. 35, S. 3–273, S. 192.

14 Vgl. ASSMANN 1993.

15 ARIES 1981, hier S. 13–53.

16 Das Gedenken an die Toten wird in den *Wahlverwandtschaften* ausführlich geschildert. Goethe verwirklicht die Konzepte der Säkularisierung, Individualisierung und Ästhetisierung, wenn in einer privaten Kapelle im Landschaftsgarten ein Glassarg den schönen Körper von Ottilie zur Verehrung aufbewahrt. Johann Wolfgang v. GOETHE, *Die Wahlverwandtschaften*, in: HA Bd. 6, S. 242–490, hier S. 484–490.

Distanz durch eine ästhetische Glorifzierung des Toten[17] und durch die
Umwandlung der Erinnerung in ein kollektives „work in progress".
Goethe charakterisiert seine Rede als „eine Vorarbeit, ein[en] Entwurf,
ja nur de[n] Inhalt, und wenn man will, Marginalien eines künftigen
Werks". Er schlägt vor, ein Archiv von Texten zu schaffen, um „ein so
würdiges Andenken" zu schützen, zu bewahren und zu glorifizieren.[18]
An die Stelle einer Zeremonie tritt ein Erinnerungsprozeß, dessen Refe-
renz nicht in der Vergangenheit, sondern in der Gegenwart und in der
Zukunft einer ästhetischen Arbeit liegt. Goethe nimmt Teil an der säkularen, individuellen, ästhetischen Transformation von Tod und tempo-
ralisiert das an der Vergangenheit ausgerichtete Gedächtnis hin zu einer
zukunftsorientierten Erinnerung.[19]

Mit Rücksicht auf diese grundlegenden Gedanken Goethes über Tod
und Andenken erscheint seine Reaktion auf den Tod Anna Amalias im
April 1807 nach der Schlacht von Jena-Auerstedt interessant.[20] Hier
nämlich befindet sich Goethe weniger in der Position eines Freundes
und eher in der eines Ministers und Dichters, der offiziell mit dem Hof
verbunden ist. Wie also verhält er sich bei ihrem Tod? Er schaut sich
weder die aufgebahrte Anna Amalia im Wittumspalais an, noch nimmt
er an der Beerdigung teil. Wenige Tage nach ihrem Tod bittet der Sohn
Anna Amalias, Herzog Carl August, Goethe darum, einen Nekrolog,
d.h. das feierliche „Angedenken" für seine Mutter zu schreiben, und
bringt damit die politischen Traditionen des Hofes und die entsprechenden zeremoniellen Gepflogenheiten ins Spiel. Für Carl August ist
diese Bitte Teil einer erfolgreichen Kulturpolitik des Hofes: Einer der
berühmtesten Schriftsteller der damaligen Zeit soll auf literarisch-

---

17 HESS 1999, hier S. 866.
18 Johann Wolfgang v. GOETHE, Zu brüderlichen Andenken Wielands, in: WA I
   Bd. 36, S. 311–46, hier S. 315, 346.
19 Während die Diskussion zur Erinnerung sich fächerübergreifend als Paradigma
   für die Kulturwissenschaften um die Arbeiten von Aleida und Jan Assmann
   konzentriert, werden Gedächtniskunst und Mnemotechnik gattungstypolo-
   gisch, rhetorisch-technisch und in ihrer Wort-Bildzentrierung von Literaturwis-
   senschaftlern untersucht. Vgl. TRABANT 1993; ASSMANN/HARTH 1991; BERNS/
   NEUBER 1993; KOCH 1988.
20 Ein Augenzeuge beschreibt die Ereignisse vom 14. Oktober 1806, als die Fen-
   ster zerschmettert wurden und das Chaos in den Straßen herrschte, und berichtet „als schon die Schlacht brauste, flüchtet die verewigte Frau Herzogin Anna
   Amalia, die zu früh dahin geschiedene Prinzeß Caroline rettend, mitten in dem
   Gewirre. Nur die treue Landesmutter, die Frau Herzogin Luise, weilte noch
   und bleib allein im Schloße". LINCKE 1857, S. 7.

rhetorische Weise die Bedeutung des Landes demonstrieren, indem er die verstorbene Herzoginmutter ehrt und in der Darstellung ihres Lebens zugleich das Herzogtum Weimar als Musenhof und Kulturnation preist.[21] Um dies dem Publikum bekanntzumachen, veröffentlicht Goethe den Nekrolog im damals viel gelesenen süddeutschen Organ *Morgenblatt für gebildete Stände* und in dem gerade unter Gelehrten weit verbreiteten *Intelligenzblatt* der *Jenaischen Allgemeinen Literatur-Zeitung.*[22]

Im Herzogtum selbst wird der Nachruf als Abkündigung von allen Kanzeln verlesen[23], zugleich aber auch einzeln gedruckt und verteilt. Der Nekrolog ist Teil des sogenannten Funeralwerkes, einer zeremoniellen Darstellung der höfischen Repräsentation in Bild und Wort.[24] Wie die überlieferten Festberichte anläßlich Hochzeiten, Geburtstagen oder Jubiläen zeigen, setzt ein Funeralwerk das sinnliche und auf den Moment berechnete Zeichensystem des höfischen Zeremoniells in anderen Medien fort und bewahrt so ein momentanes Ereignis dauerhaft auf.[25] Neben den Trauergottesdienst mit Predigt und Mozartscher Musik treten als bleibende „Denkmaale von Papier"[26] u.a. eine kolorierte Federzeichnung ihres Paradebettes, ein die Paradierung und die Grablegung beschreibender Zeitungsartikel im *Weimarischen Wochenblatt*, und die Gedenkrede von Goethe.[27] Während die Ästhetisierung des Todes Teil

---

21 Volker Bauer argumentiert, der Musenhof verdanke „sein Prestige der ihm entspringenden, gerade nicht autonomen Kunst-und Literaturproduktion". BAUER 1993, S. 73.

22 Goethes Nekrolog zu Anna Amalia erscheint im *Morgenblatt* 1807, Nr. 102, 29. April und im *Intelligenzblatt* der *Jenaischen Allgemeinen Literatur-Zeitung* 1807, Nr. 30, 18. April. Carl August Böttiger lehnt es ab, den Text im *Neuen Teutschen Merkur* zu drucken. Auf seine Rezeption des Textes gehe ich noch gegen Ende dieses Beitrages im Detail ein.

23 Carl Bertuch berichtet an Franz Carl Leopold Freiherr v. Seckendorff: „Von der Kanzel am 19. April wurde beiliegender kurzer Lebenslauf von Goethe verlesen, den ich schön und gehaltvoll finde." Zit. nach HENKEL/OTTE 1995, hier S. 107–8.

24 WAGENKNECHT 1981, S. 75.

25 RAHN 1993, S. 234.

26 BRAUNGART 1988, S. 204.

27 Indem er die Gemeinsamkeiten und Differenzen von Zeremoniellhandbuch und Zeitung vergleicht, zeigt Jörg Jochen Berns, wie sich im Spannungsfeld der Kategorien „Ansehen und Einsicht", „Sinnlichkeit und Ratio", „akustisch-visueller Theatralik (Demonstrativität) und an Lesefähigkeit gebundenem Raisonnement" die Aporetik höfisch-absolutistischer Öffentlichkeit definiert. BERNS 1982, hier S. 318.

der traditionellen höfischen Zeremonie ist, passen hingegen die die Mentalitätsveränderung um 1800 kennzeichnende Säkularisierung und Individualisierung nicht zur höfischen Repräsentation.

Reiht man Goethes „Angedenken" an die verstorbene Herzogin in diesen höfischen Kontext ein, so scheint es sich dabei also vor allem um ein offizielles repräsentatives Dokument zu handeln. Trotz dieses höfischen Kontextes reflektiert der Nekrolog auch die mentalen Verschiebungen, denn in ihnen findet Goethe die für ihn zum Schreiben notwendige Distanz zur Toten. Er sucht eine gezielte säkulare Wirkung zwischen Individualität und Repräsentativität. Goethes Andenken verortet Anna Amalia im kulturellen Gedächtnis als ein repräsentatives Beispiel einer Lebensführung, die es zu bewundern und zu imitieren gilt. Dabei gelingt es Goethe, die allgemeinen Erwartungen an eine offizielle repräsentative Hommage mit seiner klassizistischen Perspektive und Anna Amalias Individualität zu integrieren. Im Rahmen klassizistischer Erinnerung charakterisiert Goethe die Herzogin als Individuum von edler Einfalt und stiller Größe. Die klassizistische Erinnerung an Anna Amalia verwandelt er in ein imaginäres Gesamtkunstwerk, so effektiv, daß der Text auch heute unser Bild des Musenhofes in Weimar prägt.

Repräsentation und barocke Mnemotechnik

Der vollständige Titel des Nekrologs lautet „Zum feyerlichen Angedenken der Durchlauchtigsten Fürstin und Frau Anna Amalia, verwittweten Herzogin zu Sachsen-Weimar und Eisenach, gebornen Herzogin von Braunschweig und Lüneburg." Dieser spätbarock anmutende Stil des Titels zielt auf die Gattung der Gedenkrede, das Angedenken, statt auf den traditionellen christlichen Nachruf, die *laudatio funebris*.[28] Denn obwohl Goethes Text durchaus viele Ähnlichkeiten mit Ciceros

---

28 Vgl. grundlegend: LENZ 1981. Ueding ordnet den Text der *laudatio funebris* zu. UEDING 1994, hier S. 185–7. Während es viele Übereinstimmungen mit Ciceros Verständnis der *laudatio funebris* gibt, wie die Topoi der Personenbeschreibung und die Tugenden der Klugheit, Gerechtigkeit, Tapferkeit und Besonnenheit, sind die seit Dionysios von Halikarnassos traditionsbildenden Elemente Lob, Klage und Trost nicht gleichmäßig ausgearbeitet. EYBL 1994, hier S. 480. Eher wie in einer Gedenkrede tritt das Element des Tröstens in den Hintergrund und das Lob der Verstorbenen in den Vordergrund. Vgl. HASPEL 1994.

Verständnis der *laudatio funebris* hat, bleiben die seit Dionysios von Halikarnassos zentralen Elemente der Gattung, vor allem Klage und Trost, eher im Hintergrund. Das Lob der Verstorbenen tritt hingegen, einer Gedenkrede angemessen, in den Vordergrund. Außerdem enthält die Gattung die charakteristischen Eigenschaften eines modernen Verständnisses von kulturellem Gedächtnis. Das kulturelle Gedächtnis wird durch drei Momente bestimmt, durch die Identität einer bestimmten Gruppe, durch die Rekonstruktion von Erinnerung aus der gegenwärtigen Perspektive und durch die Organisation dieser Erinnerung in einem angemessenen Medium.[29] Goethe erhofft sich eine bestimmte säkulare Wirkung seiner Rede: Die Bürger des Herzogtums sollen mitten in den Kämpfen der Napoleonischen Kriege, durch Anna Amalias beispielhaften Kampf das Beste aus ihren wechselhaften Umständen zu machen ermutigt werden.

Goethe adressiert seine Darstellung an alle diejenigen, „die früher unter ihrer Regierung und später unter ihren immerfort landesmütterlichen Einflüssen, manches Guten theilhaft geworden, und ihre Huld, ihre Freundlichkeit persönlich zu erfahren das Glück hatten" (118). In der Vergegenwärtigung der gemeinsamen Vergangenheit der Zuhörer soll das Bild Anna Amalias zum Vorbild für die Gegenwart werden. Goethe unterstellt dabei in der Tradition fürstlicher Huldigung, daß „das Leben der Großen dieser Welt, [...] dem übrigen Menschengeschlecht als ein Beyspiel vorleuchten soll, damit Standhaftigkeit im Unglück und theilnehmendes Wirken im Glück immer allgemeiner werde" (118). Der „Lebenslauf der Fürstin", fährt er fort, „verdien[e es] mit und vor vielen andern sich dem Gedächtnis einzuprägen" (118). In der Gedenkrede ist das historische Gedächtnis Leitlinie für die Gegenwart, um im Lob der Geehrten die Zuhörer zur Nachahmung zu ermuntern.[30]

Um das kollektive Gedächtnis zu strukturieren, bindet Goethe den Nachruf an die systematische Ordnung der Rhetorik, denn sie dient der Mnemotechnik, der Speicherung im Gedächtnis. Goethe baut die demonstrative Rede nach klassischem Muster auf,[31] beweist die eingangs

---

29 ASSMANN 1988. Theile interpretiert die Weimarer Metaphern der Erinnerung im Sinne Assmanns. Gebäude wie die Herzogin Anna Amalia Bibliothek oder das Goethe- und Schiller-Archiv seien räumliche Symbole der Erinnerung, während die Edition der Werke Goethes und die unendlichen Interpretationsmöglichkeiten der Texte als zeitliche Metaphern der Erinnerung dienen würden. THEILE 2000, hier S. 312–3.
30 HASPEL 1994, S. 639–41.
31 UEDING 1995, hier S. 57–61. LAUSBERG 1960, § 61, 239, 242, 251.

formulierte These in seiner *narratio* und wiederholt sie in einer *peroratio*. Mit den *loci a persona*: Herkunft, Stand, Nation, Bildung und Berufswahl begründet er den großen Charakter Anna Amalias. Dem einer Fürstin angemessenen pathetisch-erhabenen Stilgestus (*genus grande*) fehlen schmückende Tropen, denn Gedächtnis und Nachahmung fordern beide Klarheit und Anschaulichkeit. Die chronologisch konsekutiv aufgebaute „kurzgefaßte Uebersicht" des Lebens von Anna Amalia entwirft ein bemerkenswertes Auf und Ab von Glück und Unglück.

Der frühen, kurzen Ehe und der Geburt des ersten Sohnes folgt der Tod ihres Mannes, die Geburt des zweiten Sohnes und die Regentschaft mitten im Siebenjährigen Krieg. In der Rolle „einer zwiefachen Mutter, für das Land und für ihre Söhne" bringt sie „dem Lande mannigfaltiges Glück" (119). Doch bevor sie ihre Regentschaft beenden und nach Tiefurt ziehen kann, wird sie mit dem Brand des Schlosses erneut vom Unglück überrascht:

> Aber auch hier zeigte sie den eingeborenen Geist: denn unter großen Vorbereitungen zu Milderung so wie zu Benutzung der Folgen dieses Unglücks übergab sie ruhm= und ehrenvoll ihrem zur Volljährigkeit erwachsenen Erstgebornen die Regierung seiner väterlichen Staaten, und trat eine sorgenfreyere Abtheilung des Lebens an (119).

Auch in diesem Lebensabschnitt wechselt die Freude am Wiederaufbau des Schlosses, der Geburt von Enkeln und Urenkeln mit dem Leid, ausgelöst durch eigene Krankheit, durch den Tod ihres zweiten Sohnes Constantin, zweier Brüder, einem Urenkel, um schließlich im kollektiven Unglück des Napoleonischen Krieges zu münden.

Angesichts eines solch wechselhaften Schicksals verhält sich Anna Amalia vorbildlich: „[S]o hatte sie sich mit inwohnender Kraft immer wieder zu fassen und den Lebensfaden wieder zu ergreifen gewußt" (120). Ihr „Bild standhaft ruhiger Ergebung" soll für die Zuhörer bei der aktuellen Kriegsbedrohung „tröstlich und aufrichtend" wirken, damit sie sich „an einem so erhabenen Beyspiel gestärkt und erquickt" fühlen (121). Die Korrespondenz der inneren Stringenz ihres Lebensweges mit der äußeren rhetorischen Form arbeitet nicht nur mnemotechnisch gegen das Vergessen, sondern verdeutlicht und akzentuiert zugleich den Modellcharakter ihres Lebens.

Die zyklische Beschreibung des Lebens Anna Amalias unter dem Zeichen der *constantia*, mit der die Herzogin den Ereignissen begegnet, erinnert an ein traditionell barockes Verständnis von Standhaftigkeit. Das Beispiel ihrer Politik verweist aber zugleich auf eine der Aufklärung entsprechende teleologische Vorwärts- und Aufwärtsrichtung.

Anna Amalias Fähigkeit, aus unerwartetem Unglück langfristige Verbesserungen zu schaffen, zeigt sich beispielhaft, wenn sie gute Lehrer an Vaters Statt einstellt, wenn sie nach dem Schloßbrand räumliche Neuordnungen bestimmt, die die Voraussetzungen für die Entwicklung verschiedener Hofformen bilden, oder wenn sie es vermag, nach schwerer Krankheit aus einer Kurreise eine Bildungsreise nach Italien zu machen. Die beiden die Textbewegung bestimmenden Elemente der Beständigkeit und der Fähigkeit zur Erneuerung glättet Goethe durch die wirkungsästhetische Kategorie der *admiratio*. Bewunderung ist nämlich ein barockes wie auch ein aufgeklärtes Prinzip. Auf der einen Seite erfüllt die *admiratio* die höfische Repräsentationsfunktion, auf der anderen Seite wird sie für die Aufklärung akzeptabel im Blick auf die moralische und pädagogische Wirkung des Vorbildes.[32]

Beide Weltentwürfe, der barocke der Repräsentation und der ethische der Aufklärung, werden zugleich durch einen christlichen Rahmen zusammengefügt. Nach rhetorischem Muster gewinnt der Bericht eine starke Spannung zum Tode, zum „Höhepunkt", hin. Da ihr „zum Ersatz für so manches frühe Leiden und Entbehren [... k]ein langes und ruhiges Alter" von Gott, „dem Alles Lenkenden", vergönnt war, erhält ihr Tod fast märtyrerhafte Züge (121). Goethe verwendet barocke Sinnbildassoziationen von *Schiff*, *Stern* und *Sturm*, um ihre außerordentliche Größe, ihre Heroik und ihre christliche Vollendung zu beschreiben.[33] Anna Amalia – „als Vollendete, Selige" – leuchtet gleich einem „Stern" und zeigt, „wohin wir unsern Lauf bey einer nur zu oft durch Stürme unterbrochenen Fahrt zu richten haben" (121). Die gebündelte allegorische Gesamtwürdigung geht in ein allgemeineres, aufklärerisches Schema – das der Selbstbestimmung des eigenen Lebenswegs – über.

Doch Goethes Virtuosität zeigt sich nicht nur in der Erfüllung der traditionellen Gattungsvorgaben des Herrscherlobs und in der Integration barocker und aufklärerischer Züge, sondern auch in der Weise, in der er das Dilemma jedes höfischen Porträts zu lösen versucht: Auf der einen Seite muß das Exemplarische und Normgebende in den Vorder-

---

32 Die höfische Repräsentationsfunktion findet man in der Semantik der Bewunderung von Helden im klassisch-höfischen Drama. Das postulierte Verständnis einer Gleichzeitigkeit der aufklärerischen Bedeutung von Bewunderung bei Goethe differenziert Erhart historisch; ERHART 1992. Das rhetorische Dispositionsschema bleibt als wirkungsästhetisches Prinzip trotz Bedeutungsverschiebungen erhalten. In der Ästhetik des „Schönen" und „Erhabenen", in „Anmut" und „Würde" lassen sich Ethos und Pathos erkennen. HINDERER 1981, hier S. 230–3.

33 HENKEL/SCHÖNE 1967, S. 1462, 1465, 1472.

grund gerückt werden, auf der anderen Seite darf auf Momente des Individuellen nicht ganz verzichtet werden. Schließlich wäre sonst das Bild nicht unverkennbar. Goethe nutzt dazu die „besondere Qualität der rhetorischen Praxis, nämlich die, in der Präsentation eines Gegenstands sich selbst als Redner zu präsentieren".[34] Der Biograph schreibt sich in das Leben der porträtierten Herzogin ein, um die eigenen Ideale des „zivilen Klassizismus" im Vorbild der Anna Amalia darzustellen. Er transformiert Anna Amalias Gedenken, in dem er es aus dem Rahmen des barocken Gedächtnis löst und einer klassizistischen Erinnerung öffnet.

Klassizistische Erinnerung

Goethe läßt die äußeren vorgegebenen Normen und Konventionen als der Person Anna Amalias individuell angemessene und von ihr individuell erarbeitete erscheinen. Angesichts der Leiden des sie überwältigenden Unglücks behält Anna Amalia die standesgemäße, ihr in ihrer Rolle als Herzogin zukommende *contenance*, weil sie das äußere Ideal der *constantia* verinnerlicht hat. Anna Amalia bleibt damit sich selbst gleich. In ihrem Sterben wird ihre Souveränität für alle sichtbar:

> Sie zauderte, sich für krank zu erklären, ihre Krankheit war kein Leiden, sie schied aus der Gesellschaft der Ihrigen wie sie gelebt hatte. Ihr Tod, ihr Verlust sollte nur schmerzen, als nothwendig, unvermeidlich, nicht durch zufällige, bängliche, angstvolle Nebenumstände. (102)

Nicht von außen vorgegebene Faktoren der Rolle, nicht Pathos, sondern innere, christliche Züge gestalten ihr Ende. Barocke pathetische Konnotationen werden im klassizistisch heroischen Porträt sublimiert. Gegen die allgemeine äußere Rollenzeichnung des höfischen Klassizismus wird im „zivilen Klassizismus" der individuelle Charakter hervorgehoben.[35] Der Tod Anna Amalias soll nur als menschliches Ende

---

34 MATUSCHEK 1994, hier 1258. Auf Lausberg bezogen, formuliert Klaus Manger, „eine Rede lobt wohl ihren Gegenstand, daneben aber, je besser sie das tut, zugleich sich selbst" und weist im Gegensatz zu meiner Argumentation darauf hin, „je kunstmäßiger [der Redner] das Erinnerungsbild seinen Zuhörern vorzustellen weiß, desto mehr wird er selber dahinter zurücktreten und der Gefeierte an seine Stelle rücken." MANGER 1993, hier S. 294.

35 PROSS 1986, S. 96.

schmerzen und wird gerade dadurch wieder exemplarisch menschheit-
lich.

Um dem höfisch geprägten barocken Bild klassizistische Züge ein-
schreiben zu können, wählt Goethe ein Verfahren, das vermeidet, dem
Höfischen etwas Fremdes aufzupfropfen. Die idealen Momente des
Klassizismus werden nicht durch Überschreiben des vorgängigen Barocken gewonnen, sondern durch das höfisch Barocke hindurch, durch
den Rückgang auf die Ideale der Renaissance. Barock und Klassizismus
lassen sich versöhnen durch den gemeinsamen Bezug auf die Antikenre-
zeption der Renaissance. Cicero etwa fordert Schönheitssinn in der Lebensführung, das rechte Maß und Schicklichkeit, Beherrschung der Leidenschaften durch die Vernunft und eine stoische Ruhe. Der anmutigen
Dame am Renaissance-Hof ist, so wußte auch Anna Amalia aus ihren
Studien, „eine gewisse gefällige Freundlichkeit angemessen [...], mit deren Hilfe sie jede Art von Menschen durch angenehme und ehrenhafte
Gespräche höflich zu unterhalten weiß."[36] Nahtlos fügen sich Charakte-
ristika und Umgangsformen von Renaissance und Klassizismus ineinander. Goethe beschreibt Anna Amalia, wie sie trotz der geschilderten
Leiden

> noch immer sich selbst gleich [blieb], im Aeußren ruhig, gefällig, anmuthig,
> theilnehmend und mittheilend, und Niemand aus ihrer Umgebung konnte
> fürchten, sie so geschwind aufgelöst zu sehen. (121)

Doch obwohl die aufgerufene Ruhe, Gefälligkeit und Anmut in Renaissance und Klassizismus im Wortlaut identisch sind, besitzen die Begriffe
je andere Konnotationen. Diese Qualitäten, die eine Formvorgabe, einen Ton, eine Stilangabe für die wirksame Präsentation individueller Eigenschaften in der Renaissance gebildet hatten, konturieren, zur zweiten
Natur geworden, im zivilen Klassizismus ein allgemein menschliches
Konzept und ästhetische Umgangsformen.

Mit der Bezeichnung von Anna Amalias unerschütterlichen Gleich-
mut als „gefällig", „anmuthig" und gesprächig erinnert Goethes Darstellung direkt an die berühmte Winckelmannsche Vorstellung von „edler
Einfalt und stiller Größe". So wie, nach Winckelmanns Beschreibung
des klassizistischen Ideals, „die Tiefe des Meeres allezeit ruhig bleibt,
die Oberfläche mag noch so wüten", bleibt Anna Amalia bei allen mög-

---

36 CASTIGLIONE 1986, S. 246.

lichen Gefühlsstürmen „eine große und gesetzte Seele".[37] Goethe hatte
zwei Jahre vor ihrem Tod der Herzogin Anna Amalia seine Denkschrift
Winckelmann und sein Jahrhundert 1805 gewidmet, wie zeitgenössische
Rezensenten erstaunt betonten. Anna Amalia zeigte ihr Interesse an den
Gedanken Winckelmanns bereits beim ersten Erscheinen seiner Schriften, und nach dessen Tod übergab sie einige seiner Briefe Goethe zur
Veröffentlichung.[38] Die daraus entstandene Biographie Winckelmanns
läßt sich als Programmschrift des „zivilen Klassizismus" lesen: eine an
der Antike orientierte Erneuerung der Kunst und eine ebenso daran
ausgerichtete ethische Erneuerung der Menschen.[39]

Die Grundlage des klassizistischen Konzeptes bei Winckelmann bilden „Fülle, Reichtum, Vielseitigkeit, Unausschöpflichkeit und dramati-
sche Lebendigkeit, in Ruhe und Klarheit vorgestellt".[40] Die Balance von
Fülle und Ruhe, Vielseitigkeit und Klarheit erreicht der Einzelne nur in
einem urbanen, geselligen Umfeld.[41] In Griechenland, so Winckelmann,
sei eine hochentwickelte komplexe Kultur verbunden mit der Einfach-
heit der Sinne und des Geschmackes für Kenner, Dilettanten und un-
eingeweihtes Volk zugänglich gewesen. Erst vor diesem Hintergrund

---

37 Johann Joachim WINCKELMANN, Gedanken über die Nachahmung der griechi-
    schen Werke, in der Malerei und Bildhauerkunst, in: WINCKELMANN 1982,
    S. 1–37, hier S. 17.
38 Anna Amalia übergibt Goethe die Briefe Winckelmanns an Hieronymus Diet-
    rich Berendis im Jahre 1799. 1805 widmet Goethe ihr seine Würdigung Win-
    ckelmanns mit folgenden Worten: „Ew. Durchlaucht haben seit jener Zeit so
    viel Nützliches und Angenehmes gepflanzt und gehegt, indes unserer fördern-
    der und mitteilender Fürst Schöpfungen auf Schöpfungen häuft und begünstigt.
    / Ohne Ruhmredigkeit darf man des in einem beschränkten Kreise nach innen
    und außen gewirkten Guten gedenken, wovon das Augenfällige schon die Be-
    wunderung des Beobachters erregen muß, die immer höher steigen würde, wenn
    sich ein Unterrichteter das Werden und Wachsen darzustellen bemühte. / Nicht
    auf Besitz, sondern auf Wirkung war es angesehen, und um so mehr verdient die
    höhere Kultur dieses Landes einen Annalisten, je mehr sich gar manches früher
    lebendig und tätig zeigte, wovon die sichtbaren Spuren schon verloschen sind. /
    Mögen Ew. Durchlaucht im Bewußtsein anfänglicher Stiftung und fortgesetzter
    Mitwirkung zu jenem eigenen Familienglück, einem hohen und gesunden Alter,
    gelangen und noch spät einer glänzenden Epoche genießen, die sich jetzt für un-
    seren Kreis eröffnet, in welcher alles vorhandene Gute noch immer gemehrt, in
    sich verknüpft, befestigt, gesteigert und der Nachwelt überliefert werden soll."
    GOETHE 1969, hier S. 44.
39 Vgl. OESTERLE 1991; MILLER 1988.
40 OESTERLE 1991, S. 310–312.
41 GOETHE 1969, S. 88–89.

entschlüsselt sich die dominante Erinnerung an Anna Amalia, die immer wieder zitierten Sätze zu ihrer Bildung, ihrer Gestaltung Weimars, ihrem Leben in Tiefurt und ihrer Italienreise.

Durch Goethes „Angedenken" an Anna Amalia zieht sich wie ein Leitmotiv die Orientierung an Kultur und Kunst. Schon in ihrer Familie, so Goethe,

> in der Mitte eines regen sich in manchem Sinne weiter bildenden Hofes, einer Vaterstadt, welche sich durch mancherley Anstalten zur Cultur der Kunst und Wissenschaft auszeichnete, ward sie bald gewahr, daß auch in ihr ein solcher Keim liege, und freute sich der Ausbildung, die ihr durch die trefflichsten Männer, welche späterhin in der Kirche und im Reich der Gelehrsamkeit glänzten, gegeben wurde. (118)[42]

Der im Zitat gemeinte Erzieher, Abt Jerusalem, gestand einer adligen Frau die Mündigkeit zur Selbsterziehung und zur Selbsterkenntnis zu. Neben ihrer eigenen Ausbildung und der ihrer Kinder legt die Regentin großen Wert auf die Förderung von Kunst und Wissenschaft in Weimar: „Vortreffliche verdienstvolle Lehrer wurden angestellt, wodurch sie zu einer Versammlung vorzüglicher Männer den Anlaß gab, und alles dasjenige begründete, was später für dieses besondre Land, ja für das ganze deutsche Vaterland, so lebhaft und bedeutend wirkte." (119) Wie präzis Goethes an der Oberfläche scheinbar phraseologische Schrift ist, läßt der unausgesprochene Hinweis auf Erzieher wie Christoph Martin Wieland ermessen.

Die Kombination der von Anna Amalia betriebenen aufgeklärten Reformpolitik und ihrer urbanen Umgangsweise habe, so Goethe, die produktive Atmosphäre Weimars geschaffen. Sie habe ihr erlaubt „alles gefällige was das Leben zieren kann [...] sogleich nach dem gegebenen Maß um sich zu versammeln" (119). In diesem Bild ihrer Regentschaft scheinen fast utopische Züge auf, die das klassizistische Ideal der gemeinsamen und geselligen Bildung ermöglichen: „Ein ganz anderer Geist war über Hof und Stadt gekommen. Bedeutende Fremde von Stande, Gelehrte, Künstler, wirkten besuchend und bleibend" (119). Goethe wiederholt, wie zentral der von Anna Amalia ausgehende An-

---

42 Braunschweig-Wolfenbüttel gilt als Musterbeispiel eines gelehrten Musenhofes, da der überregionale Ruf sich auf die künstlerischen Aktivitäten der Herzöge seit Herzog August (1635–66), Anton Ulrich (1685–1714), inklusive Anna Amalias Vater Carl I. (1713–80), gründet. BAUER 1993, S. 74.

stoß zur Gesprächsförderung für die Entwicklung von Hof und Stadt
Weimars gewesen ist und spricht damit an, wie elementar Spannung und
Austausch zwischen Fremdem und Eigenem als Grundlage der kulturel-
len Ideenzirkulation für den Klassizismus ist.

Diese Kulturpolitik setzt Anna Amalia nach der Regentschaft u.a. im
Wittumspalais und vor allem in Tiefurt fort,

> wo sie sich von Kunst und Wissenschaft, so wie von der schönen Natur ih-
> res ländlichen Aufenthaltes umgeben, glücklich fühlte. Sie gefiel sich im
> Umgang geistreicher Personen, und freute sich Verhältnisse dieser Art an-
> zuknüpfen, zu erhalten und nützlich zu machen; ja es ist kein bedeutender
> Nahme von Weimar ausgegangen, der nicht in ihrem Kreise früher oder
> später gewirkt hätte. (120)

Diese Verhaltensweise erinnert an das Renaissanceideal der Frau, vor allem, da auch damals in Rückbesinnung auf die Antike ein ländlicher
Aufenthalt den Rahmen für Geselligkeit und Bildung bildete. Doch
Anna Amalia dient nicht nur dem Medium der Geselligkeit, sie nimmt
aktiv daran teil. Konsequenterweise liest Goethe die Italienreise als einen Höhepunkt des Lebens von Anna Amalia:

> [E]inen höheren Genuß hoffte sie sich von dem Anschauen dessen, was sie
> in den Künsten so lange geahndet hatte, [...] eine neue Erweiterung der Le-
> bensansichten durch die Bekanntschaft edler und gebildeter Menschen, die
> jene glücklichen Gegenden als Einheimische und Fremde verherrlichten
> (120).

Die Orte, „jene glücklichen Gegenden", tragen auf doppelte Weise ar-
kadische Züge: im Rückbezug auf Tiefurt und als Anspielung auf Winckelmanns Rombeschreibung. Winckelmann sieht Rom als den Ort, an
dem edle Menschen – unabhängig von ihrem gesellschaftlichen Status
vor allem auf Bildung bezogen – sich gemeinsam der Kunst widmen. In
Italien und in Rom sieht Goethe den prägnanten Moment ihres Lebens
gekommen, wo „jede Stunde des Umgangs zu einem merkwürdigen
Zeitmoment" geworden ist (120). Diese dichte Erfahrung in Italien läßt
sich als eine Grundfigur des Klassizismus deuten. Das Eigene ist am
Fremden zu verstehen. Durch den komparatistischen Außenbezug, be-
fördert das Andere und Fremde die Selbstfindung.

In der Komplexitätsverdichtung können in einer einzigen Figur, einem einzigen Bild oder, wie hier, einer einzigen Person möglichst viele
Ideen, ja sogar Gegenläufiges wie Intellektuelles und Sinnliches, Eigenes

und Fremdes einheitsstiftend erfaßt werden.[43] Goethe arbeitet die Figur Anna Amalias aus mehreren Schichten mit Hilfe des Verfahrens der Diaphanie heraus und vermeidet dadurch eine Montage zwischen Barock und Klassizismus.[44] Durch die Technik, zwischen den Zeilen Ungesagtes mitzuformulieren, spricht Goethes Nekrolog verschiedene Zielgruppen am Hof und in der Kirche an und verdichtet unterschiedlichste Erwartungen zu einem scheinbar einheitlichen Bild. Zwischen dem Publikum und der Gehuldigten besteht nicht mehr das alte Verhältnis pathetisch heroischer Bewunderung, sondern eine intime Bewunderung des allgemein menschlich Erhabenen. Goethe gelingt ein diplomatisches Kunststück, denn er würdigt den höfischen Regeln des Andenkens gemäß die ehemalige Regentin und Mutter des Regenten und bringt zugleich seine klassizistischen Ideale, die sich auf Anna Amalias künstlerischer Gesellschaftsfähigkeit gründen, zum Ausdruck. Die in der Gedenkrede eingelassenen Formulierungen Goethes erweisen sich als produktiv, generativ und konstruktiv für die sich seit dem 19. Jahrhundert herausbildende Vorstellung des Musenhofes. Der so dargestellte Weimarer Musenhof konserviert ein zukunftsweisendes Wissen um das Selbstbild einer Gruppe, die sich ihrer Zusammengehörigkeit und Einzigartigkeit bewußt war.[45] Die Affinität von Goethes klassizistischer Erinnerung zu unserer Form des kulturellen Gedächtnisses liegt in seinem Verständnis von Humanität und Historizität.

Alternative Formen des Gedenken: Böttiger, Wieland und Fernow

Carl August Böttiger weigert sich auf Grund einer alten und langwierigen Fehde mit Goethe, dessen Nekrolog in den von ihm redigierten *Neuen*

---

43 OESTERLE 1991, S. 310.

44 Dies entspricht Hannelore Schlaffers Beschreibung der poetischen Praxis der „Diaphanie". Die Diaphanie ist ein „Verfahren, Figuren aus mehreren Schichten aufzubauen. Den diaphanen Charakter dieser Dichtung erzeugt das Durchscheinen mythologischer Hintergründe durch den oberflächlichen Sachverhalt einer fiktionalen Realität." Diaphanie bedeutet also, daß in die Charaktere oder Figuren beispielsweise mythologische Typen eingelassen sind oder wie im Nekrolog, verschiedene Ebenen zwischen Barock und Klassizismus. Anders formuliert, die „Deutung des vieldeutigen Worts bereichert zwar normalerweise bei der Interpretation eines Kunstwerks den Sinn. Die Auslegung der diaphanen Dichtung Goethes aber entdeckt neue, andere, meist zugleich mehrere Spach- und Bildebenen und ihnen entsprechende Sinnschichten." SCHLAFFER 1989, S. 3.

45 ASSMANN 1988, S. 15.

Teutschen Merkur aufzunehmen. Obwohl Böttiger Friedrich Justin Bertuch berichtet, „Ein kleines Porträtchen von der unvergleichlichen so wie mit unsäglichem Schmerz beweinten Fürstin ist fast zu klein. Aber wir wollen hier eine Allegorie auf sie erfinden und diese soll vor dem September des Merkurs kommen",[46] enthält die Zeitschrift keinen Nachruf auf Anna Amalia.[47] In diesen kontroversen Kontext ist Böttigers Kommentar von Goethes Gedenkrede einzuordnen. Goethe habe, so Böttiger, „manch aromatische Ausdüftungen verstreut. Aber hie und da riecht man doch auch den Minister, der den Lebenden schöne thut."[48] Statt die hochartifizielle Weise anzumerken, in der Goethe den höfischen Ansprüchen Genüge leistet, und anzuerkennen wie Goethe trotzdem seine eigenen Vorstellungen verwirklicht, stört Böttiger sich am ministeriell diplomatischen, die höfische Etikette wahrenden Stil. Er bezichtigt ihn daher, ein Schmeichler zu sein. Auf der Suche nach Gleichgesinnten überlegt Böttiger, „ob Vater Wieland mit allem, was Göthe sagt, oder verschwieg zufrieden ist".[49] Mit den Kommentaren zu Goethes Art der Formulierung und zur Zusammenstellung des biographischen Materials trifft Böttiger den Kern von Goethes Nekrolog, wertet das Geleistete aber mit anderen Maßstäben. Er möchte nicht die Größe der Herzogin, sondern den Ton der Liebe und Frischheit im Nachruf wiederfinden.[50]

---

46 STARNES 1987, Bd. 3, S. 263.
47 Seit 1795 verfaßte Böttiger Nachrufe für die in Jena publizierte *Allgemeine Literatur Zeitung*. Im Vorwort zu *Literarische Zustände und Zeitgenossen. In Schilderungen aus Karl August Böttiger's handschriftlichem Nachlasse* sagt sein Sohn, der Vater sei „der biographische Todtenbestatter in einer von Deutschland's wichtigsten politischen Zeitungen" gewesen. (BÖTTIGER 1838, Bd. 1, S. 4) Zu seinen Nekologisierten zählen unter anderen Friedrich Justin Bertuch, Joachim Heinrich Campe, Johann Wilhelm Ludwig Gleim, Markus Herz, August Wilhelm Iffland und Friedrich Gottlieb Klopstock. Böttiger reflektiert über die Gattung selbst, wie auch die der Biographie, entwickelt Konzepte zu einem Jahresssterberegister und einer passenden Zeitschrift. Er versteht es, „Zeitschrifteninformationen, Korrespondentenberichte und literarische Coterie in dies Genre einfließen zu lassen." SONDERMANN 1983, S. 180.
48 Zit. nach SONDERMANN 1983, S. 209–210.
49 Zit. nach STARNES 1987, Bd. 3, S. 263.
50 Anscheinend hat er für Anna Amalia auch einen Nekrolog verfaßt, denn er fragt am 25.5. beim Tübinger Verleger Johann Friedrich Cotta, der seine Nekrologe in der *Allgemeinen Zeitung* veröffentlicht, nach dem Verbleib seines Textes an: „Ich schickte vor 4 Wochen und länger einen Nekrolog auf die verstorbene Herzogin Amalie von Weimar ein, von dem ich mir bewußt bin, daß er mit Liebe geschrieben war und in seiner Frischheit gefallen hätte." Zit. nach SONDERMANN 1983, S. 357.

In Konkurrenz zum „Ministerial-Andenken" entwirft Böttiger einen Plan und schlägt Bertuch damit ein lukratives Projekt vor:

> So unfruchtbar und heillos jetzt alle Speculationen seyn müssen, so würde doch eine Ausgabe von Vater Wielands Gedichte auf Olympia (5 davon stehen im 5ten Band seiner Werke) vermehrt durch neuere, die noch nicht gedruckt, aber unter den Papieren der Herzogin sind, und durch einige Anmerkungen, die Sie solche machen könnten, erläutert durch drei Ansichten von Belvedere, Tiefurt und Ettersburg [...] ein würdigeres Denkmal seyn können, als das steife Ministerial-Andenken von Goethe.[51]

Böttiger spürt am Goethischen Nekrolog sowohl das Diplomatische als auch die klassizistische Stillstellung von Widersprüchen heraus, die er mit dem Begriff der Steifheit belegt. Sein Vorschlag eines würdigeren Denkmals besteht aus drei Teilen: veröffentlichte und unveröffentlichte Huldigungs- und Gelegenheitsgedichte von Wieland im Kontext von Anmerkungen und Illustrationen. Indem Böttiger Wielands Gelegenheitsgedichte gegen Goethes Gedenkrede auszuspielen trachtet, versucht er das Gesellige, das Goethe in einem gesellschaftlichen und klassizistischen Rahmen integriert hatte, herauszulösen und als eigenständiges gesellschaftsunabhängiges Freundschaftliches auszustellen.

Wie wirkmächtig Goethes „Angedenken" gewesen ist, kann im Blick auf andere Reaktionen zu Anna Amalias Tod verifiziert werden. Wieland, der eine enge persönliche Beziehung zu Anna Amalia hat, reagiert nur in privaten Briefen auf ihren Tod. Überraschenderweise denkt er allerdings in sehr viel traditionelleren Formen. Er vergleicht sie mit einem anderen Herrscher, Friedrich II. von Preußen, bezeichnet ihren Tod als „eine Calamität für Weimar [:...] die Musen alle haben wol Ursache, an ihrem Grabe zu weinen."[52] Einige Monate später schreibt Wieland, „[a]uch das kleine Bethlehem Weimar hat in der Geschichte des achtzehnten Jahrhunderts seinen Tag gehabt; aber die Sonne, die ihm vor vierzig Jahren aufging, ist im Jahr 1807 untergegangen, und die Nacht bricht herein, ohne einen neuen Tag zu versprechen."[53] Während der traditionelle barocke Topos, der das Ende einer Regentschaft mit der untergehenden Sonne vergleicht, sicherlich die melancholische Stimmung der Zeit erfaßt, beschreiben Wielands Worte weder Anna Amalias Einzigartigkeit noch ihre spezifischen Leistungen.

51 Zit. nach STARNES 1987, Bd. 3, S. 262.
52 Zit. nach STARNES 1987, Bd. 3, S. 261.
53 Zit. nach STARNES 1987, Bd. 3, S. 268.

In seinem Nachruf auf Anna Amalia in Bertuchs *Journal des Luxus und der Moden* zeichnet Anna Amalias Bibliothekar Carl Ludwig Fernow[54] dagegen ausführlicher und explizit, die Namen der Hofangehörigen und Dichter nennend, das von Goethe geschaffene Bild nach, betont die regionale und nationale Bedeutung ihres „stete[n] Umgange[s] mit den Musen" und äußert den Wunsch, daß jemand „in einer Kulturgeschichte Weimars [...] ihrem unsterblichen Verdienste ein Denkmal errichte, das dauerndste und würdigste, das der Geist dem Geiste zu stiften vermag".[55] Fernow hebt Anna Amalia als „erhabenes Muster für die Nachwelt" hervor. Ihr Andenken soll „ein religiöses Gefühl der Bewunderung und Verehrung" bei einem breiten Publikum hervorrufen.

Daß Goethe mit dem Versuch, sein klassizistisches Ideal in ein höfisches Bild einzuschreiben, nicht ganz allein steht, zeigen die Zeilen, die der klassizistische Theoretiker Fernow in einem Privatbrief ausgerechnet an Böttiger schreibt: „Sie wußte den Fürsten und den Menschen in sich zu vereinigen."[56] Fernow hebt hier den Klassizismus auf eine programmatische Ebene. Erst in der rückblickenden Erinnerung gewinnt das Leben der Verstorbenen endgültig Kontur: „Ach! obgleich sie das Gute, zu dem sie sich berufen fühlte, längst vollbracht hat, so haben wir doch viel verloren; wir werden es erst empfinden, wo wir sie nicht mehr besitzen" (282).[57] Die Vereinigung von Fürst und Mensch, Hof und Humanität, ist einzigartig und einmalig: „Sie zog die bessern Geister an, wo sie sie fand; das wird nun in Weimar nicht mehr geschehen; und sind Wieland und Goethe einmal nicht mehr, so wird Weimars Glanz und Ruhm, den Amalia ihm erwarb, nur noch in der Geschichte leben" (282). So elegisch dargestellt bedeutet Anna Amalias Tod das Ende ei-

---

54 Zu Carl Ludwig Fernow vgl. TAUSCH 1996.
55 Carl Ludwig Fernow, Den Manen der Herzogin Anna Amalia von Sachsen-Weimar-Eisenach, in: *Journal des Luxus und der Moden* 22 (1807), S. 277–285.
56 BÖTTIGER 1838 (Nachdruck Frankfurt a.M. 1972), Bd. 2, S. 281.
57 Der Prozeß ist ähnlich wie Winckelmanns Vorgehen bei der *Beschreibung des Torso im Belvedere zu Rom*. Er nennt „eine verstümmelte Statue eines sitzenden Herkules" und geht nur auf „das Ideal der Statue" ein: „Der erste Anblick wird dir vielleicht nichts als einen verunstalteten Stein entdecken; vermagst du aber in die Geheimnisse der Kunst einzudringen, so wirst du ein Wunder derselben erblicken, wenn du dieses Werk mit einem ruhigen Auge betrachtest. Alsdann wird dir Herkules wie mitten in allen seinen Unternehmungen erscheinen, und der Held und der Gott werden in diesem Stücke zugleich sichtbar werden." Johann Joachim WINCKELMANN, Beschreibung des Torso im Belvedere zu Rom, in: WINCKELMANN 1982, hier S. 56.

ner Epoche. Fernows Klassizismus konzentriert sich auf die Historizität ihrer Individualität und ihre Leistung in der Bildung eines Musenhofes.

Goethes poetisierte Andenken

Während Fernows prosaische Elegie als klassizistischer Abgesang auf eine Epoche anläßlich des Todes einer Fürstin interpretiert werden kann, ist die überlieferte Grabschrift Goethes eher eine in Prosa gefaßte poetische Aufhebung dieses ans Irdische gebundenen Blicks. Obwohl die Grabinschrift zu einem Denkmalsstil gehört, dessen Traditionen von der Antike zur Gegenwart reichen, und, so wie Goethe sie verwendet, auf einem anspielungsreichen Bildungskanon basiert, bleibt sie als Gedicht unabhängig vom Kontext lesbar. Die handschriftlich auf einem Zettel entworfenen Zeilen sind ganz auf die Erinnerte hingeschrieben. Aufgeteilt in fünf Triaden verortet die Inschrift ihre Person nach den *loci* durch die Geographie, ihren Charakter, ihre Handlungen, die Zeit und die Wirkung.[58] Das zentrale Wort Menschheit genau in der Mitte der Grabinschrift bildet den Referenzpunkt, acht Zeilen von unten oder von oben. Die Inschrift zeigt den prekären Versuch, das höchste Ideal des „zivilen Klassizismus", das Fortwirken des Menschlichen zu verewigen.

Anna Amalia
zu Sachsen
Gebohrne zu Braunschweig
erhabenes verehrend
Schönes geniesend
Gutes wirkend
förderte sie alles
was Menschheit
ehrt ziert bestatigt
sterbligt
von

---

58 Die Grabinschrift, das Epitaph, das den poetischen Nachruf, wie auch die Inschrift auf einem Grabmal bezeichnen kann, macht meist Angaben zum Namen, Todesdatum, Beruf oder Stand. Als literarische Gattung der Antike, der griechischen und römischen Tradition wurde sie besonders im Barock gepflegt. HAGEN-BICHLER 1994.

1739–1807
unsterblich nun
fortwirkend
fürs
Ewige[59]

Unvereinbares vereint das Bild der klassizistischen Erinnerung: Vergängliches und Ewiges, das Ephemere des handschriftlichen Entwurfs neben dem Festgemeißelten einer Grabinschrift, Anna Amalia als Mensch und als Repräsentantin einer Epoche, gleichzeitig nah und fern. Greift Goethe im Nekrolog einerseits auf die rhetorische Mnemotechnik des Gedächtnisses zurück, verdichtet er andererseits diesen am Mündlichen orientierten Rahmen zur klassizistischen schriftlichen Erinnerung.

Daß und wie Goethe die äußere Seite der Auftragsarbeit der Gedenkrede mit der Innenseite eines nur in Poesie zu erfassenden Andenkens sich vorstellt, bringt er in seinem *Tag= und Jahres=Heft* 1807 zum Ausdruck. Mit guten Gründen verweist er auf das Drama, in dem er selbst den Weimarer Musenhof verarbeitet hat. Er verknüpft seine Erinnerung an Anna Amalias Tod mit dem *Tasso*. Jetzt unter der Perspektive des gegenwärtigen Krieges und Anna Amalias Tod werden nicht mehr die ursprünglichen im Drama dargestellten Konflikte der Künstler mit dem Hof gezeigt, sondern der idealisierte Musenhof: „Gar bald nach Aufführung des Tasso, *einer so reinen Darstellung zarter, geist- und liebevoller Hof- und Weltscenen* [meine Unterstreichung, A.B.], verließ Herzogin Amalie den für sie im tiefsten Grund erschütterten, ja zerstörten Vaterlandsboden, allen zur Trauer, mir zum besonderen Kummer."[60] Goethe schafft einen Kontrast zwischen den Erfahrungen des Krieges und Anna Amalias Tod auf der einen und der Aufführung von *Tasso* als zarte, geist- und liebevolle Szenen auf der anderen Seite, wodurch er die im Stück vorhandenen Konflikte harmonisiert. Diese idyllische Interpretation des *Tasso* im Blick auf Anna Amalias Tod lei-

---

59 Ich zitiere nach dem Faksimiledruck der Handschrift, in der einige Korrekturen von Goethes Hand sind. [Johann Wolfgang v. GOETHE] Grabinschrift für Anna Amalia [1807], gedruckt in: WAHL 1994b, S. 118–122, hier S. 100, 122. Die Weimarer Ausgabe (WA I, Bd. 36, S. 449) korrigiert selbst noch einmal die Schreibweise. Das Gelegenheitsgedicht gelangte nie vom (Semi-)Privaten ins Offizielle.

60 Johann Wolfgang v. GOETHE, Tag= und Jahres=Heft als Ergänzung meiner sonstigen Bekenntnisse, von 1807 bis 1822, in: WA I, Bd. 36, S. 1–220, S. 5–6.

stet der späteren Konstruktion des Bildes des Weimarer Musenhofes Vorschub. Wie die Konstellationen um den Tod Anna Amalias zeigten, scheint Goethe die Bühne für den nächsten Akt vorzubereiten: die Erinnerung erinnern.

Abgekürzt zitierte Literatur und Quellen
(erschienen nach 1807)

ACHILLES 1972   Walter ACHILLES, *Die steuerliche Belastung der braunschweigischen Landwirtschaft und ihr Beitrag zu den Staatseinnahmen im 17. und 18. Jahrhundert*, Hildesheim 1972.

ALBRECHT 1994   Peter ALBRECHT, Braunschweig als kultureller Mittelpunkt in der zweiten Hälfte des 18. Jahrhunderts, in: RAABE 1994, S. 31–54.

AMTMANN 1941   Joseph AMTMANN, *Die Bibliothek der Universität Erlangen von ihrer Gründung bis zum Ende der Markgrafenzeit 1743–1791*, Erlangen 1941

ANDREAS 1943   Willy Andreas, Sturm und Drang im Spiegel der Weimarer Hofkreise, in: *Goethe. Viermonatsschrift der Goethe-Gesellschaft* 8 (1943), S. 126–139; 232–252.

ANDREAS 1953   Willy ANDREAS, *Carl August von Weimar*. Ein Leben mit Goethe 1757–1783, Stuttgart 1953.

ANNA AMALIA 1931   Ein unbekanntes Märchen der Anna Amalia, hg. v. Josefine RUMPF-FIECK, in: *Goethe-Kalender auf das Jahr 1932*, hg. v. Frankfurter Goethe-Museum, Bd. 25, Leipzig 1932, S. 96–105.

ANNA AMALIA 1999   *Anna Amalia von Sachsen-Weimar-Eisenach, Briefe über Italien*, hg. v. Heide Hollmer, St. Ingbert 1999.

ARIES 1981   Philippe ARIES, *Studien zur Geschichte des Todes im Abendland*, München 1981.

ARNDT 1872   F. ARNDT, *Anna Amalia, Herzogin von Sachsen-Weimar, die Mutter Carl August's*. Mütter berühmter Männer, H. 3, Berlin 1872.

ASSMANN 1988   Jan ASSMANN, Kulturelles Gedächtnis und kulturelle Identität, in: Jan Assmann u. Tony Hölscher (Hg.), *Kultur und kulturelles Gedächtnis*, Frankfurt a.M. 1988, S. 9–19

ASSMANN/HARTH 1991   Aleida ASSMANN u. Dietrich HARTH (Hg.), *Mnemosyne: Formen und Funktionen der kulturellen Erinnerung*, Frankfurt a.M. 1991.

ASSMANN 1993   Aleida ASSMANN, Die Wunde der Zeit: Wordsworth und die romantische Erinnerung, in: Anselm Haverkamp u. Renate Lachmann (Hg.), *Memoria: Vergessen und Erinnern*, München 1993, S. 359–382.

ASSMANN 1997 Jan ASSMANN, *Das kulturelle Gedächtnis*: Schrift, Erinnerung und politische Identität in frühen Hochkulturen, München 1997 [1992].

AUGUST VON GOTHA 1985 *Das italienische Reisetagebuch des Prinzen August von Sachsen-Gotha-Altenburg, des Freundes von Herder, Wieland und Goethe*, hg. v. Götz Eckardt, Stendal 1985.

BÄHR 1907 Ferdinand BÄHR, Anna Amalia und ihr Anteil am Weimarer Musenhofe. Gedenkblatt zum 100jährigen Todestage (10. April) der braunschweigischen Fürstentochter, in: *Braunschweigische Landeszeitung*, Nr. 143, 9.4.1907; Nr. 145, 10.4.1907.

BALET/REBLING 1971 Leo BALET u. Gerhard REBLING, *Die Verbürgerlichung der deutschen Kunst, Literatur und Musik im 18. Jahrhundert*, hg. v. Gert Mattenklott, Frankfurt a.M. 1971.

BAUER 1993 Volker BAUER, *Die höfische Gesellschaft in Deutschland von der Mitte des 17. Bis zum Ausgang des 18. Jahrhunderts. Versuch einer Typologie*, Tübingen 1993.

BAUER 1995 Volker BAUER, Zeremoniell und Ökonomie. Der Diskurs über die Hofökonomie in Zeremonialwissenschaft, Kameralismus und Hausväterliteratur in Deutschland 1700–1780, in: BERNS/RAHN 1995, S. 21–56.

BAUER 1997 Volker BAUER, *Hofökonomie*. Der Diskurs über den Fürstenhof in Zeremonialwissenschaft, Hausväterliteratur und Kameralismus, Wien/Köln/Weimar 1997.

BAUMGÄRTEL 1990 Bettina Marianne BAUMGÄRTEL, *Angelika Kauffmann [1741–1807]*. Bedingungen weiblicher Kreativität, Bonn 1990.

BAUMGÄRTEL 1997 Bettina BAUMGÄRTEL, Zum Bilderstreit um die Frau im 17. Jahrhundert. Inszenierungen französischer Regentinnen, in: Gisela Bock u. Margarete Zimmermann (Hg.), *Die europäische Querelle des Femmes. Geschlechterdebatten seit dem 15. Jahrhundert*, Stuttgart/Weimar 1997, S. 147–159.

BEAULIEU-MARCONNAY 1874 Carl Frhr. v. BEAULIEU-MARCONNAY, *Anna Amalia, Karl August und der Minister von Fritsch*. Beitrag zur deutschen Cultur- und Literaturgeschichte des 18. Jahrhunderts, Weimar 1874.

BECKMANN 1988 Friedhelm BECKMANN, *Französische Privatbibliotheken*. Untersuchungen zu Literatursystematik und Buchbesitz im 18. Jahrhundert. Frankfurt a.M. 1988.

BERGER 2001 Joachim BERGER, Die Erfindung des Weimarer ,Musenhofs' durch Editionen im 19. Jahrhundert, erscheint in:

Diether Degreif (Red.), *Archive und Kulturgeschichte*. Referate des 70. Deutschen Archivtags, 21.–24.9.1999 in Weimar, Siegburg 2001 (= Der Archivar: Beiband 4).

BERGMANN 1938   Alfred BERGMANN (Hg.), *Briefe des Herzogs Carl August an seine Mutter, die Herzogin Anna Amalia.* Oktober 1774–Januar 1807, Jena 1938.

BERNS 1982   Jörg Jochen BERNS, Der nackte Monarch und die nackte Wahrheit. Auskünfte der deutschen Zeitungs- und Zeremoniellschriften des späten 17. und 18. Jahrhunderts zum Verhältnis von Hof und Öffentlichkeit, in: *Daphnis* 11 (1982), S. 315–349.

BERNS 1984   Jörg Jochen BERNS, Die Festkultur der deutschen Höfe zwischen 1580 und 1730. Eine Problemskizze in typologischer Absicht, in: *Germanisch-romanische Monatsschrift* N.F. 34 (1984), S. 295–311.

BERNS 1993   Jörg Jochen BERNS, Zur Frühgeschichte des deutschen Musenhofes oder Duodezabsolutismus als kulturelle Chance, in: Ders. u. Detlef Ignasiak (Hg.), *Frühneuzeitliche Hofkultur in Hessen und Thüringen*, Erlangen/Jena 1993, S. 10–43.

BERNS/NEUBER 1993   Jörg Jochen BERNS u. Wolfgang NEUBER (Hg.), *Ars Memorativa*: zur kulturgeschichtlichen Bedeutung der Gedächtniskunst 1400–1750, Tübingen 1993.

BERNS/RAHN 1995   Jörg Jochen BERNS u. Thomas RAHN (Hg.), *Zeremoniell als höfische Ästhetik in Spätmittelalter und Neuzeit*, Tübingen 1995

BEYER/SEIFERT 1997   Jürgen BEYER u. Jürgen SEIFERT (Bearb.), *Weimarer Klassikerstätten*. Geschichte und Denkmalpflege, Bad Homburg/Leipzig ²1997.

BEYER 1999   Andreas BEYER, „Die Kunst ist deshalb da, daß man sie sehe, nicht davon spreche, als höchstens in ihrer Gegenwart", in: SCHUSTER/GILLE 1999, S. 405–412.

BIEDRZYNSKI 1999   Effi BIEDRZYNSKI, „Es ist nicht gut daß der Mensch alleine sei und besonders nicht daß er alleine arbeite", in: SCHUSTER/GILLE 1999, S. 583–595.

BITZER 1969   Hermann BITZER, *Goethe über den Dilettantismus*, Bern 1969.

BODE 1908   Wilhelm BODE, *Amalie, Herzogin von Weimar*, Bd. 1: Das vor-goethische Weimar, Bd. 2: Der Musenhof der Herzogin Amalie, Bd. 3: Ein Lebensabend im Künstlerkreise, Berlin 1908.

BODE 1918   Wilhelm BODE, *Der weimarische Musenhof, 1756–1781*, Berlin 1918.

BÖTTIGER 1838   *Literarische Zustände und Zeitgenossen.* In Schilderungen
                   aus Karl August Böttiger's handschriftlichem Nachlasse,
                   hg. v. K[arl]. W[ilhelm]. Böttiger, 2 Bde., Leipzig 1838.

BÖTTIGER 1998   Karl August BÖTTIGER, *Literarische Zustände und Zeit-
                   genossen.* Begegnungen und Gespräche im klassischen
                   Weimar, hg. v. Klaus Gerlach u. René Sternke, Berlin
                   ²1998.

BOJANOWSKI 1909   Eleonore v. BOJANOWSKI (Hg.), Äußerungen Anna Ama-
                   liens und Herder's über die Musik, in: *Goethe-Jahrbuch*
                   30 (1909), S. 56–66.

BORNHAK 1892   Friederike BORNHAK, *Anna Amalia, Herzogin von Sach-
                   sen-Weimar-Eisenach, die Begründerin der klassischen
                   Zeit Weimars.* Nebst Anhang: Briefwechsel Anna Amalias
                   mit Friedrich dem Großen, Berlin 1892.

BOXBERGER 1880   Robert BOXBERGER (Hg.), Mittheilungen von Zeitgenos-
                   sen über Goethe, in: *Goethe-Jahrbuch* 1 (1880), S. 314–
                   359.

BOYLE 1995–99   Nicholas BOYLE, *Goethe.* Der Dichter in seiner Zeit, Bd.
                   1. 1749–1790, Bd. 2. 1791–1803, München 1995–99.

BRAUNGART 1988   Georg BRAUNGART, *Hofberedsamkeit.* Studien zur Praxis
                   höfisch-politischer Rede im deutschen Territorialabsolu-
                   tismus, Tübingen 1988.

BRÄUNING-   Hermann BRÄUNING-OKTAVIO, Die Bibliothek der gro-
OKTAVIO 1966   ßen Landgräfin Caroline von Hessen-Darmstadt, in: *Ar-
                   chiv für Geschichte des Buchwesens* 6 (1966), Sp. 681–875.

BRÄUNING-   Hermann BRÄUNING-OKTAVIO, Zwei Privatbibliotheken
OKTAVIO 1970   des 18. Jahrhundert, in: *Archiv für Geschichte des Buchwe-
                   sens* 10 (1970), Sp. 686–776.

BRUFORD 1966   WALTER H. BRUFORD, *Kultur und Gesellschaft im klassi-
                   schen Weimar 1775-1806,* Göttingen 1966.

BRUFORD 1975   Walter H. BRUFORD, *Die gesellschaftlichen Grundlagen
                   der Goethezeit,* Frankfurt a.M./Berlin/Wien 1975.

BURKE 1996   Peter BURKE, *Ludwig XIV.* Die Inszenierung des Sonnen-
                   königs, Franfurt a.M. 1996.

BURKHARDT 1883   Carl August Hugo BURKHARDT, Goethes Werke auf der
                   Weimarer Bühne 1775–1817, in: *Goethe-Jahrbuch* 4 (1883),
                   S. 111ff.

BUSCH-   Gabriele BUSCH-SALMEN, Walter SALMEN u. Christoph
SALMEN/SALMEN/   MICHEL, *Der Weimarer Musenhof.* Dichtung – Musik und
MICHEL 1998   Tanz – Gartenkunst – Geselligkeit – Malerei, Stuttgart/
                   Weimar 1998.

CASTIGLIONE 1986   Baldesar CASTIGLIONE, Das Buch vom Hofmann, über-
                   setzt v. Fritz Baumgart, München 1986.

CIECHANOWIECKI 1962   Andrzej CIECHANOWIECKI, *Michał Kazimierz Ogiński und sein Musenhof zu Słonim*. Untersuchungen zur Geschichte der polnischen Kultur und ihrer europäischen Beziehungen im 18. Jahrhundert, Köln-Graz 1962.

CZOK 1989   Karl CZOK, *Am Hofe Augusts des Starken*, Leipzig 1989.

DEETJEN 1923   Werner DEETJEN (Hg.), *Die Göchhausen*. Briefe einer Hofdame aus dem klassischen Weimar, Berlin 1923.

DIEZMANN 1865   [August DIEZMANN (Hg.)], *Weimarsche Briefe von Sigmund von Seckendorff*, o. O. 1865.

DOBBEK/ARNOLD 1982   Wilhelm DOBBEK und Günter ARNOLD (Hg.), *Johann Gottfried Herder. Briefe*. Gesamtausgabe 1763–1803, Bd. 7: *Januar 1793–Dezember 1798*, Weimar 1982.

DREISE-BECKMANN 1998   Sandra DREISE-BECKMANN, Anna Amalia's musikalische Reise. Eine deutsche Fürstin in Italien 1788–1790, in: Siegrid Düll u. Walter Pass (Hg.), *Frau und Musik im Zeitalter der Aufklärung*, Sankt Augustin 1998, S. 150–179.

DUWE 1990   Georg DUWE, *Erzkämmerer, Kammerherren und ihre Schlüssel*. Historische Entwicklung eines der ältesten Hofämter vom Mittelalter bis 1918, Osnabrück 1990.

EBERWEIN 1856   Karl EBERWEIN, Goethe als Theaterdirektor, in: *Europa*. Chronik der gebildeten Welt, 1856, Nr. 17, S. 483.

EBRECHT 1989   Angelika EBRECHT, Dürfen Frauen den Männern hinter ihr Geheimnis kommen? Frauen und Geheimgesellschaften im 18. Jahrhundert, in: *Feministische Studien* 7, H. 1 (1989), S. 28–42.

EGGELING 1896   Otto Eggeling, Anna Amalia, Herzogin von Sachsen-Weimar, geb. Prinzessin von Braunschweig, in: *Braunschweigisches Magazin* (1896), Nr. 19, S. 145–147; Nr. 20, S. 153–158; Nr. 21, S. 161–164; Nr. 22, S. 169–172; Nr. 23, S. 177–181.

EGLOFFSTEIN 1891   Aus Henriette v. EGLOFFSTEINS Memoiren, hg. v. Julius Wahle, in: *Goethe-Jahrbuch* 12 (1891), S. 139–151.

EICHSTAEDT 1850   Heinrich Carl Abraham EICHSTAEDT, *Opuscula Oratoria*. Orationes Memoriae Elogia Quorum duo inedita Schilleri et Ludenii memoriae dicata, Jena ²1850.

ERHART 1992   Walter ERHART, Admiratio, in: UEDING 1992–94, Bd. 1, S. 109–118.

EWERT/SELZER 1997   Ulf Christian EWERT u. Stephan SELZER (Hg.), *Ordnungsformen des Hofes*, Kiel 1997.

EYBL 1994   Franz EYBL, Funeralrhetorik, in: UEDING 1992–94, Bd. 3, S. 478–484.

FLEISCHER 1999   HORST FLEISCHER (Hg.), *Vertrauliche Mitteilungen aus Mecklenburg-Schwerin und Sachsen-Weimar*, Rudolstadt 1999.

FLORACK-KRÖLL   Christina FLORACK-KRÖLL, *Das „indefinible Wesen".*
1989   Anna Amalia von Sachsen-Weimar-Eisenach (1739–1807).
                  [Begleitheft zur Ausstellung im Goethe-Museum Düssel-
                  dorf] [Düsseldorf] 1989.

FRANK 1999   Christoph FRANK u.a., Europareisen der politischen
                  Funktionsträger des Alten Reichs (1750–1800). Reisen und
                  Aufklärung in interdisziplinärer Perspektive, in: *Frühneu-
                  zeit-Info* 10 (1999), S. 1–8.

FRÜHSORGE 1982   Gotthardt FRÜHSORGE, ‚Oeconomie des Hofes'. Zur poli-
                  tischen Funktion der Vaterrolle des Fürsten im *Oecono-
                  mus prudens et legalis* des Franz Philipp Florinus, in:
                  Daphnis 11 (1982), S. 41–49.

FUCHS 1992   Peter FUCHS, Der Musenhof. Geistesleben und Kultur in
                  den Residenzen der Neuzeit, in: Kurt Andermann (Hg.),
                  Residenzen. Aspekte hauptstädtischer Zentralität von der
                  frühen Neuzeit bis zum Ende der Moderne, Sigmaringen
                  1992, S. 127–158.

GERARD 1902   Frances GERARD, *A Grand Duchess.* The life of Anna
                  Amalia Duchess of Saxe-Weimar-Eisenach and the Classi-
                  cal Circle of Weimar, 2 Bde., London 1902.

GÖRES 1973   Jörn GÖRES (Hg.), *Gesang und Rede, sinniges Bewegen.*
                  Goethe als Theaterdirektor, Düsseldorf 1973.

GÖRES 1976   Jörn GÖRES, Goethes Ideal und die Realität einer geselli-
                  gen Kultur während des ersten Weimarer Jahrzehnts, in:
                  Goethe-Jahrbuch 93 (1976), S. 84–96.

GOETHE 1889–   Johann Wolfgang von GOETHE, *Goethes Gespräche*, hg. v.
1896   Woldemar Freiherr von Biedermann, 10 Bde., Leipzig
                  1889–1896.

GOETHE 1965–87   Johann Wolfgang von GOETHE, *Goethes Gespräche.* Eine
                  Sammlung zeitgenössischer Berichte aus seinem Umgang,
                  auf Grund der Ausgabe und des Nachlasses von Flodoard
                  Freiherrn von Biedermann, hg. v. Wolfgang Herwig, Zü-
                  rich 1965–87.

GOETHE 1969   Johann Wolfgang von GOETHE, *Winckelmann und sein
                  Jahrhundert*, hg. v. Helmuth Holzhauer, Leipzig 1969.

GOETHE 1993   Johann Wolfgang GOETHE, *Italienische Reise*, Teil 1, hg.
                  von Christoph Michel und Hans-Georg Dewitz, Frank-
                  furt a.M. 1993 (= Johann Wolfgang GOETHE, *Sämtliche
                  Werke. Briefe, Tagebücher und Gespräche*, Abt. I, Bd.
                  15/1).

GOETHE 1999a   Johann Caspar GOETHE, *Reise durch Italien im Jahre
                  1740. Viaggio per l'Italia*, hg. von der Deutsch-Italieni-
                  schen Vereinigung Frankfurt a.M. Aus dem Italienischen

übersetzt u. kommentiert v. Albert Meier unter Mitarb. v. Heide Hollmer, München ⁴1999.

GOETHE 1999b   Johann Wolfgang GOETHE, Amtliche Schriften II: Aufgabengebiete seit der Rückkehr aus Italien, hg. v. Gerhard u. Irmtraud Schmid, Frankfurt a.M. 1999 (=Johann Wolfgang GOETHE, *Sämtliche Werke. Briefe, Tagebücher und Gespräche*, Abt. I, Bd. 27).

GRÄF 1911   Hans Gerhard GRÄF (Hg.), *Johann Heinrich Mercks Briefe an die Herzogin-Mutter Anna Amalia und an den Herzog Carl August von Sachsen-Weimar*, Leipzig 1911.

GÜNTHER 1995   Harri GÜNTHER, Tiefurt, Anna Amalia und die Gartendenkmalpflege, in: *Deutsche Gesellschaft für Gartenkunst und Landschaftspflege e.V.* Arbeitskreis Historische Gärten. Jahresbericht 1994, Berlin 1995, S. 7–22.

GUHRAUER 1851   [Gottschalk Eduard GUHRAUER (Hg.)] *Briefwechsel zwischen Goethe und Knebel (1774–1832)*, 2 Tle., Leipzig 1851.

GUTHKE 1998   Karl S. GUTHKE, Missgunst am ,Musensitz'. Ein reisender Engländer bei Goethe und Schiller, in: *German Life and Letters* 51 (1998), S. 15–27.

HA   Johann Wolfgang von GOETHE, Werke. Hamburger Ausgabe, hg. v. Erich Trunz, 14 Bde., München ¹⁰1994.

HAGENBICHLER 1994   Elfriede HAGENBICHLER, Epitaph, in: UEDING 1992–94, Bd. 2, S. 1306–1312.

HARNACK 1890   Otto HARNACK (Hg.), *Zur Nachgeschichte der italienischen Reise.* Goethes Briefwechsel mit Freunden und Kunstgenossen in Italien. 1788–1790, Weimar 1890.

HARTUNG 1923   Fritz HARTUNG, *Das Großherzogtum Sachsen unter der Regierung Carl Augusts 1775–1828*, Weimar 1923.

HASE 1919-20   Herman von HASE, Beiträge zur Breitkopfschen Geschäftsgeschichte, in: *Zeitschrift für Musikwissenschaft 2* (1919–1920), S. 480–81.

HASPEL 1994   Michael HASPEL, Gedenkrede, in: UEDING 1992–94, Bd. 3, S. 639–644.

HENKE 2000   Burkhard HENKE u.a. (Hg.), *Unwrapping Goethe's Weimar*: Essays in Cultural Studies and Local Knowledge, Rochester 2000.

HENKEL/OTTE 1995   Gabriele HENKEL u. Wulf OTTE (Hg.), *Herzogin Anna Amalia – Braunschweig und Weimar.* Stationen eines Frauenlebens im 18. Jahrhundert (Ausstellungskatalog), Wolfenbüttel 1995.

HENKEL/SCHÖNE 1967   Arthur HENKEL u. Albrecht SCHÖNE (Hg.), *Emblemata:* Handbuch der Sinnbildkunst des XVI. und XVII. Jahrhunderts, Stuttgart 1967.

HERDER 1988   Johann Gottfried HERDER. *Italienische Reise.* Briefe und Tagebuchaufzeichnungen 1788–1789, hg. v. Albert Meier u. Heide Hollmer, München 1988.

HESS 1999   Günter HESS, „Als ob ein Lebensquell dem Tod entspränge", in: SCHUSTER/GILLE 1999, S. 879–890.

HEUSCHELE 1949   Otto HEUSCHELE, *Herzogin Amalia.* Die Begründerin des weimarischen Musenhofes, München ²1949.

HILLER 1970   Johann Adam HILLER, *Wöchentliche Nachrichten und Anmerkungen die Musik betreffend* [1766–69], Repr. Hildesheim 1970.

HINDERER 1981   Walter HINDERER, Kurze Geschichte der deutschen Rede, in: Ders., *Über deutsche Literatur und Rede: Historische Interpretationen*, München 1981, S. 212–254.

HITZIG 1925   Wilhelm HITZIG, Beiträge zum Weimarer Konzert, in: *Der Bär*, Jahrbuch von Breitkopf und Härtel, Leipzig 1925, S. 78–97.

HÖHNE 1987   Herbert HÖHNE, *Bemerkungen zu Goethes Bemühungen um eine Reform der Finanzen in Sachsen-Weimar-Eisenach (1782–1788)*, in: Goethe-Jahrbuch 104 (1987), S. 231–252.

HOLLMER 1999   Heide HOLLMER, Nachwort, in: *Anna Amalia von Sachsen-Weimar-Eisenach, Briefe über Italien*, hg. v. ders., St. Ingbert 1999, S. 85–104.

HUSCHKE 1982a   Wolfgang HUSCHKE, *Politische Geschichte von 1572–1775*, in: Hans Patze u. Walter Schlesinger (Hg.), *Geschichte Thüringens*, Bd. 5/1/1, Köln/Wien 1982, S. 6–603.

HUSCHKE 1982b   Wolfram HUSCHKE, *Musik im klassischen und nachklassischen Weimar*, Weimar 1982.

HUSCHKE 1994   Wolfram HUSCHKE, Anna Amalia und die Musik ihrer Zeit, in: RAABE 1994, S. 123–151.

HUSCHKE 1998   Wolfram HUSCHKE, Silbernes Zeitalter, in: Gitta Günther u.a. (Hg.), *Weimar. Lexikon zur Stadtgeschichte*, Weimar 1998, S. 401.

IGNASIAK 1994   Detlef IGNASIAK, Einleitung. Thüringens Fürsten, in: Ders. (Hg.), *Herrscher und Mäzene. Thüringer Fürsten von Hermenfred bis Georg II.*, Jena/Rudolstadt 1994, S. 9–29.

JÄGER 1987   Georg JÄGER, Historische Leserforschung, in: Werner Arnold u. a. (Hg.), *Die Erforschung der Buch- und Bibliotheksgeschichte in Deutschland*, Wiesbaden 1987, S. 485–507.

JAGEMANN 1926   *Die Erinnerungen der Karoline Jagemann*, hg. v. Eduard v. Bamberg, Dresden 1926.

JEAN PAUL 1959   *Jean Pauls Sämtliche Werke.* Historische kritische Ausgabe, 3. Abt., 3. Bd., Briefe 1797–1800, hg. v. Eduard Berend, Berlin 1959.

JENA 1999   Detlef JENA, *Maria Pawlowna: Großherzogin an Weimars Musenhof,* Graz u.ö. 1999.

JURANEK 1996   Christian JURANEK, Anna Amalia von Sachsen-Weimar-Eisenach, geborene Prinzessin von Braunschweig-Wolfenbüttel. Neue wissenschaftliche Impulse und Fragestellungen, in: *Mitteldeutsches Jahrbuch für Kultur und Geschichte* 3 (1996), S. 97–107.

KAUFMANN 1998   Thomas Da Costa KAUFMANN: *Höfe, Klöster und Städte:* Kunst und Kultur in Mitteleuropa 1450–1800, Köln 1998.

KAWADA 1969   Kyoto KAWADA, *Studien zu den Singspielen von Johann Adam Hiller (1728–1804),* Diss. Marburg/Lahn 1969.

KLARMANN 1902   Johann Ludwig KLARMANN, *Geschichte der Familie von Kalb auf Kalbsrieth,* Erlangen 1902.

KLAUß 1992   Jochen KLAUß, Die Zeit der Klassik, in: *Genius huius loci Weimar.* Kulturelle Entwürfe aus fünf Jahrhunderten (Ausstellungskatalog), Weimar 1992, S. 37.

KNOCHE 1999   Michael KNOCHE, *„Ein ganz anderer Geist war über Hof und Stadt gekommen“,* in: SCHUSTER/GILLE 1999, S. 35–44.

KOCH 1988   Manfred KOCH, *Mnemotechnik der Schönen:* Studien zur poetischen Erinnerung in Romantik und Symbolismus, Tübingen 1988.

KOHUT 1909   Adolf KOHUT (Hg.), Ungedruckte Briefe der Herzoginnen Anna Amalie und Luise von Sachsen-Weimar an Herder. Aus Herders Nachlaß, in: *Monatshefte der Comenius-Gesellschaft für Kultur und Geistesleben.* 18 N.F. 1 (1909), S. 182.

KOHUT 1912   Adolf KOHUT (Hg.), Ungedruckte Briefe der Herzogin Anna Amalia an Frau Karoline Herder, in: *Monatshefte der Comenius-Gesellschaft für Kultur und Geistesleben* 21 N.F. 4 (1912), S. 107–115.

KOOPMANN 1968   Helmut KOOPMANN, Dilettantismus. Bemerkungen zu einem Phänomen der Goethezeit, in: Helmut Holtzhauer u. Bernhard Zeller (Hg.), *Studien zur Goethezeit.* Festschrift Lieselotte Blumenthal, Weimar 1968, S. 178–208.

KORD 2000   Susanne KORD, The Hunchback of Weimar: Louise von Göchhausen und the Weimar Grotesque, in: HENKE 2000, S. 233–269.

KÜHN-STILLMARK 1994   Uta KÜHN-STILLMARK, Anna Amalia. Herzogin von Sachsen-Weimar und Eisenach 1758–1775, in: Detlev Ignasiak

(Hg.), *Herrscher und Mäzene*: Thüringer Fürsten von Hermenfred bis Georg II., Rudolstadt 1994, S. 295–308.

KREISKY 1995   Eva KREISKY, Der Stoff, aus dem die Staaten sind. Zur männerbündischen Fundierung politischer Ordnung, in: Regina Becker-Schmidt u.a. (Hg.), *Das Geschlechterverhältnis als Gegenstand der Sozialwissenschaften*, Frankfurt a.M./New York 1995, S. 85–124.

KRÜCKMANN 1998   Peter O. KRÜCKMANN (Hg.), *Paradies des Rokoko*, Bd. 2: Galli Bibiena und der Musenhof der Wilhelmine von Bayreuth (Ausstellungskatalog), München/New York 1998.

KRUEDENER 1973   Jürgen Frhr. von KRUEDENER, *Die Rolle des Hofes im Absolutismus*, Stuttgart 1973.

LANDMANN 1903   Julius LANDMANN, Die Auswärtigen Kapitalanlagen aus dem Berner Staatsschatz im XVIII. Jahrhundert, in: *Jahrbuch für Schweizerische Geschichte* 28 (1903), S. 1–89.

LAUCHNER 1997   Jürgen LAUCHNER, Nachwort, in: *Carl Wilhelm Heinrich Freiherr v. Lyncker*: Ich diente am Weimarer Hof. Aufzeichnungen aus der Goethezeit, hg. v. dems., Köln-Weimar-Wien 1997, S. 243–298.

LAUSBERG 1960   Heinrich LAUSBERG, *Handbuch der literarischen Rhetorik*. Eine Grundlegung der Literaturwissenschaft, München 1960.

LAUTS 1990   Jan LAUTS, *Karoline Luise von Baden*. Ein Lebensbild aus der Zeit der Aufklärung, Karlsruhe ²1990.

LENZ 1981   Rudolf LENZ (Hg.), *Studien zur deutschsprachigen Leichenpredigt der frühen Neuzeit*, Marburg 1981.

LESSING 1989   Gotthold Ephraim LESSING, *Werke. 1774–1778*, hg. von Arno Schilson, Frankfurt a.M. 1989 (= Gotthold Ephraim Lessing, *Werke und Briefe*, Bd. 8).

LIEBERKÜHN 1847   Ernst LIEBERKÜHN, *Die Herzogin Anna Amalia von Sachsen-Weimar und ihr Einfluß auf Deutschlands Literaturzustände*, o.O. o.J. [1847], S. 412–473.

LINCKE 1857   [Carl Gottrich Magnus] LINCKE, *Meine Erinnerungen aus dem Jahre 1806*, Weimar 1857.

LÖWENSTEIN 1993   Ute LÖWENSTEIN, „Daß sie sich uf iren Withumbssitz begeben und sich sonsten anderer der Herrschaften Sachen und Handlungen nicht undernemen...". Hofhaltungen fürstlicher Frauen und Witwen in der frühen Neuzeit, in: Jörg Jochen Berns u. Detlev Ignasiak (Hg.), *Frühneuzeitliche Hofkultur in Thüringen und Hessen*, Erlangen/Jena 1993, S. 115–141.

LYNCKER 1912   Karl Freiherr v. LYNCKER, *Am Weimarischen Hofe unter Amalien und Karl August*, hg. v. Marie Scheller, Berlin 1912.

MAIERHOFER 1999	Waltraud MAIERHOFER (Hg.), *Angelika Kauffmann. Briefe einer Malerin*, Mainz 1999.
MAISAK 1998	Petra MAISAK, „Glückliche Psyche traure nicht mehr". Angelika Kauffmanns Begegnung mit Goethe, Herder und dem Weimarer Kreis, in: Bettina Baumgärtel (Hg.), *Angelika Kauffmann* (Ausstellungskatalog), Ostfildern-Ruit/Düsseldorf 1998.
MANGER 1993	Klaus MANGER, Nekrolog als Biographie. Lohensteins Rede von 1679 auf Hoffmanswaldau, in: Walter Berschin (Hg.), *Biographie zwischen Renaissance und Barock.* Zwölf Studien, Heidelberg 1993, S. 277–309.
MARTENS 1987	Wolfgang MARTENS, Der redliche Mann am Hof, politisches Wunschbild und literarisches Thema im 18. Jahrhundert, in: *Anzeiger der Österreichischen Akademie der Wissenschaften.* Philosophisch-historische Klasse 124 (1987), S. 33–49.
MATUSCHEK 1994	Stefan MATUSCHEK, Epideiktische Beredsamkeit, in: UEDING 1992–94, Bd. 2, S. 1258–1267.
MAUELSHAGEN 1997	Franz MAUELSHAGEN, Der Hof im Medienwandel der Frühen Neuzeit, in: EWERT/SELZER 1997, S. 98–108.
MENTZ 1929	Georg MENTZ, Aus den Papieren des Grafen Görtz, des Erziehers Carl Augusts, in: *Beiträge zur thüringischen und sächsischen Geschichte.* FS Otto Dobenecker, Jena 1929, S. 409–426.
MENTZ 1936	Georg MENTZ, *Weimarische Staats- und Regentengeschichte vom Westfälischen Frieden bis zum Regierungsantritt Carl Augusts*, Jena 1936.
MEYER 1986	Reinhardt MEYER, Das Musiktheater am Weimarer Hof, in: Roger Bauer (Hg.), *Der theatralische Neoklassizismus um 1800:* Ein europäisches Phänomen? Bern 1986, S. 126–167.
MILLER 1988	Norbert MILLER, Europäischer Philhellenismus zwischen Winckelmann und Byron, in: Erika WISCHER (Hg.), *Propyläen Geschichte der Literatur*, Berlin 1988, Bd. 4, S. 315–366.
MÜLLER 1958	Wilhelm MÜLLER (Hg.), *Im Glanz des Rokoko.* Markgräfin Wilhelmine v. Bayreuth. Gedenken zu ihrem 200. Todestag, Bayreuth 1958.
MÜLLER 1995	Rainer A. MÜLLER, *Der Fürstenhof in der Frühen Neuzeit*, München 1995.
MÜNCH 1987	Ingrid MÜNCH, Testament und Begräbnis der Herzogin Philippine Charlotte von Braunschweig-Lüneburg (1716–1801). Ein Beitrag anläßlich des 200. Todestages ihres

Bruders Friedrich des Großen, in: *Braunschweigisches Jahrbuch* 68 (1987), S. 51–82.

MÜSSEL 1998 Karl Müssel, Markgraf Friedrich von Brandenburg-Bayreuth (1711–1763). Wilhelmines Gemahl als Reichsfürst, Landesherr und Mensch, in: Peter O. Krückmann (Hg.), *Paradies des Rokoko*, Bd. 2: Galli Bibiena und der Musenhof der Wilhelmine von Bayreuth (Ausstellungskatalog), München/New York 1998, S. 20–24.

NERJES 1965 H. Guenther NERJES, *Ein unbekannter Schiller*. Kritiker des Weimarer Musenhofs, Berlin 1965.

OESTERLE 1991 Günter OESTERLE, Kulturelle Identität und Klassizismus: Wilhelm von Humboldts Entwurf einer allgemeinen und vergleichenden Literaturerkenntnis als Teil einer vergleichenden Anthropologie, in: Bernhard Giesen (Hg.), *Nationale und kulturelle Identität:* Studien zum kollektiven Bewußtsein in der Neuzeit, Frankfurt a.M. 1991, S. 304–349.

PARAVICINI 1995 Werner PARAVICINI (Hg.), *Alltag bei Hofe*, Sigmaringen 1995.

PARAVICINI 1997 Werner PARAVICINI, Auf der Suche nach einem Hofmodell. Zusammenfassung, in: EWERT/SELZER 1997, S. 120–128.

PAUL 1996 Konrad PAUL, *Die ersten hundert Jahre 1774–1873.* Zur Geschichte der Weimarer Mal- und Zeichenschule (Ausstellungskatalog), Weimar 1996.

PÖTHE 1998 Angelika PÖTHE, *Carl Alexander.* Mäzen in Weimars „Silberner Zeit", Köln u.ö. 1998.

PROSS 1986 Wolfgang PROSS, Die Konkurrenz von ästhetischem Wert und zivilem Ethos – Ein Beitrag zur Entstehung des Neoklassizismus, in: Roger Bauer (Hg.), *Der theatralische Neoklassizismus um 1800:* Ein europäisches Phänomen? Bern 1986, S. 64–127.

RA Karl-Heinz HAHN (Hg.), *Briefe an Goethe.* Gesamtausgabe in Regestform, Bd. 1: *1764–1795*, Weimar 1980.

RAABE 1994 Paul Raabe (Hg.), *Wolfenbütteler Beiträge*, Bd. 9, Wiesbaden 1994.

RAHN 1993 Thomas RAHN, Fortsetzung des Festes mit andern Mitteln: Gattungsbeobachtungen zu hessischen Hochzeitsberichten, in: Jörg Jochen Berns u. Detlef Ignasiak (Hg.), *Frühneuzeitliche Hofkultur in Hessen und Thüringen*, Erlangen/Jena 1993, S. 233–249.

RANDALL 1995 Annie Janeiro RANDALL, *Music and Drama in Weimar, 1776–1782*: A Social-Historical Perspective (J.W. v. Goethe,

Duchess Anna Amalia, Karl v. Seckendorff, Corona Schroeter), PhD-Thesis University of Cincinnati 1995 (masch.).

RASCHKE 1995   Bärbel RASCHKE, Louise Dorothée de Saxe-Gotha, médiatrice dans le transfert culturel franco-allemand, in: *L'identité culturelle, laboratoire de la conscience européenne*. Actes du colloque organisé par le laboratoire Littérature et Histoire des Pays de langues européennes de l'Université de Franche-Comté à Besancon, les 3. 4. et 5 Novembre 1994, Paris 1995, S. 119–127.

RASCHKE 1999   Bärbel RASCHKE, Die Bibliothek der Herzogin Anna Amalia, in: Michael Knoche (Hg.), *Herzogin Anna Amalia Bibliothek – Kulturgeschichte einer Sammlung*, München 1999, S. 83–87.

RASCHKE 2000   Bärbel RASCHKE, Die Italienbibliothek Anna Amalias von Sachsen-Weimar Eisenach – Rekonstruktion und Thesen zur Interpretation, in: Siegfried Seifert (Hg.), *Animo italo-tedesco*. Studien zu den Italien-Beziehungen in der Kulturgeschichte Thüringens, Bd. 3, Weimar 2000, S. 93–138.

RÖMER 1997   Christof RÖMER (Hg.), *Braunschweig-Bevern*. Ein Fürstenhaus als europäische Dynastie 1667–1884, Braunschweig 1997.

ROOS 1994   Hartmut ROOS, Die Kulturkreise Sachsen-Weimar-Eisenach und Anhalt-Dessau im Vergleich, in: Jürgen John (Hg.), *Kleinstaaten und Kultur in Thüringen vom 16. bis 20. Jahrhundert*, Weimar/Köln/Wien 1994, S. 221–231.

ROSENTHAL 1921   Erich ROSENTHAL, Niedersachsens Frauentum im deutschen Geistesleben. XIV. Die Begründerin des Weimarischen Musenhofes, in: *Hannoversche Frauenwelt*. Wochenblatt für alle Zweige deutscher Fraueninteressen. Beilage zur Hannoverschen Landeszeitung, Hannover, 1. Nr. 5, 6.3.1921; 2. Nr. 6, 20.3.1921.

SALENTIN 1996   Ursula SALENTIN, *Anna Amalia*. Wegbereiterin der Weimarer Klassik, Köln/Weimar/Wien 1996.

SALTZWEDEL 1999   Johannes SALTZWEDEL, „Die Consequenz der Natur tröstet schön über die Inconsequenz der Menschen", in: SCHUSTER/GILLE 1999, S. 199–208.

SANTINI 1999   Lea Ritter SANTINI, „Auf dunklen Grund gezogen". Das Gedächtnis der Bilder, in: Hermann Mildenberger u.a., *Geheimster Wohnsitz*. Goethes italienisches Museum. Zeichnungen aus dem Bestand der Graphischen Sammlung der Kunstsammlungen zu Weimar und der Herzogin Anna Amalia Bibliothek Weimar, Berlin 1999, S. 41–73.

SCHEEL 1994   Günther SCHEEL, Braunschweig-Wolfenbüttel und Sach-
                      sen-Weimar in der zweiten Hälfte des 18. Jahrhunderts.
                      Dynastische, politische und geistige Beziehungen, in:
                      RAABE 1994, S. 1–30.

SCHIEDER 1986   Theodor SCHIEDER, *Friedrich der Große*. Ein Königtum
                      der Widersprüche, Frankfurt a.M./Berlin 1986.

SCHLAFFER 1989   Hannelore SCHLAFFER, *Wilhelm Meister: das Ende der
                      Kunst und die Wiederkehr des Mythos*, Stuttgart 1989.

SCHLEUNING   Peter SCHLEUNING, Kenner und Liebhaber, in: Jutta Held
1983   (Hg.), *Kultur zwischen Bürgertum und Volk*, Berlin 1983,
                      S. 66–75.

SCHMIDT 1999   Georg SCHMIDT, *Geschichte des alten Reiches*. Staat und
                      Nation in der Frühen Neuzeit 1495–1806, München 1999.

SCHMIDT-MÖBUS/   Friedrich SCHMIDT-MÖBUS u. Frank MÖBUS unter Mitarb.
MÖBUS 1998   v. Tobias DÜNOW, *Kleine Kulturgeschichte Weimars*, Köln/
                      Weimar/Wien 1998

SCHRICKEL 1928   Leonhard SCHRICKEL, *Geschichte des Weimarer Theaters
                      von seinen Anfängen bis heute*, Weimar 1928.

SCHROEDER 1996   Susanne SCHROEDER, Weimar und Braunschweig. Die
                      Verbindung zweier Herzogtümer seit der Mitte des 18.
                      Jahrhunderts, in: Dies. u. Petra Damaschke, *Tafelrunden*.
                      Fürstenberger Porzellan der Herzogin Anna Amalia in
                      Weimar, München 1996, S. 8–15.

SCHÜDDEKOPF   Carl SCHÜDDEKOPF, Die Freitagsgesellschaft. Eine Erläu-
1898   terung zum Briefwechsel mit Schiller, in: *Goethe-Jahrbuch*
                      19 (1898), S. 14–19.

SCHÜDDEKOPF   Carl SCHÜDDEKOPF, Herzogin Anna Amalia von Sachsen-
1901   Weimar und Abt Jerusalem, in: *Braunschweigisches Maga-
                      zin*, Nr. 10, 1901, S. 73–76.

SCHULTZ 1988   Uwe SCHULTZ (Hg.), *Das Fest*. Eine Kulturgeschichte von
                      der Antike bis zur Gegenwart, München 1988.

SCHUSTER/GILLE   Gerhard SCHUSTER u. Caroline GILLE (Hg.), *Wiederholte
1999   Spiegelungen: Weimarer Klassik*. Ständige Ausstellung des
                      Goethe-Nationalmuseums, München 1999.

SECKENDORFF   Curt Graf von SECKENDORFF, *Karl Siegmund Freiherr
1885   von Seckendorff am Weimar'schen Hofe in den Jahren
                      1776–1785*, Leipzig [1885].

SEIFERT 1994   Siegfried SEIFERT, „Wissen und Dichten in geselliger Wir-
                      kung". Literarische Kultur im Umkreis Anna Amalias, in:
                      RAABE 1994, S. 197–217.

SEIFERT 1995   Siegfried SEIFERT, „Italien in Germanien". Streiflichter zu
                      den Italien-Beziehungen im „klassischen Weimar", in:
                      ders. (Hg.), *Animo italo-tedesco*. Studien zu den Italien-

Beziehungen in der Kulturgeschichte Thüringens, Bd. 1, Weimar 1995, S. 81–104.

SEIFFERT/ RADNITZKY 1994   Helmut SEIFFERT u. Gerard RADNITZKY (Hg.), *Handlexikon der Wissenschaftstheorie*, München ²1994.

SELZER/EWERT 1997   Stephan SELZER u. Ulf Christian EWERT, Ordnungsformen des Hofes. Einleitung, in: EWERT/SELZER 1997, S. 7–18.

SENGLE 1993   Friedrich SENGLE, *Das Genie und sein Fürst*. Die Geschichte der Lebensgemeinschaft Goethes mit dem Herzog Carl August von Sachsen-Weimar-Eisenach. Ein Beitrag zum Spätfeudalismus und zu einem vernachlässigten Thema der Goetheforschung, Stuttgart/Weimar 1993.

SICHARDT 1957   Gisela SICHARDT, *Das Weimarer Liebhabertheater unter Goethes Leitung*. Beiträge zu Bühne, Dekoration und Kostüm unter Berücksichtigung der Entwicklung Goethes zum späteren Theaterdirektor, Weimar 1957.

SIGISMUND 1989   Volker L. SIGISMUND, Ein unbehauster Prinz – Constantin von Sachsen-Weimar (1758–1793), der Bruder des Herzogs Carl August, in: *Goethe-Jahrbuch* 106 (1989), S. 250–277.

SONDERMANN 1983   Ernst Friedrich SONDERMANN, *Karl August Böttiger: Literarischer Journalist der Goethezeit*, Bonn 1983.

STARNES 1987   Thomas C. STARNES, *Christoph Martin Wieland*. Leben und Werk. Aus zeitgenössischen Quellen chronologisch dargestellt, 3 Bde., Sigmaringen 1987.

STEIERWALD 1999   Ulrike STEIERWALD, Zentrum des Weimarer Musenhofs. Die Herzogliche Bibliothek 1758–1832, in: Michael Knoche (Hg.), *Herzogin Anna Amalia Bibliothek* – Kulturgeschichte einer Sammlung, München 1999, S. 62–82, 87–90, 94–97, 107.

STENGER 1910   Gerhard STENGER, *Goethe und August von Kotzebue*, Breslau 1910.

STEINBRÜGGE 1992   Lieselotte STEINBRÜGGE, *Das moralische Geschlecht*: Theorien und literarische Entwürfe über die Natur der Frau in der französischen Aufklärung, Stuttgart 1992.

STIEDA 1909   Wilhelm STIEDA, Das Jagdschloß des Herzogs Ernst August von Weimar in Stützerbach, in: *Zeitschrift des Vereins für thüringische Geschichte und Altertumskunde* N.F. 19/1 (1909), S. 129–152.

STOLLBERG-RILINGER 1997   Barbara STOLLBERG-RILINGER, Höfische Öffentlichkeit. Zur zeremoniellen Selbstdarstellung des brandenburgischen Hofes vor dem europäischen Publikum, in: *Forschungen zur brandenburgischen und preußischen Geschichte* 7/2 (1997), S. 145–176.

TAUSCH 1996   Harald TAUSCH, *Entfernung der Antike*. Carl Ludwig
                   Fernow im Kontext der Kunsttheorie um 1800, Tübingen
                   2000.

THEILE 2000   Gert THEILE, The Weimar Myth: From City of the Arts
                   to Global Village, in: HENKE 2000, S. 310–327.

TRABANT 1993   Jürgen TRABANT, Memoria – Phantasia ingegno, in: An-
                   selm Haverkamp u. Renate Lachmann (Hg.), *Memoria:*
                   Vergessen und Erinnern, München 1993, S. 406–424.

UEDING 1992–94   Gert UEDING (Hg.), *Historisches Wörterbuch der Rheto-*
                   rik, Bd. 1–3, Tübingen 1992-94.

UEDING 1994   Gert UEDING, Nachwort: Reden durch die Sache – Goe-
                   thes rhetorische Theorie und Praxis, in: Ders., *Goethes*
                   Reden, Frankfurt a.M. 1994, S. 177–197.

UEDING 1995   Gert UEDING, *Klassische Rhetorik*, München 1995.

ULLMANN 1986   Hans Peter ULLMANN, *Staatsschulden und Reformpolitik.*
                   Die Entstehung moderner öffentlicher Schulden in Bayern
                   und Baden 1780–1820, 2 Tle., Göttingen 1986.

VAGET 1971   Hans Rudolf VAGET, *Dilettantismus und Meisterschaft.*
                   Zum Problem des Dilettantismus bei Goethe. Praxis,
                   Theorie, Zeitkritik, München 1971.

VARNHAGEN/   K[arl]. A[ugust]. VARNHAGEN von ENSE u. Th[eodor].
MUNDT 1835–36   MUNDT (Hg.), *K. L. von Knebel's literarischer Nachlaß*
                   und Briefwechsel, 3 Bde., Leipzig 1835–36.

VARNHAGEN 1838   Karl August VARNHAGEN von ENSE, *Denkwürdigkeiten*
                   und vermischte Schriften, Bd. 4, München 1838.

VOIGT 1930   Franz VOIGT, *Die Entstehung der Jagd- und Schloßbauten*
                   des Herzogs Ernst August von Sachsen-Weimar, Jena 1930.

VOLLRATH 1928   Werner VOLLRATH, *Die Schloßanlagen bei Weimar*. Ein
                   Stück der Entwicklungsgeschichte des Herrschaftssitzes in
                   den letzten 300 Jahren, Jena 1928.

VOLZ 1924–26   Gustav Berthold VOLZ (Hg.), *Friedrich der Große und*
                   Wilhelmine von Baireuth, Leipzig 1924–26.

WA   *Goethes Werke*, hg. im Auftrage der Großherzogin Sophie
                   von Sachsen, 143 Bde., Weimar 1887–1919.

WACHSMUTH 1844   Wilhelm WACHSMUTH, *Weimars Musenhof in den Jahren*
                   1772–1807. Historische Skizze, Berlin 1844.

WAGENKNECHT   Christian WAGENKNECHT, Die Beschreibung höfischer
1981   Feste: Merkmale einer Gattung, in: August Buck u.a.
                   (Hg.), *Europäische Hofkultur im 16. und 17. Jahrhundert*,
                   Hamburg 1981, Bd. 2, S. 75–80.

WAGNER 1835   Karl WAGNER (HG.), *Briefe an Johann Heinrich Merck*
                   von Goethe, Herder, Wieland und andern bedeutenden
                   Zeitgenossen, Darmstadt 1835.

WAGNER 1838   Karl WAGNER (Hg.), *Briefe an und von Johann Heinrich Merck*. Eine selbständige Folge der im Jahr 1835 erschienenen Briefe an J. H. Merck, Darmstadt 1838

WAHL 1915–18   Hans WAHL (Hg.), *Briefwechsel des Herzogs-Großherzogs Carl August mit Goethe*, 3 Bde., Berlin 1915–1918.

WAHL 1929   Hans WAHL, *Tiefurt*, Leipzig [1929].

WAHL 1994a   Volker WAHL, Anna Amalia und die Wissenschaft in Weimar und Jena, in: RAABE 1994, S. 83–98.

WAHL 1994b   Volker WAHL (Hg.), „Meine Gedanken". Autobiographische Aufzeichnungen der Herzogin Anna Amalia von Sachsen Weimar. „Andenken" und „Grabinschrift", in: RAABE 1994, S. 99–122.

WAHL 1999   Volker WAHL, Die Ilmenauer Bergwerkskommission als Immediatkommission in der Behördenorganisation von Sachsen-Weimar-Eisenach (1777 bis 1814). Goetheforschung als Verwaltungsgeschichte – Zum 250. Geburtstag Goethes, in: *Zeitschrift des Vereins für thüringische Geschichte und Altertumskunde* 53 (1999), S. 151–200.

WALTHER 1877   Ph[ilipp]. A[ugust]. F. WALTHER (Hg.), *Briefwechsel der „großen Landgräfin" Caroline von Hessen.* Dreißig Jahre eines fürstlichen Frauenlebens, 2 Bde., Wien 1877.

WBW   Hans Werner Seiffert bzw. Siegfried SCHEIBE (Hg.), *Wielands Briefwechsel*, Bd. IV/1: Briefe der Erfurter Dozentenjahre (25. Mai 1769–17. September 1772), Bd. VII/1: Januar 1778–Juni 1782, Bd. X/1: April 1788–Dezember 1790, Berlin 1979/1992.

WEBER 1992   Max WEBER, Die „Objektivität" sozialwissenschaftlicher und sozialpolitischer Erkenntnis (1904), in: Ders., *Soziologie – Universalgeschichtliche Analysen – Politik*, hg. v. Johannes Winckelmann, Stuttgart ⁶1992, S. 186–262.

WEBER-KELLERMANN 1990   Ingeborg WEBER-KELLERMANN (Hg.), *Glanz und Elend am Hofe des Soldatenkönigs in den Memoiren der Markgräfin Wilhelmine von Bayreuth*, Frankfurt a.M. 1990.

WEICHBERGER 1928   Alexander WEICHBERGER, *Goethe und das Komödienhaus in Weimar 1779–1825.* Ein Beitrag zur Theaterbaugeschichte, Leipzig 1928.

WEIZSÄCKER 1892   Paul WEIZSÄCKER, *Anna Amalia, Herzogin von Sachsen-Weimar-Eisenach, die Begründerin des Weimarischen Musenhofes*, Hamburg 1892.

WERNER 1996   Charlotte Marlo WERNER, *Goethes Herzogin Anna Amalia. Fürstin zwischen Rokoko und Revolution*, Düsseldorf 1996.

WIELANDS WERKE 1986   *Wielands Werke*, hg. v. Wilhelm Kurrelmeyer, Bd. 12, (Berlin 1935) ND Hildesheim 1986.

WILLOWEIT 1983   Dietmar WILLOWEIT, Allgemeine Merkmale der Verwaltungsorganisation in den Territorien, in: Kurt A. G. Jeserich, Hans Pohl u. Georg Christoph von Unruh (Hg.), *Deutsche Verwaltungsgeschichte*, Bd. 1, Stuttgart 1983, S. 289–383.

WILSON 1996   W. Daniel WILSON, Tabuzonen um Goethe und seinen Herzog. Heutige Folgen nationalsozialistischer Absolutismuskonzeptionen, in: *Deutsche Vierteljahrsschrift für Literaturwissenschaft und Geistesgeschichte* 70 (1996), S. 394–442.

WILSON 1999   W. Daniel WILSON, *Das Goethe-Tabu*. Protest und Menschenrechte im klassischen Weimar, München 1999.

WINCKELMANN 1982   Johann Joachim WINCKELMANN, *Winckelmanns Werke in einem Band*, hg. v. Helmut Holtzhauer, Berlin 1982.

WINTERLING 1986   Aloys WINTERLING, *Der Hof des Kurfürsten von Köln 1688–1794*. Eine Fallstudie zur Bedeutung „absolutistischer" Hofhaltung, Bonn 1986.

WINTERLING 1996   Aloys WINTERLING, Die frühneuzeitlichen Höfe in Deutschland. Zur Lage der Forschung, in: *Internationales Archiv für Sozialgeschichte der Literatur* 21 (1996) S. 181–189.

WINTERLING 1997a   Aloys WINTERLING, Einleitung, in: Ders. (Hg.), *Zwischen „Haus" und „Staat"*. Antike Höfe im Vergleich, München 1997, S. 1–9.

WINTERLING 1997b   Aloys WINTERLING, „*Hof"*. Versuch einer idealtypischen Bestimmung der mittelalterlichen und frühneuzeitlichen Geschichte, in: Ders. (Hg.), *Zwischen „Haus" und „Staat"*. Antike Höfe im Vergleich, München 1997, S. 11–25.

WINTERLING 1997c   Aloys WINTERLING, Vergleichende Perspektiven, in: Ders. (Hg.), *Zwischen „Haus" und „Staat"*. Antike Höfe im Vergleich, München 1997, S. 151–169.

WOLF 1996   Jürgen Rainer WOLF, „Femina sexu – ingenio vir". Die „große Landgräfin Henriette Karoline von Hessen-Darmstadt und ihr Kreis im Bild der Geschichtsschreibung, in: Christof Dipper (Hg.), *Hessen in der Geschichte*. FS Eckart G. Franz, Darmstadt 1996, S. 130–144.

WUNDER 1978   Bernd WUNDER, *Privilegierung und Disziplinierung*. Die Entstehung des Berufsbeamtentums in Bayern und Württemberg (1780–1825), München/Wien 1978.

Personenregister

Moderne Autoren sowie in den Fußnoten zitierte Briefpartner sind nicht aufgenommen.

Autorinnen und Autoren

Joachim BERGER M.A. studierte Neuere, Mittelalterliche Geschichte und Kunstgeschichte in Jena und Bristol (U.K.). Als Wissenschaftlicher Mitarbeiter im Sonderforschungsbereich 482 „Ereignis Weimar-Jena. Kultur um 1800" der Friedrich-Schiller-Universität Jena arbeitet er an einer Dissertation zu *Anna Amalia von Weimar (1739–1807). Denk- und Handlungsräume einer ‚aufgeklärten' Herzogin.*

Angela C. BORCHERT M.A. studierte Geschichte, Germanistik und Vergleichende Literaturwissenschaften in Kingston/Ontario (Kanada), Giessen und Princeton/New Jersey (USA). Sie war Wissenschaftliche Mitarbeiterin im Sonderforschungsbereich 482 „Ereignis Weimar-Jena. Kultur um 1800" der Friedrich-Schiller-Universität Jena und ist derzeit Gastdozentin der University of Missouri, Columbia/Missouri (USA). Sie arbeitet an einer Dissertation zum Thema *Reframing Literature at the Weimar Court (1758–85): Duchess Anna Amalia and Literature in the Landscape Garden.* Demnächst erscheint der von ihr herausgegebene Tagungsband *Das Journal des Luxus und der Moden: Kultur um 1800.*

Sandra DREISE-BECKMANN studierte Musik-, Politik- und Erziehungswissenschaft in Münster (Westf.). Im Jahr 2000 schloß sie dort ihre Dissertation über *Anna Amalia von Sachsen-Weimar-Eisenach. Eine musikliebende Herzogin in der zweiten Hälfte des 18. Jahrhunderts* ab. Sie veröffentlichte u.a. den Aufsatz *Anna Amalias musikalische Reise. Eine deutsche Fürstin in Italien 1788–1790,* in: Siegrid Düll u. Walter Pass (Hg.), Frau und Musik im Zeitalter der Aufklärung, St. Augustin 1998, S. 150–179.

Dr. Heide HOLLMER studierte Germanistik und Pädagogik in Regensburg und München. Sie arbeitet als freiberufliche Literaturwissenschaftlerin und Journalistin in Kiel und München. Ihre Dissertation *Anmut und Nutzen. Die Originaltrauerspiele in Gottscheds „Deutscher Schaubühne"* erschien Tübingen 1994. Heide Hollmer gab u.a. die Editionen *Herzogin Anna Amalia von Sachsen-Weimar-Eisenach: Briefe über Italien* (St. Ingbert 1999) und *Karl Philipp Moritz. Werke* (mit Albert Meier, 2 Bde., Frankfurt/M. 1997/99) heraus.

Dr. Bärbel RASCHKE studierte Germanistik in Leipzig. Sie ist Wissenschaftliche Mitarbeiterin am Institut für Germanistik der Universität Leipzig. In ihrer Dissertation untersuchte sie *Historisch-politische und literarische Zeitschriften 1792/93 – Spiegel und Quelle weltanschaulich-politischer Meinungsbildung und -differenzierung in Deutschland* (Leipzig 1981). Ihr von der Volkswagen-Stiftung geförderten Habilitationsprojekt behandelt *Deutsche Fürstinnen in der europäischen Aufklärung*. Bärbel Raschke gab den *Briefwechsel zwischen Luise Dorothea von Sachsen-Gotha und Voltaire* (Leipzig 1998) heraus und arbeitete mit an: Günther Mieth u.a., *Literarische Kultur und gesellschaftliches Leben in Deutschland 1789–1806* (Berlin 1989).

Marcus VENTZKE studierte Philosophie und Geschichte in Jena. Als Wissenschaftlicher Mitarbeiter im Sonderforschungsbereich 482 „Ereignis Weimar-Jena. Kultur um 1800" der Friedrich-Schiller-Universität Jena arbeitet er an einer Dissertation zu *Die Regierung des Herzogtums Sachsen-Weimar und Eisenach – Modellfall aufgeklärter Herrschaft?*

Adresse des Sonderforschungsbereichs 482 „Ereignis Weimar–Jena. Kultur um 1800":
Sprecher: Prof. Dr. Klaus Manger
Humboldtstraße 34
07743 Jena
Tel.: 03641-944050
Fax 03641-944052
http://www.uni-jena.de/ereignis
Erste Antragsphase: 1. Juli 1998–30. Juni 2001

Angelika Pöthe
Carl Alexander
Mäzen in Weimars
»Silberner Zeit«

1998. IX, 500 Seiten.
20 s/w-Abbildungen.
Gebunden mit
Schutzumschlag.
ISBN 3-412-00498-7

Carl Alexander (1818–1901), Enkel Carl Augusts und seit 1853 Großherzog von Sachsen-Weimar-Eisenach, zählte zu den wichtigsten Förderern von Kunst, Kultur und Wissenschaft in Weimars »Silbernem Zeitalter«. Sein breites mäzenatisches Wirken knüpfte an das Vorbild der Weimarer Klassik an. Er förderte die Literatur, Kunst und Musik der Vergangenheit und Gegenwart und zog so bedeutende Persönlichkeiten wie Franz Liszt, Friedrich Hebbel, Fanny Lewald und Arnold Böcklin an seinen Hof. Sein Engagement ebnete den Weg zum Wiederaufbau der Wartburg und trug zur Gründung zahlreicher kultureller Einrichtungen bei, die das Profil Weimars bis heute prägen.

Auf der Basis bislang unveröffentlichter Tagebücher und Briefe zeichnet die erste Monographie über Leben und Wirken Carl Alexanders ein einfühlsames Bild des fürstlichen Mäzens in einer Zeit, in der die Bedeutung der Aristokratie im Niedergang begriffen war. Das Persönlich-Schicksalhafte wird dabei auf dem Hintergrund der politischen und sozialen Entwicklungslinien des 19. Jahrhunderts verständlich.

KÖLN WEIMAR

Ursulaplatz 1, D-50668 Köln, Telefon (0 221) 91 39 00, Fax 91 39 011

Klaus Günzel

Das Weimarer Fürstenhaus
Eine Dynastie schreibt Kulturgeschichte

2001. 232 Seiten. 32 Seiten s/w-Abbildungen. Gebunden mit Schutzumschlag.
ISBN 3-412-03100-3

Kaum ein Fürstengeschlecht hat ein so herausragendes geistiges Zentrum geschaffen wie das weimarische Regentenhaus. Aus dem unbedeutenden Kleinstaat wird unter der Herzogin Anna Amalia innerhalb weniger Jahre ein Anziehungspunkt für Künstler, Philosophen, Theaterleute und Literaten. Spätestens als ihr Sohn Carl August den jungen Goethe an den Hof holt, steigt das Fürstenhaus zum strahlenden Mittelpunkt der deutschen Klassik auf.

Es sind vor allem die Frauen, die das Gesicht des Hauses prägen. Nach Anna Amalia ist es Maria Pawlowna, eine Enkelin von Zarin Katharina II., die dem Großherzogtum zu neuem Ansehen verhilft. Mit dem Herrscherpaar Carl Alexander und Sophie betritt Weimar sein »Silbernes Zeitalter«. Musik, Literatur und bildende Künste, aber auch Architektur und Sozialfürsorge erleben eine neue Blüte. Unter Wilhelm Ernst findet die Regentengeschichte des Hauses Sachsen-Weimar 1918 ihr wenig rühmliches Ende.

Klaus Günzel nimmt den Leser mit auf eine ebenso unterhaltsame wie interessante Reise durch eines der bedeutendsten Kapitel europäischer Kulturgeschichte. Mit leichter Feder porträtiert er die wichtigsten Persönlichkeiten des Fürstengeschlechts, er zeigt ihre kulturellen Verdienste ebenso wie ihre menschlichen Licht- und Schattenseiten.

Ursulaplatz 1, D-50668 Köln, Telefon (0 2 2 1) 91 39 00, Fax 91 39 011